大正ロマンの真実

三好 徹
Tohru Miyoshi

原書房

お読みくださる方へ

三好 徹

「大正」という元号の年数は十五年だから、その前の「明治」の四十五年、その後の「昭和」の六十四年（昭和元年は七日間、同六十四年も七日間しかなくて、実質的には六十二年間）に比べると、明治の三分の一、昭和の約四分の一しかなく、前後に比べると、とても短いのだが、それにも係わらず、明治以降の近代史において、その内容が実に充実していた時代だった、という印象をわたしは持っている。

この時代には、大正デモクラシー、大正ロマン、大正民本主義という「大正」のつく合成語ができ、今に語り継がれている。それで分るように、前後のふたつの時代よりも、人々の間にのびのびとして明るい気分が漂っていた、という感じがするのだ。あえていうが、それはわたしの独断ではなくて、ちゃんとした理由があると思う。明治においては、対清国、対ロシア帝国という当時の世界で大国とされる国と戦い、特に後者の旅順戦では、莫大な戦死者を出した記録が残されている。昭和に至っては、約三百十万人の死者を出したから、明るい気分になる道理もなかった。

大正時代だって第一次世界大戦に参戦したのだが、陸海の戦闘において兵員の損害はきわめて少なかった（ドイツ約一七八万人、イギリス約九一万人、フランス約一三六万人に対して、日本は約三〇〇人）。その上に、ドイツの植民地であった南洋群島の委任統治権を国際連盟によって承認された。委任統治は植民地領土と違うが、実質的には領土にしたのと同じだった。むろん、改めて言うまでもなく、大正時代にあってもさまざまな出来事があり、世の中は、明と暗、あるいは苦と楽も一対をなして起きているが…。

本書に収録した作品は、大正時代に起きた事件を、信頼できる史料に基づいて書いたもので、全て月刊「問題小説」誌（徳間書店）に発表した原本を基に文章の一部を補正したものである。同誌編集部の協力によって、ほとんど埋没しかかっていた史料に接することができたわけで、こうして刊行ができることを含めて感謝している。

全体を通じて、真実は何であったか…、の姿勢は統一されていると思う。汚職も殺人も情死も、当事者のみが真実を知っているわけではなく、場合によっては、当事者とは別の位置から事件を見る方が、真相に迫っている場合もあるのだ。

私事で恐縮だが、筆者は小説家になる前は十余年の新聞社勤めがある。入社してから退社するまで、全て記事を書く部署にあって、数行の短い雑報もあれば、紙面の半ページを使う署名記事も書いた。

入社したての頃、朝刊一面のコラムの執筆者だった高木健夫氏から、記者としての心得を教えられた。自動車と小型バスがぶつかって、運転者が軽傷を負った事故は、ふつうは記事になるニュースではないが、それを記事にしろとデスクに言われたら、歴史を書くつもりで記事を書くのだ、と高木さんは言ったのである。

時の首相が汚職容疑で逮捕されたことを記事にするなら、確かに歴史を書く気持になれるだろうが、小さな事故では、そんな気張った心で机に対する必要はない。はじめはそう感じていたのだが、やがて先輩の言葉の正しさがわかってきた。言葉を変えて言えば、歴史の流れをつかんで書けばミスはしない、という教えなのである。

本書の各章も、そのような視点に立って書いている。読者が、大正という時代の流れをつかんでくだされば、こんなに嬉しいことはない。

二〇一四年一月

大正ロマンの真実・目　次

大正ロマンの真実

1　ロマンの果て

伯爵家の四女

正二位、伯爵、枢密院副議長の顕職《けんしょく》にある身となれば、上流階級の一員として世間一般からは仰ぎ見られる存在といってよい。徳島県出身の芳川顕正《よしかわあきまさ》は町医者の子として生れたのだが、世間を瞠目《どうもく》させるこの事件のときには、その身分になっていた。また伯爵家の跡継ぎとして、男の子のいない芳川は子爵曾禰《そね》荒助の次男寛治を養嗣子として四女の鎌子（戸籍はカマ）の夫に迎えていたのだが、その未来の伯爵夫人鎌子がお抱えの若い自家用車運転手と心中をはかったのである。それは、大正六年三月七日であった。

芳川は天保十二年（一八四一年）の生れだから、伊藤博文や伊藤と松下村塾の同門で、幕末に池田屋で闘死した吉田稔麿などと同年である。本名は原田賢吉、父親は医師で、二十一歳（数え年）のとき、医師高橋文昨の養子となり、高橋の長女と結婚した。

徳島は蜂須賀藩だから、当時の分類では佐幕派になるが、高橋家は藩士ではなかったから、時代の激流に流されることはなかった。しかし藩の儒者の有井進斎のもとで兄弟子だった岡本監輔に感化され、芳川は長崎へ出て洋学を学ぶ決心をした。岡本は医師だが、単身カラフト（サハリン）に渡るなど、探検家としても有名だった。

しかし、長崎には数カ月間滞在しただけで帰国せざるを得なかった。病気にかかってしまったのだ。ところが、帰国してみると、養父は死亡しており、一家の生計は芳川の肩にかかってきた。生家も養家も医師ではあったが、一言でいえば、どこにもいる町医者だったから、生活は楽ではなかった。約一年半、芳川は働いて旅費を貯めたのち、再び長崎へ出た。といっても、経済的に余裕があっての遊学ではない。むしろ、かなり身勝手で、家族に対して無責任な長崎行だった。

はじめは、中村という漢方医のもとで助手として働き、何とか生活できたが、そのころ英学で知られた何礼之助《か》の塾に入るに及んで、中村のもとを出ざるを得なくなり、たちまち窮迫した。豊後《ぶんご》に親類がいることを思い出し、金を借りるつもりでたずねて行ったものの、相手は大阪へ旅行中で不在だった。いつ帰ってくるかも、はっきりしないという。そうなっては帰国するしかない。芳川は着がえの着物や羽織を古着屋へ売り、かろうじて徳島までの船賃をつくった。

芳川は妻子のもとへは戻らず、まず実家へ行った。父親は亡くなっていたが、母や兄弟は健在だった。母親は彼に新しい着物を調《ととの》えてやり、兄弟は苦しいなかから五両の金をくめんしてくれた。

芳川は兄弟にきびしくいわれ、徳島の養家へ戻った。養子として入ったのだから当然であるが、一泊もせずに長崎へ行った。それが洋学に対する執念なのか、妻子に対する愛情の稀薄さなのか、よくわからないが、三度目の長崎行はつきに恵まれた。ちょうどそのとき、徳島藩が留学生数十名を長崎へ送ってきて、その監督の坂東昨庵と知り合えたのである。芳川は、曲がりなりにも、経験を積んでいたから、長崎の暮しはまったく初めての留学生たちにあれこれ教えることができた。坂東はそれを評価し、藩に申請して、芳川を月四両の藩の給費生にしてくれた。

翌年正月、鳥羽伏見の戦があり、徳島藩は長崎にいる留学生に帰国命令を発した。

このころ薩摩藩は、長崎にいる各地の俊才をスカウトしていた。芳川の英学研究はかなり進んでいたから、当然のように目をつけられ、

「鹿児島へきて、航海や兵略、数学などの英文の本の日本訳をしてもらえないか。月に銀三十両、従者もつける」

と同学の薩摩藩士から誘われた。

途方もない好条件だったが、徳島へ戻らないとすると、脱藩ということになる。当時の仕組ではそれは罪であり、徳島に残してきた家族にも迷惑がかかるはずである。

しかし、芳川は故郷と妻子を棄《す》て、鹿児島へ行った。ただ、高橋姓のままでは不都合であり、実家の原田姓にも戻れないので、芳川と改姓した。芳川は吉野川から採り、のちに賢吉を顕正とした。

薩摩藩はこのころ人材スカウトに熱心で、そういう例は芳川以外にもあるが、当然のことながら脱藩された徳島藩は大いに怒った。しかし佐幕派だった藩としては、薩摩藩相手には文句をいえない。できたのは芳川の藩籍の剥奪《はくだつ》だけだった。

芳川は軍務局の勤務となり、翻訳のほかに薩摩藩士たちに英語を教えた。それが好評で、薩摩藩内に芳川を藩士として召抱えようという動きがあったが、芳川はことわった。薩摩で暮していると、他国の出身者は召抱えられても、所詮は身内として扱ってもらえないことがわかるのである。それより徳島藩の憎しみを新政府の主流の薩摩藩の威力で何とか解決してもらいたかった。

じっさい、親徳川だった蜂須賀家としては、薩摩と争う気はなかった。薩摩藩からの申入れを受けると、芳川の藩籍回復を認め、洋学教授任命を発令した。そのあと薩摩藩は芳川の招聘《しょうへい》を改めて申込み、再び鹿児島へ呼んだ。

人生の運不運がどうして起こるのかはわからないが、芳川の幸運は森有礼《ありのり》と知合いとなったことだった。

森は弘化四年（一八四七年）生れだから、芳川より六歳も若いが、藩命によってイギリスに留学し、明治元年に帰国して、新政府の外国官（外務省）の権判事（部長クラス）となった。だが、廃刀論を強く主張したことで免官となり、このときは鹿児島に帰っていた。

森有礼は、いわばモダンボーイであり、武ばったことが好まれる薩摩人の間では孤立していた。芳川はモダンボーイというわけではないが、若いときから英学を志望した点で森と共通するものがある。鬱屈している森としても、よい話相手を得たわけだった。

明治三年、森はアメリカ駐在の小弁務使に登用されて上京した。また政府は財政通貨事情を調べるために、大蔵少輔の伊藤博文をアメリカへ送ることにした。森の口ぞえで、芳川が調査団二十一名の中に加えられた。通訳には福地源一郎がいるから、芳川はその助手程度の仕事である。アメリカだけではなく、イギリス、ドイツ、フランスにも渡り、再びアメリカに戻ってから明治四年八月に日本へ戻った。伊藤の方は五月九日に帰国しており、秋に出発の予定されている岩倉使節団の準備にとりかかっていた。

芳川の渡米は新紙幣発行のためだったからそのまま大蔵省入りし、紙幣権助に任命された。トップの大蔵卿（大臣）は薩摩の大久保利通であるが、大久保は十一月に岩倉といっしょに出発し、あとは大蔵大輔（次官）の井上馨にゆだねられた。

このころ芳川は、東京出身、安政三年生れの川井サダを妻に迎えた。徳島の養家の高橋の妻と子は、芳川が二度目の鹿児島行きをした明治二年にあいついで死亡していた。

サダとの間に、翌年長男正樹が生れたが、ほどなく病死してしまった。次男格は、明治九年に生れ、こちらは明治三十七年に病死してしまっている。家庭的には、芳川はまったく恵まれなかった。しかし、女児は四人が成長した。

長女シン子（明治十一年生れ）、次女セイ子（明治十四年五月生れ）、三女トミ子（明治十五年五月）、そして四女が鎌子（明治二十四年）である。次女と三女の誕生は一年しかあいていない。どちらかがサダとの間の子ではない可能性が高い。この間、芳川は官吏としては順調に出世した。

井上馨は、明治六年に司法卿江藤新平と衝突して大蔵（財務）省を去り、参議の大隈重信が事務総裁となった。

芳川は大隈とは何となくそりが合わなかったのか、十二月に辞表を出した。芳川の伝記のなかには、井上に殉じたかのように書いたものもあるが、井上の辞職は五月十四日。このとき渋沢栄一はいっしょに辞めているが、芳川の辞職は半年以上もたっているから、井上に殉じたわけではない。

実は、伊藤が九月に岩倉とともに帰国してきていた。そして十月には、征韓論の政変で西郷南洲や板垣退助らが下野したので、伊藤は参議兼工部卿になった。伊藤との間には話がついていて、芳川は一カ月もしないうちに、工部省入りし、工部大丞《だいじょう》（局長クラス）に任命された。すごい出世である。

最初の経緯《いきさつ》からすれば、芳川は薩摩系の官員になるところだが、この時点では、完全に長州系に属していた。同年生れで、士族とはいえない低い身分の出身で、向上思考を持っている点で共通するものがあったせいかもしれないが、伊藤は芳川を引き立てた。それに芳川が長崎時代に工学の勉強をしたことがあるのを知って、伊藤は彼に電信頭を兼任させた。

すると明治十年に西南戦争が起こり、政府は軍用電線の急設を必要とした。芳川は九州に出張し、技手たちを督励して、政府や征討軍の指揮をとった山県有朋の要求をみたした。

（使える男だ）

とこのとき山県に認められたことが、芳川の人生を大きく左右した。

政府は明治十一年に大久保が暗殺されると、伊藤が内務卿となり、工部卿は井上馨だった。

伊藤と井上は、幕末に高杉晋作らと御殿山のイギリス公使館を焼打ちしたり、そのあとロンドンに密航留学したりの血盟の友であった。芳川としては、工部卿が伊藤から井上に交替したのも、ありがたい人事といってよかった。

幸運はなおも続いた。井上は明治十二年九月に、条約改正のために外務卿となり、工部卿の後任は長州の山田顕義だった。伊藤や山県と同じ、松下村塾出身である。また、陸軍中将でもあり、西南戦争では、熊本城を包囲している薩軍の後方に上陸し、戦局を一変させた。

山田は、陸軍を一手に握ろうとしていた山県の最大のライバルだったが、山県が彼を工部卿に適任として政府に送りこんだのだ。いうまでもなく、山県の狙いは、戦場にあっては有能な山田に陸軍から退いてもらうことである。

「蓄妾《ちくしょう》の実例」

外務卿になった井上は、翌明治十三年二月に芳川を外務少輔として工部省から引き抜いた。ところが、明治十四年十月、大隈が国会開設や北海道の官有物払下げの一件で薩摩派と対立し、結局は下野した政変があった。

芳川はその前に、工部卿になっていた長州の山尾庸三が井上へ注文して、工部省に戻ることに内定していた。ところが、政変の余波で、工部少輔として戻ったときに、工部卿は土佐出身の佐々木高行になっていた。これでは話が違うし、芳川としても佐々木の下では仕事がしにくい。しかし、外務少輔にはすでに別人が就任しているので戻る余地はない。

だが、藩閥政治なるものの真髄は、党派の領袖が自派のものを徹底的に庇護するところにある。伊藤は明治十五年三月に憲法調査のために日本を離れるが、井上と山田に機会を見て芳川を外務省か内務省に戻しておいてくれと依頼した。芳川は技術系だから工部省がいいのだが、官庁としては、内務省や外務省の方が格上であり、そこで通用すればどの役所へ行っても通用する。

すると七月、東京府知事の松田道之《みちゆき》が急死した。四十四歳の若さである。鳥取藩の出身で、長州藩士の実行した生野の義挙をひそかに支援するなど、長州藩寄りの立場で働いた。新政府が成立すると内国事務局に出仕し、大津県令、内務大丞をつとめたあと、東京府知事になった。有能な地方官として評判のよかった人物だった。

山県と山田が話合い、芳川を内務少輔兼東京府知事に登用した。あとはトントン拍子だった。山県が内務卿になると内務大輔となり、内閣制度が発足して山県が内務大臣になると、その下で次官となった。単に長州閥の官僚というよりも、山県直系の子分になったというべきだろう。

山県の第一次内閣では、明治二十三年五月の改造のときに榎本武揚のあとをついで文部大臣となり、山県の意を体して十月三十日に教育に関する勅語、いわゆる教育勅語の制定発布に努力した。じっさいには、法制局長官の井上毅《こわし》と明治天皇の侍講の元田永孚《もとだながざね》が協議して草案を作ったのである。

この教育勅語が以後の日本の教育に及ぼした影響は甚大なものであった。学校の入学式などの行事では、校長によって必ず朗読されたし、小学校でも高学年の生徒になると、暗記することを強要された。基本的には、天皇への忠誠と道徳的なモラルを説いたものだが、「父母ニ孝ニ」とか「夫婦相和シ、朋友相信ジ」などは、いつの世においても通用する。

芳川はこの勅語発布について、官吏としての最高責任者だった。

ところが、そのころ、芳川の私生活は教育勅語の教えに反することを実行するものになっていた。若く美しい女性を妾宅に囲っており、翌年十月に女児を儲《もう》けたのだ。

芳川の長女や次女も結婚するが、二人とも離婚して実家に戻ってきた。三女トミ子は明治三十四年二月に、大阪の豪商で長州出身の藤田伝三郎の長男平太郎に嫁いだ。このトミ子については、白洲正子の「自伝」に次のように描写されている。

「もう八十五、六に達していられたと思うが、名妓を想わせるような美しい容姿に私たち(白洲と評論家の小林秀雄)はみとれてしまった。私にとっては二、三十年ぶりの出逢いで、母親に再会したような心地であったが、それから数年後に亡くなられたことを知った。

この夫人は富子といわれ、芳川伯爵の令嬢であったが、美人の聞え高く、特にその黒髪は、背丈より一尺(約三〇センチ)ぐらいあまることで有名だった」

彼女に比べると、平太郎は風采の上がらぬ男で、夫人のお供のように見えた、と白洲はいう。

トミ子は明治十五年の生れで、明治三十四年の二月に平太郎と結婚している。芳川は文相のあと、この三十四年までに法相、内相をつとめ、官僚としては最高ランクに位置している。一方、平太郎は明治二年、伝三郎と妻の通《みち》との間に生れた。トミ子よりは十三歳も上である。白洲が小林と藤田平太郎夫婦をたずねたのは太平洋戦争のあとのことだった。トミ子の生れは明治十五年(一八八二年)だから、かりにトミ子八十五歳のときだったとすると、一九六七年、つまり昭和四十二年のことになる。そのとき、平太郎は九十八歳になるのだが。また、昭和十五年発行の「伯爵芳川顕正小伝」（水野秀雄）の年譜によると、平太郎は伝三郎の養子となっている。しかし、これは間違いのようだ。伝三郎には、平太郎のほかに次男の徳次郎、三男の彦三郎がいる。

白洲の文によるまでもなく、明治四十三年に撮影された藤田一家の写真を見ると、トミ子は確かに美女である。また、四女の鎌子の写真を見ると、やはり美女である。ただし、二人の母親は別人である。

この時代、経済的に余裕のある男が、妾宅をもつのは、ごく普通のことだった。黒岩涙香の新聞「萬朝報」が明治三十一年に連載した「蓄妾の実例」は、身に覚えのある男たちの心胆を寒からしめた。

「前法相曾禰荒助は、芝明舟町十九番地田中豊の妹いね（十七）とて、一昨年当り鞆絵《ともえ》学校を尋常科卒業まぎわにて退学したる女を本年三月頃より一カ月わずか十円の約束にて小間使い兼帯の妾に雇い入れ、在官中はいつもいねを携えて官邸に宿泊し日旺ごとに赤坂台町の自邸に伴い帰るを例とし、片時も離さざるまでに寵愛しいたるが、多情の曾禰はなお飽き足らでや、ひそかに三十間堀二丁目十八番地、花三升《みます》の花香こと浅田てい（十九）の色香を愛《め》でしばしば足を運べりとぞ」（七月七日付）

といった調子で黒岩は有名無名の実例をとことん素《す》っ破《ぱ》抜いた。

有名人でいうと、犬養木堂、大江卓、森鴎外、鳩山和夫、北里柴三郎、西園寺公望、益田孝、山県有朋、古河市兵衛、井上馨、楠本正隆、伊藤博文、尾上菊五郎、渋沢栄一、伊東巳代治、九条道孝、岩倉具定、榎本武揚、三井高保、原敬、佐野常民、根津嘉一郎、香川敬三、大木喬任、勝海舟、末松謙澄、黒田清輝、西郷従道、鳥尾小弥太。

そして芳川顕正が出てくるのは五十九回目である。

「子爵芳川顕正、京橋区木挽町十丁目十四番地、前内務大臣芳川子は自邸に芸妓上りの伊藤初子（二十七）という美妾を蓄え、頃日相たずさえて野州塩原の松園楼に遊べり」（九月四日付）

つまり、妻妾同居だったことになる。この初子は四女鎌子の生れた明治二十四年には二十歳だったことになる。藤田に嫁いだトミ子の生れからすると、初子が母親ではないことは明白である。

芳川は、第一次山県内閣の文相を皮切りに、第二次伊藤内閣、第二次松方内閣、第三次伊藤内閣、第二次山県内閣、第一次桂内閣で、法相、逓相、内相、文相なども何度もつとめた。

その間、明治三十七年に次男が死亡し、男子の跡継ぎがいなくなった。

爵位もこのころには伯爵を授けられている。芳川は、伊藤博文のあとに韓国統監となっている曾禰荒助の次男寛治を養子として迎え、鎌子と結婚させた。明治四十二年一月のことで、鎌子は十九歳、寛治は東京高商（のちの一橋大学）を明治三十八年に卒業し、三井物産の社員となった。

二人の間には、大正二年三月に長女明子が生れた。寛治は三井物産を退社し、日韓ガスの支配人になった。父親の職権によってできた会社であろう。

芳川は明治四十三年には数え年で七十歳となり、さすがに大臣の話はなくなって、枢密顧問官となり、明治四十五年には議長の山県にいわれて枢密院副議長となった。枢密院は明治憲法によって創設された官庁で、天皇の相談にあずかるのが主要な任務だった。

もし芳川に万一のことがあれば、寛治が芳川家を相続して伯爵になる。鎌子が伯爵夫人となるのはすでに述べたように当然のことなのだ。三女のトミ子の嫁ぎ先の藤田家も明治四十四年には男爵を授けられている。従ってその翌年に伝三郎が死ぬと、平太郎が男爵となり、トミ子は男爵夫人となった。その上に、政商藤田家には、巨万の富がある。

実家に戻ってきている長女や次女にしてみれば、おもしろくない状況である。長男は生れて間もなく死亡したが、次男は明治三十七年まで生きていた。未婚の鎌子も姉たちと同じように、他家へ嫁ぐはずだったのに、次男の死によって、養子を迎えて爵位や財産を相続することになったのだ。

このころ芳川家は自家用車をもっていた。東京市内で一千台あったかどうかであるが、当然のことながら、専用の運転手を必要とする。芳川家では、寛治が三井物産の社用車の運転手をしていた倉持陸輔に声をかけ、働いてもらうことになった。倉持は明治二十七年生れで、ふだんは芳川邸内に一室をあたえられている。しかし、休日には神田に住む叔母の加藤アキを訪ねて、その一室で休息をとった。

若夫人とお抱《かか》え運転手

「七日夜七時半ごろ千葉町本千葉駅をさる西北方二町余の女子師範学校裏手鉄道線路にて、年若き美しき男女が合意の情死をとげたる珍事あり。両名は最初相重なりて鉄道線路に打ち伏し、同二十五分千葉駅を発したる単行機関車を待ち受け、礫死せんとしたるも、男は車輪のために線路外にはね飛ばされ、女のみ左こめかみを粉砕されて人事不省に陥り、男は顔面に擦過傷を負いたるのみにて、案外軽傷なるにより、女に向って、殺してくれと二言三言叫びたるを、付近の者がこれを聞きつけ、何事ならんと駆けつけたるに、このとき実は刃《は》渡り五寸余の白鞘《しらさや》の短刀を取るより早く吾《われ》と吾《わ》が咽喉をグサとばかりに突き立て、現場より約十五間余を離れたる所に打倒れて即死せり」（三月九日付・国民新聞）

ほかの新聞も似たようなものだが、実は記事に何となく冷静さがうかがわれるのは理由があった。前日の「東京朝日」が、

「芳川伯家の若夫人
　抱運転手と情死す
　　千葉駅付近にて
◇男は咽喉を突いて即死し
◇女は列車に触れて重傷」

の大見出しとともに、和服姿の美女の写真を掲載したからだった。完全なスクープであった。もっとも、若夫人がお抱え運転手と情死すという見出しは、事実に反していて正しくない。それがわかっているので、活字を小さくした見出しで、男は死んだが、女は重傷である、と心中未遂であることを明らかにしているのだ。

それにしても、衝撃的なニュースだった。

はじめ、連絡を受けた千葉署の猪股警部補と新見警察医は、女性が顔面を血まみれにしているものの、呼吸が思いのほかしっかりしているのを見てとると、県立病院へ運んだ。

一方、みずから短刀で咽喉を突いた男は、身長五尺五寸くらいで黒らしゃ詰めえりの服に鳥打帽というでたちで、紫お召しの羽織にお召しの着物、頭は束髪、表つきの駒下駄という女性に比べると、何やら身分違いの感じである。

また、絶命した若い男のポケットには封筒が入っており、神田新銀町《しんしろがね》三十一番地の加藤アキにあてたものだった。内容は、誠に申訳ない、というもので、その記名は倉持陸輔。

猪股の依頼で神田署員が加藤アキのところへ行ってみると、甥の倉持陸輔は、前は三井物産で運転手をしていたが、現在は芳川伯爵家で働いている、という。そうすると、女性は芳川家の人ということになるのか。

警察は内務省に属する役所だから、内相を何度もつとめた芳川は、はるか雲の上の存在である。扱いを間違えたら、署長のクビがとんでしまう。

ところが、朝日の記者が日ごろから食い込んでいたのか、加藤アキの一件をつかみ、本社へ報告した。社会部の記者が加藤の家へ行ってみると、真夜中なのに電灯が点っている。ドンドン戸を叩くと、アキらしい老婆が顔を出した。しかし、倉持なんていう男は知らない、といった。記者は、倉持はかなりの大金を所持して死亡しており、検死がすめば、縁故の人に渡されることになっているが……といった。

その場の思いつきトリックだったが、アキはひっかかった。倉持は甥で、前は三井物産の運転手だったが、現在は芳川伯爵家の住込み運転手をしている、と話した。

記者の報告で、心中の相手は芳川家の女らしいとわかった。着ていた上質の和服からみて、使用人ではなさそうであるが、芳川伯爵の娘は三人いて、そのうちの誰かは、この時点ではわからない。

千葉支局の報告では、二十代の若さだというから、このとき二十六歳になる鎌子と思われる。しかし、結婚して子供もいる。お抱えの運転手と心中する理由があるとは考えられない。出戻りの長女か次女ではないのか。

三井物産の自動車課を叩き起こしたりして、倉持が寛治のお気に入りだったことや、昔の仲間には、若夫人を乗せてデパートやレストランに行ったり、靴や服を買いあたえてもらったりしていることを、なかば自慢げに語っていたことがわかった。もはや、鎌子であることは確実である、と決断して、朝刊用に紙面をつくったのだ。

かなり危険な賭けである。現在の新聞であれば、こういう無茶はさけるはずだが、この時代は冒険主義的、というより慎重さを欠いていた。しかし、それが成功したのだ。ドンぴしゃり芳川鎌子とお抱え運転手だった。とはいっても、二人の関係についての新聞記事は必ずしも正確ではない。どちらかといえば、鎌子がわがままで、養子の夫がおとなしくしているのをいいことに、年下の倉持をたらしこみ、ついには心中したという報道が多かった。

現実はそうではなかった。

二人の姉は、将来は伯爵になる寛治に対して、何かにつけて意地悪したり皮肉をいったりすることが多かった。不縁になって戻ってきたコンプレクスもあったろうし、自分たちは運が悪かったというひがみもあったかもしれない。

このころは、戸籍上も身分の違いが認められていた。戸籍謄本に、「平民」「士族」「華族」の別が設けられていた。江戸時代の士、農、工、商のうちの農、工、商を一つにまとめて平民にした。華族は、旧大名、朝廷に仕えた公卿たち、さらに国家に功労のあったものに天皇があたえる身分上の恩典である。上位から、公、侯、伯、子、男と五階級の爵位が設けられた。明治十七年七月に公布された華族令に基いている。

最初に公爵を授けられたのは、三条実美ら十一名、伊藤、山県のような維新の功労者は伯爵だった。また、華族になると、宮内省から一時金と年金が出る。華族は「皇室の藩屏《はんぺい》」とされた。藩は垣根、屏は境界で、皇室の守り役をつとめることである。そのために守り役にふさわしい特典をあたえられるわけだが、その代り、結婚その他について宮内省の監督を受ける。

平民から見れば、華族は目のくらむような階級である。しかし、その華族の間でも五つの階級差は感覚的に相当なもので、公と侯の差は紙一重の差以上のものだった。侯と伯の差もまた同じである。

明治の末期になると、維新生き残りの元老たちには最上位の公爵が授けられていた。亡くなった伊藤はもとより、山県、大山巌、松方正義、西園寺公望、桂太郎らである。

例外が一人だけいた。井上馨である。若いころから井上は、高杉晋作や伊藤といっしょに尊皇攘夷運動に入り、品川・御殿山のイギリス公使館を焼打ちしたり、俗論党に闇討ちされて瀕死の重傷を負ったこともあった。維新後は財政と外交で貢献してきたし、首相にこそ就任していないが、その功績は山県らに劣らない。

だが、井上は侯爵でストップしたままだった。誰にどういう爵位をあたえるか、それは宮内省の役人が草案を作って、最終的には天皇の承認によって決定されるが、相談相手は内大臣である。井上の無二の盟友である山県が、内大臣に働きかけることは不可能ではないが、下の爵位とは違い、公爵については無理押しはしなかった。

井上にしてみれば、後輩の桂が公爵を授けられているのに、どうして自分がはずされているのか、およそ不可解であり、心外であり、不快でもあったろう。維新のころ、桂などは、いわばチンピラの陸軍士官にすぎなかった。政治家としても大したことはない。

記録は残っていないのだが、井上の公爵が実現しなかったのは、明治天皇の意向だったと思われる。井上には「銅臭《どうしゅう》」があった。天皇は井上の任用について、はっきりとそういったことがあった。いかに山県が役人たちに影響力を行使しても、どうにもならなかったのだ。

芳川伯爵の跡取りとして養子になった寛治の実家の曾禰家は子爵である。彼は次男だから、子爵家を継ぐことはできないし、いずれ結婚、独立しても、華族身分ではない。三井物産のサラリーマンとして、何年かあとに役員にしてもらえれば上出来の人生である。

それが鎌子の夫に迎えられたために、実家で荒助の死後に跡を継いだ長男よりも一階級上の伯爵になれるのだ。だが、寛治は入り婿だから、離婚・養子解消ということになれば、元のモクアミである。そうならないためには、鎌子にきらわれてはまずいし、二人の姉たちの機嫌を損じてゴタゴタするのも不都合である。いやみをいわれても、意地悪をされても、爵位を継ぐまでは、笑って受け流すしかない。

そのことがプレッシャーとなったのか、それとも生れつきの遊び好きなのか、寛治は芸者漁《あさ》りに精を出した。新橋の花街では、芳川の若様といえば、五本の指に入る遊び人だったたし、性病にかかってそれを鎌子に伝染させる始末だった。

幼いときから見ていた妻妾同居という異常な環境、うわべは妻の機嫌をとるが、陰では芸者遊びにうつつをぬかす夫、ひがみにこり固った腹違いの姉たち……鎌子のささくれ立った神経をやわらげてくれたのは、奴僕《ぬぼく》さながらにかしずいてくれた倉持だったのであろう。

女の方に隙があったのか。男がそれにつけこんだのか。そうではなくて、女は男の優しさに心を惹かれたのか。男は身分の違いを知りながら愛の衝動に身をゆだねたのか。どうであれ、二人は結びついたのだ。

こういう場合、両者の思いが真剣であればあるほど、出口のないトンネルを奥へ奥へと進んで行くようになる。そして鎌子も倉持も真剣であった。そうなると、この世では実を結ばぬ愛をあの世で、という結果になるのも当然なのかもしれなかった。

二人が決心して家を出たのは三月六日の夜だった。どうしてその場所を選んだのかは不明だが、千葉へ行き、田川家という旅館で一泊した。この間に、寛治は夜十一時ごろに遊興してから帰宅し、鎌子の不在に気がついたが、さして気にとめなかった。

翌日、二人は昼ごろに近くの店で食事をとった。そのあと、七時三十分まで、どこで過したかは、わかっていないが、走ってくる機関車に飛びこんだとき、新聞記事に書かれたように、鎌子ひとりが重傷で人事不省になった。倉持は、死に遅れたと思い、咽喉を突いて見事に自決した。

生き残った鎌子

鎌子は死ねなかった。

「かねて千葉病院に入院中なりし芳川鎌子（二十七）は引取先の決定せざると新聞記者の警戒のために、幾度も病院より退院を迫られながらも、そのままに日を過しいたるが、いよいよ昨三日午前二時三十分、縞の毛布に全身をおおい、あたかも死体を運び出すごとくに多数の人に護《まも》られて、芳川家の自動車にて退院せり。これよりさき芳川家にては鎌子の引取先につき各方面に交渉したるも、何人も体《てい》よく謝絶して受付けざるにより、やむを得ず本邸に入ることに決し、警視庁に依頼して芳川家の自動車六七二号に家扶《かふ》を乗せ、別に三井物産所有の八四三号の自動車には、別に警視庁に依頼して三名の刑事を乗りこませて千葉に至り、さらに千葉県警察部に警戒を依頼したるより、同警察部にては三日午前一時ごろより千葉病院玄関前の植込み内に千葉警察署の角袖巡査部長一名巡査二名を忍ばせ、厳重なる警戒をなしたり」（四月四日付・東京朝日）

当時の記者の文章は拙《つたな》いが、芳川家が記者たちの目を逃れようとしている苦心ぶりは汲みとれる。本来なら、この程度のことで警察が私服刑事（角袖というのは私服刑事の別名である）まで動員するのは、明らかに行き過ぎである。しかし、この時代に、内相を何度もつとめた人物の頼みを拒否するのは不可能だった。また、芳川の方も、公私混同だとはまったく思っていないし、世間の方も、当然のことと見なしていた。

新聞社側も車を用意して、鎌子を乗せた車を追跡した。追いつ追われつのカー・レースがくりひろげられた。しかし、江戸川橋の上で、別の車が割りこんできて、追跡を妨害した。

新聞には「一記者」とした追跡記が載せられているが、

「両国駅付近で永いことウロウロしていた八四三号は、自動車をまいて鎌子より先に四時二十分本邸に帰っていた。芳川家では大玄関に煌々《こうこう》たる電燈を点じて、大勢の人びとが鎌子をかきこんで奥深く入ったあとは、ほうぼうに通知の電話のベルがけたたましく響くばかり、大門は固く鎖《とざ》して一切何事もないと頑強に主張していた」（同日・東京朝日）

八四三号（自動車ナンバー）は三井物産の車だが、追跡をまくのに一役買ったのだ。肝心の鎌子を乗せた芳川家の六七二号車はたくみに追跡をかわしたことになる。

記者は、鎌子が本邸に戻った、と書いているが、きちんとつきとめたわけではなかったようである。通知の電話のベルがけたたましく響いた、とまるで見てきたかのような文章だが、固くとざされた大門の奥の、さらに大邸宅の内部のことなどわかるはずもないのである。

事実をいえば、報道陣の車は追跡に失敗していたのだ。

「去る三日の払暁千葉病院を退院したる芳川鎌子の行方については、芳川家にて絶対に秘密に付しいたりしが、十三日に至り府下、下渋谷《しも》五四七に隠棲しおれること判明したり。その隠れ家は青山女学院前より氷川神社の森をぬけ、宝泉寺の境内に入りたるところに生け垣をめぐらしたる冠木門《かぶき》の一構えあり。この構えば岡喜七郎氏の旧知なる前田利之《としゆき》という人の所有にて、鎌子は千葉の病院より直ちにこの隠れ家に入り、世間の耳目を避くるため鎌子の居間の見れるところに丈余《じょうよ》の黒板塀を建て、表札を出さず近隣に対しての挨拶もなく、朝な夕な押し寄するご用聞きをも門内に入れざるより、近所にては不審を起こし、以前博徒の住みしことありし家だけに、薄気味悪く思いいたりという」(四月十四日付時事新報)

文中の岡喜七郎とは、内務省の警保局長をつとめた人物である。警保局長は次官につぐポストである。家は八部屋あって、家賃は二十五円。当時の渋谷は、まだ東京市内に入っていないところで、いわば東京のいなかであった。それを考えると、二十五円の家賃は決して安くはなかった。

鎌子には、女中二名のほか、書生一名、老人一名、老女一名がつきそって身辺の世話をつとめ、同時につきまとう報道陣からの保護に当った。

しかし、新聞の方も執拗だった。芳川家の六七二号の自動車を運転したのが、三井物産所属で、いまは芳川家専属として出向している出沢佐太郎であることをつきとめ、その会見記を掲載した。出沢は、二台の車を使って追跡をまき、乃木坂から青山墓地をぬけて下渋谷へ送ったことを認めた。そのあと車の窓には白いカーテンをたらし、午前四時四十分ごろに芳川邸に帰ったという。

芳川は三月下旬に、枢密院副議長および顧問官を辞任した。娘のスキャンダルで華族の名誉を損じたことの責任をとったのである。議長の山県も辞表を受理した。ただし、二年後には顧問官に再任されている。

それだけではすまなかった。鎌子をどうするか、である。

芳川は、おそらく宮内省の勧告に従ったものと思われるが、鎌子の籍を抜いて、分家とした。しかし、寛治の養子はそのままで、その娘の明子も伯爵家の一員である。女性は爵位を継ぐことはできないから、将来的には、寛治が顕正から継いだ伯爵を、明子の迎える婿養子が継ぐことになる。要するに、鎌子は芳川伯爵家の戸籍から放り出されたわけである。傭人の運転手ふぜいと心中をはかったような女を、将来の伯爵夫人として残しておくことは認められなかったのだ。

さらに芳川は、鎌子を天理教に入信させようとしたが、彼女は教会へ行こうとしなかった。

世間の目がうるさいので、芳川は鎌子を中野の小滝町に作った別邸にかくまった。渋谷の借家には、鎌子がいるとわかってから、いやがらせの張り紙が塀に貼られたりした。

戸籍は本家からぬいても、働きのない娘を養うのは親として当然である。また、別邸には身の回りの世話をする老女や家計を仕切る家扶を置いた。もちろん監視役を兼ねている。そして、本邸との連絡や荷物運び、あるいは必要最小限の気ばらしのためのドライブなどは出沢運転手に担当させた。

出沢は、倉持と同じように、三井物産から芳川家専属で出向していた。倉持から悩みを相談されたこともある仲だった。

鎌子は、倉持のことを思い出すと、切なくなるであろう。いっしょにあの世へ行こうと誓ったのに、自分だけが生き残っているからだ。

倉持は、ハネられて血まみれになった鎌子を見て、すぐに後を追った。わからないのは、どうして短刀を用意してあったのか、ということである。心中は、いっしょに毒薬をのむか、断崖から海へ投身するか、である。男が相手を刺し、それから自決するという手段は、昔の武士ならいざ知らず、ふつうは使われない。

しかし、そんな疑問は、誰にも話すことはできなかったが、出沢は別だった。運転手が雲の上の存在である美しい若奥様に愛情を抱いてしまったら……そんな、あり得ないことでも、出沢の友だちだった倉持は現に実行してしまったのだ。いいかえれば、倉持の気持を理解できた唯一の人間だった。

鎌子の気持が出沢に傾くのに、さして時日を必要としなかった。

大正七年十月、鎌子は出沢といっしょに失踪した。いわゆる駆け落ちである。

このときの鎌子はもはや華族の一員ではなく、芳川家から分かれた一平民であり、かつ独身である。出沢の方も独身の一平民であるから、二人の結婚に何も障害はない。従って二人の行為は、げんみつには駆け落ちとはいえない。

にもかかわらず、世間は駆け落ちとして扱った。芳川家としても、もはや仕送りをするわけにはいかず、金銭的な援助を打ち切った。

二人は、出沢の親戚のいる千葉県の取手で暮しはじめた。入籍はしなかった。出沢は働かなければならない。取手では、彼のもつ技術を活用できないので、横浜へ出て自動車会社の運転手となった。

住居は南吉田町、隠れ家に借りた下渋谷の家の半分にも及ばない家だったが、鎌子の精神はそれなりに充たされた。

芳川顕正は大正九年一月十日、危篤になると、従一位と銀杯を授けられ、同日、死去した。数えで八十歳だった。

鎌子は翌年の四月に、前に寛治からうつされた婦人病が原因で腹膜炎となり、手術をすれば治るという医師の勧めをきかずに死んだ。心中事件から四年後、数え年でいうと、すでに、いや、まだ三十一歳であった。

彼女は父親の盛大な葬式には、もちろん出られなかった。体面上、それは許されないことだったが、葬られた青山墓地にひそかに墓参したかどうか、筆者としては知りたいと思っている。というのは、芳川の後をついで枢密院副議長になった清浦奎吾《けいご》の書いた墓誌の最後の方に、漢文でこう書かれているからである。家族にふれたもので、長男、次男は皆死んだことを記したのち、

「長女新、次ノ青子ハ島竹次郎ニ適《かな》イ、次ノ富子ハ男爵藤田平太郎ニ適イ、次ノ鎌子ハ子爵曾禰荒

助次男寛治ヲ養イ、以テ家ヲ襲ウ」

とある。この文章は芳川の意思によるもので、戸籍からは鎌子を除いても、死を迎える前に、自分の子として墓誌に刻むことを決めて清浦に托してあったのだ。ただ、そのことは離れて生活していた鎌子に知らされていたか否か、確認されていない。

島村抱月と松井須磨子

鎌子の二度目の思い切った行為は、やはり新聞記事になっているが、その翌月の新聞社会面における最大のトピックは、著名な演劇人である島村抱月の急死であった。

島村は明治四年（一八七一年）、島根県浜田町の生まれで、佐々山滝太郎が本名である。神奈川県出身の裁判官島村文吾に見込まれて、娘のイチ子の婿養子として迎えられた。東京専門学校（早稲田大学の前身）を出たあと、小説や評論を発表し、さらにドイツ、イギリスに留学して帰国し、「早稲田文学」を再刊、早大教授のかたわら、坪内逍遥を助けて演劇運動に参加した。

大正二年になってから、坪内と別れて「芸術座」を組織した。日本の演劇は何といっても歌舞伎がメインだが、島村はシェクスピアなど西欧の芝居を取り入れた新しい演劇を作りたかった。

だが、彼を有名にしたのは、その方面での成功ではなく、彼としては不本意だったろうが、女優松井須磨子との恋愛事件だった。島村には、春子、君子、震也、秋人、俊子と五人の子がいたが、彼は妻子を棄てて須磨子との恋に走った。自宅は東大久保にあったが、島村は家にはめったに帰らず、牛込の芸術倶楽部の一室にずっと寝泊りしたのである。

「芸術倶楽部の主宰者として新劇の創設に貢献したる島村抱月氏は、去月二十九日世界かぜにかかり、本田主治医宮本博士の手当を受けたるも肺炎を併発し、本月二、三日ごろいったん軽快に向いしが、四日病勢にわかに革《あらた》まり、昨五日午前一時五十三分牛込通寺町芸術倶楽部の二階において逝去せり」（十一月四日付・東京日日）

この記事の見出しは、

「島村抱月氏逝く――

昨暁芸術倶楽部に於《おい》て

教え子の須磨子等《ら》一座

明治座で稽古の留守に

▽世界感冒《かぜ》から肺炎併発」

といった平凡なものだが、これが葬式になると、やや変ってくる。

「噫《ああ》、抱月居士

昨夜の葬儀

倒れるまでに

須磨子の慟哭《どうこく》」

という見出しが使われ、記事も、どちらかといえば冷静な未亡人や子ども、近親者の焼香のあとに、「須磨子は泣きはらせる両眼に手巾《ハンカチ》を押し当てながら霊前に焼香終るや、哀愁極まる声をあげて哭《な》き、危く卒倒するばかりのところを、傍人に援けられ休憩室に入れるは哀《あわ》れ深かりき」（十一月八日付・読売新聞）

と書かれている。要するに、記者の方で、島村が妻子を顧みずに須磨子に心を傾け、須磨子も全身全霊をこめてそれにこたえていたことを知っていたからなのだ。

当時の一般的風潮として、女性の場合は夫以外の男との恋愛沙汰に関してはきびしく断罪されたのに対し、夫の側のそれについては全く寛容だった。財力のある男が側妾をもつことは、社会的にほとんど公認であった。

島村の場合は、須磨子は側妾ではなく、芸術座の看板女優であった。彼女の主演するカチューシャは満都のファンを熱狂させた。文学や演劇ファンは別として、一般市民のなかには、女優須磨子の名は知っていても、抱月の名を知らない人は多かった。

だから、そういう須磨子に溺れた抱月を批判する人は決して少くなかった。

「（抱月が）家庭を破壊して自分で家を飛び出した。それについて内部の事情を知らない『世間』から、氏はかなり手酷い攻撃を受けたが、私たちは、氏の如き感情に饒《ゆた》かな、理智に明るい人が、こうした道を取らなければならなかった周囲の事情を、まず察しなければならない。洋行前、氏がいつもに似ぬ激越な調子で、文士無妻論を唱《とな》えた事情を知っているものは、氏の家庭にいつかはこうした

運命がくるものと予測もできていたのだ」（十一月八日付大阪毎日）

この文章は薄田泣菫《すすきだきゅうきん》の「茶話」と題するもので、翌日にもこう書いている。

「氏は先輩とも同輩とも、後輩とも仲違いをしたことが少くなかった。須磨子を自分の愛人であると同時に、自分の唯一の芸術品であると信じていた氏にとっては、それもやむを得ない犠牲に相違なかった」（十一月九日付同）

抱月はこの時代を代表する知性の持主と認められていた。男と女の仲は、知性の大小や有無とは関係ない、といってしまえばそれまでの話だが、抱月ほどのインテリを惹きつけた須磨子はどういう女だったのか。よほどの大女優だったのか。

須磨子は本名小林正子、明治十九年（一八八六年）十二月、長野県の松代の在の清野村の生れで、九人兄弟の末ッ子だった。当時の日本は、多産が政府によって奨励《しょうれい》されていた。人口の少ない国家には将来の希望がない、という考え方である。小林家の九人は多い方だが、五、六人は普通だった。

父の藤太は真田家に仕えた武士だったが、彼女が十六歳（数え年）のときに死亡し、

「正子を東京に出してやってくれ」

と遺言した。飯倉の菓子店に彼女の姉の一人が嫁いでいた。その姉夫婦の好意で上京したのが明治三十五年四月、正子は戸板裁縫女学校に入った。こういう経歴については『須磨子の一生』（秋田雨雀《うじゃく》・仲木貞一）を参考にしているのだが、同書によると、ふるいつきたくなるような美貌ではないが、どことなくきりっとした、男をひきつける魅力があったという。

縁談がつぎつぎにもちこまれ、その一つ、木更津の料理屋兼旅館の若旦那に望まれ、十七歳の暮に嫁いだ。ところが、

「異性という生れて初めての経験によりて、須磨子の心は少なからず動揺した。生理上に変化を来たすとともに、その精神にも動揺を見るようになった」（同書）

ぼんやりとした書き方をしているが、要するに相手とは肌が合わず、婦人病までうつされてやせ細り、一年で離婚となって姉夫婦のところに戻った。その後はぶらぶらしているうちに健康も回復し、再び縁談がもちこまれるようになったが、正子は慎重になっていたし、姉夫婦も強要しなかった。

そのころ、米国帰りの荒川重秀という人物が座主となって新演劇運動をはじめ、お伽《とぎ》劇を上演することになった。正子がどういうきっかけでこの劇団の稽古場をのぞくようになったのか、どうして一座に入るのを認められたのか、どうもよくわからないが、この一座の講師に高等師範を卒業した前沢誠助という男がいた。

間もなく、彼女は前沢と同棲するようになった。そして、明治四十二年に坪内逍遥が「文芸協会」付属の演劇研究所で俳優を募集したとき、正子は前沢の友人の紹介で試験を受けることができた。

彼女は合格した。演技の才能は別として、体格の立派なこと、音声の力強いこと、メイキャップ映えのする顔だったことなどが、坪内や抱月ら試験委員の心をとらえたらしい。また、当時の「俳優名鑑」によると、身長は五尺一寸三分とある。約一メートル五十四センチ。明治末期の日本女性としては、標準よりはやや上というところであって、大柄というほどではないのだが、彼女がそこに居るだ

けで、何かしらあたりが引き締まるような雰囲気が生じたらしい。

そして二年後の明治四十四年、正子は文芸協会研究所の第一期生として女優デビューを果たした。演題は「ハムレット」で、劇場は帝劇だった。芸名を松井須磨子としたのはこのときだが、その由来は前記の名鑑にも出ていない。好物は、そば、海苔《のり》、果実、猫や犬の子、人形も好き、などと出ている。

須磨子の役はオフェリアだった。研究所の卒業公演でもこれをやり、坪内らにその才能が認められたというが、常識的には役者になったばかりの新人の演ずる役ではない。もしかすると、原書を買ってきて、片かなをふってもらい、声に出して読んでみるという勉強ぶりというより執念が坪内に伝わったのかもしれない。坪内の名訳によって日本語のせりふが用いられるのだが、シェクスピアの原文の場合はどういう話し方や呼吸になるのか、わからないなりに身をもって体験してみる意気込みに、凡百の俳優にはない芸道探究心があらわれている。

須磨子のオフェリアは好評だった。そして抱月の演出した第二回公演「人形の家」におけるノラもまたひじょうな成功をおさめた。

その前から須磨子と前沢との仲は完全にこわれていた。坪内や抱月に接していると、前沢という人物がおよそ物足りなかったとしても不思議はない。

前沢と別れただけだったなら、別に何ということはなかったのだ。だが、抱月と関係をもつようになると、コトはそう簡単ではない。須磨子は抱月をたらしこんでいるとか、魔性の女だとかいうものが出てくると、坪内はふきげんになるし、大学では風紀の紊乱《びんらん》を理由に教授辞任を求める声までが出

てきた。須磨子に同情的な前記の書物でさえ、

「須磨子との交渉がはじまって直に抱月氏を苦しめたのは、家庭におけるその生活動揺であった。愛と、芸術と、系累《けいるい》と、抱月氏は新人らしい内的の苦悶を続けたのであった。しかも須磨子の熱と情は、ついに氏をしてその家庭生活を破壊せしむるに至った。抱月氏夫人をして、また家族をして極度の悲境に陥らしむるに至った」

と書くほどである。

そういう状況になると、ひっこむどころか逆に前へ進むのが須磨子の性格だった。

須磨子はいまや島村抱月という一人の男に恋している、というよりも、そういう恋に恋しているのかもしれなかった。世間の非難にともすれば弱気になりかかる男を、須磨子は叱咤した。男が一言いえば、須磨子はその何倍もいいかえした。

抱月はついに大久保の家を出た。

新しい時代とロマンティシズム

坪内が文芸協会を解散した。

二人が活躍している場所、つまり舞台がなくなれば自然と熱も冷めてくるのではないか、と思ったようである。坪内は抱月の才能を高く評価していた。須磨子が憎いわけではないが、妻子のいる抱月

と結びついて、抱月に妻子を棄てさせたことは許せなかったのだ。

一方、抱月にとっては、文芸協会の解散は痛手だった。自分と須磨子の二人が拠《よ》って立つところを失っただけならまだしも、多くの人たちにも迷惑をかけたのである。悩み、思いつめた末に、

（死のうか）

という気になり、戸山ヶ原をふらふらと一晩中歩いたこともあった。

須磨子の方はその程度の障害にはへこたれなかった。

拠って立つ舞台がなくなったことは確かに打撃であるが、対策がないわけではない。舞台がなくなったのであれば、舞台を作ればいいのである。文壇や演劇界に圧倒的な名声をもつ坪内の力を借りなくても、新しい劇団を作って新しい芸術をファンに提供できるのではないか。

いや、できる、と彼女は自分にいい聞かせた。

それを実現するためには、必要な資金を提供してくれる金主《スポンサー》を見つけなければならない。といっても地方から出てきて、演劇の世界ではまだカケダシの須磨子にそんな力はない。だが、演劇のもつ本当の魅力を知る人たちに訴えれば、協力してくれるはずである。そう信じた彼女が熱をこめて説くと、

「そうか。なくなったものは作ればいい、ということか」

と抱月は感心した。

そんな力があるかどうか、やってみなければわからない。あれこれ悩んでも始まらない。千里の道も一歩からである。

「よし、やってみよう」

と抱月は決心し、まず郷里の銀行の頭取に働きかけた。

意外にも話のわかる人物で、利益があがるなら援助してもよい、という返事だった。ところが、頭取は急死してしまった。

抱月は諦めなかった。須磨子の発する情熱が抱月の内部に移って激しく彼を動かしているかのように感じられたのだ。当てにしていたスポンサーの急死は痛手ではあったが、その程度のことでは、抱月の熱をさますことはできなかった。もっとも、以前の抱月を知る人の目には、そういう抱月は別人であるかのように思われた。

そういう変貌の原因は何か。

須磨子の存在をぬきには考えられないことである。須磨子はそれほどまでに魅力に満ちていたのか。

抱月の周囲のものたちの彼女に対する評価は、さほど高くはなかった。抱月の惑溺ぶりに、むしろ首をかしげる人が多かった。

抱月は、ありとあらゆる非難に耐えて、新しい劇団をつくった。「芸術座」である。事実上の座長は須磨子であるが、抱月の後輩の早稲田派の劇作家が支持してくれた。かれらにしてみれば、古くさい感覚のボスがいつまでも権威をふりかざす時代は、もう終ってもいいはずである。

大正という時代は、明治と比べると、人びとの精神や思想が解放的になってきていた。幕藩体制をひっくりかえした薩長主体の藩閥政府は、はじめのうちは日本の政体をどういうものにするか、試行錯誤をくりかえした。その模範になったのは、ヨーロッパの先進国である。アメリカもリーダーたちの頭の中にないではなかった。なにしろ、黒船艦隊を送ってきて日本を泰平の夢から叩き起こした国である。幕府が使節として送った一行のなかには優秀な人が多かった。福沢諭吉や勝海舟らがアメリカで見聞したことが、人びとに大きな影響をあたえていた。

また、西郷南洲などもアメリカの歴史を研究していて、初代大統領ワシントンのことを知っており、会話の中で彼のことを話すときは、

「ワシントン殿」

と呼んだ。

しかし、政体ないしは国家体制ということになると、共和制は論議の対象外になった。じつは、明治十年代には、新聞紙上で、「共和制は是か非か」というテーマの論争もあったが、幕末に欧米列強の鋭いキバから日本を救った天皇を中心とするシステムがやはり政体の基本となり、それは憲法によって決定的に固められた。

清国やロシアとの戦争に勝ちぬいたのも、そのシステムの成果だったが、同時に反動も出た。

それを象徴するのが大逆事件である。

幸徳秋水らが天皇の暗殺をはかったという大逆罪で死刑になった事件は、人びとを戦慄《せんりつ》させたが、本当は、実体のないもので、死刑になるような事件ではなかった。それを一種の恐怖政治的なやり方で進めたのは、山県有朋だった。市民を徹底的にしめつける警察の仕組みを作ったのも山県だった。

社会全体に重苦しい気分が漂った。

それを解き放ちたいと考える人たちが出現して、欧米の新しい思想を紹介した。

いわゆる大正ロマンティシズムが人びとを明るくした。男が偉くて女は従属物にすぎない――という考え方が、人間性の本質にそむくものであることを教えるのは、書物や講演であるが、もっとも効果的なのは演劇である。古来の歌舞伎にはない新しい劇、つまり新劇によって人びとの前にくりひろげられる物語は新鮮だった。

抱月はその先頭に立つリーダーだったといってよい。その運動の過程で生れた恋愛を貫こうとするカップルが古くさい連中によっていじめられているのではないか。愛を貫くためなら妻子も棄てるというのは、新しいロマンティシズムの典型ではないか。

抱月や須磨子を支援しようという早稲田派の若者たちが立ち上がった。

抱月が「芸術座」を結成できたのは彼の情熱と行動力によるが、同時に早稲田派の支援も大きかったのである。

第一回の公演は大正二年九月、メーテルリンクの「モンナ・ヴァンナ」(島村抱月訳)が成功し、さらに芸術座の人気を決定的にしたのは、翌年三月のトルストイ原作の「復活」であった。

カチューシャかわいや別れの辛さ
せめて淡雪とけぬ間に
という須磨子のうたう「カチューシャの唄《うた》」は、津々浦々《つつうらうら》にこだました。

当時はテレビやラジオのない時代だから、彼女の舞台に触れるためには、上演される帝国劇場へ観衆は足を運ぶしかない。しかし、飛行機も新幹線もないのだから、遠くの人は上京してその日のうちに帰ることはできない。一泊ないし二泊することになる。

須磨子は抱月に、人びとにきてもらうのではなくて、芸術座の方から人びとのもとへ行けばいいのです、と説いた。

かくて地方公演は実現し、翌年にかけて京阪神から九州までカチューシャの歌声はひびきわたった。芸術座の須磨子あるいは須磨子の芸術座の名声は決定的なものとなった。そして地方公演は、東北、台湾、朝鮮、満州（中国東北三省）にまで及んだ。

それとともに、須磨子のわがままが出はじめた。座員の一人と須磨子が何かのことで対立したとき、抱月が座員の肩をもつと、彼女はふんぜんと席を立ち、いつまでたっても戻ってこない。一晩じゅう、まんじりともせずに過した抱月が、とうとう警察に捜索願を出そうかというとき、彼女は帰ってきた。前夜のことは何でもない、という表情だった。

「一種病的ともみなさるべき異常な性情をもった婦人だった。そこが彼女の天才的ひらめきであった。そうして、これが長所でもあり、短所でもあった」（仲木貞一）

異常な性情の実例として、仲木がとりあげるのは「死とその前後」（有島武郎・作）である。有島の死生観を表現する悲劇とされているが、死を迎えるヒロインの心理に共感するからなのか、彼女は稽古のとき涙を流した。のちに秋田雨雀が「早稲田文学」に、彼女が涙を流すだけではなく、

「すすり泣いたりするので、稽古をつづけることのできないこともあった。

『松井が泣くので困る』と先生（抱月）が目を丸くして私にいったことがあった」

と書いている。

この段階になると、もはや抱月・須磨子は一体化し、世間の不倫だの背徳だのといった批判の声は、全く無力になってしまう。白眼視する方が、かえって滑稽でさえある。

それだけに抱月の急死は、須磨子にとって決定的であった。

須磨子は抱月の遺体にとりすがり、

「先生（抱月）の顔のところへ、自分の顔を圧《お》しつけるようにして、

『あれほど、死ぬ時は一緒に死ぬって約束しておきながら、なぜ一人で死んでくれました……なぜ一人で死んでくれました』

と非常に高い声で叫んだ」（秋田雨雀）

という証言からすると、二人は世間の冷たい攻撃を浴びていたころ、いっそのこと死んでしまおうか、と語りあったことがあったのかもしれないという想像も可能である。

じっさい、抱月の死の二カ月後、大正八年一月五日の早朝に須磨子は芸術倶楽部の楽屋で緋縮緬《ひぢりめん》のしごきを用いて縊死《いし》した。

実兄あての遺書はこうであった。

「兄さま

私はやっぱり先生の所へ行きます。あとあとのところは坪内先生と伊原先生に願って置きましたから、いいようになすって下さい。ただ私の墓だけは、是非とも一緒の所に埋めて下さるように願って下さいまし。二人の養女たちは、相当にして親許へ帰して下さいまし。

では急ぎますから。

すま子」

万年筆の走り書きだった。

やっぱり抱月のもとへ行く、の「やっぱり」は彼女の気持を雄弁に語っている。また「では急ぎますから」の結びの言葉も何かしら不可解である。いったい何を急ぐのか。

抱月の墓といっしょにしてほしい、という願いは、かなえられなかったが、友人たちの手によって、彼女を葬った牛込の多聞院に、芸術比翼塚が建立された。

友人の一人の詠《よ》んだ句が碑面にこうきざまれている。

「恋人と緑の朝の土になり」

有島武郎《たけお》の情死

芳川鎌子にせよ松井須磨子にせよ、死に対する在り方や心構えでは、男をリードしていたといっていいであろう。抱月の場合は心中したわけではなく、須磨子の方が後追い自殺したのだが、世間の指弾を浴びるのを覚悟の上で彼が妻子のもとを出たのは、どうしようもなく須磨子に惹きつけられてのことであったのだ。

男が女といっしょに時間を過している。男が妻子のもとへ帰ろうとする。いいわよ、お家へ帰りなさい、と女が笑って送り出すだろうか。

これが金銭を対価とした愛人関係なら、別に問題は起こらないが、女が男に養われているわけではなく、独立した一個の女であれば、そして男が女に強く惹《ひ》かれている状況であれば、妻子のもとへ帰って行くことは、心理においても情緒においても難しい。いいかえれば、抱月を妻子のもとへ帰したくないという強い情念において、須磨子が勝っていた。

まして、美しい、いずれ伯爵夫人になる女性から、いっしょに死んでほしい、といわれたお抱え運転手は、

「それはかんべんして下さい」

とことわることができただろうか。

もちろん、倉持が決行するまでに悩みぬいたらしい状況証拠はいくらでもある。しかし決断し、機関車に飛びこんだが、女性は死んで自分は失敗したと思ったとき、迷わずに咽喉を突いて後を追った。鎌子を死なせた以上は自分が死ぬのも当然だ、と思い定めたのである。その場の結果として鎌子は死なずに生き残ったのだが、倉持は幸福な気持ちで死ねたに違いない。

須磨子を感激させた作品を書いた有島武郎は、日本文壇のスターであった。明治十一年生れ、横浜

の英和学校を経て学習院に入り、皇太子（のちの大正天皇）の学友に選抜されたエリートだった。のちに札幌で新渡戸稲造《にとべいなぞう》に学び、アメリカの大学で学んでから帰国し、「白樺」の同人となった。代表作は「或る女」である。

その自殺、正確には婦人公論記者で、人妻である波多野秋子と軽井沢の別荘で心中したのは、大正十二年の六月だった。ただし、発見されたのは七月六日のことであり、死後、

「すでに一カ月ぐらいを経過したもので、顔面等腐爛《ふらん》し、何人なるや判明せず、所持品として現金二百円のほか外套《がいとう》などがあったが、（中略）身元を調査した結果、文士有島武郎氏と判断し、東京の家元へ急報した」（七月八日付・東京日日）

この第一報では、女性（秋子）がいっしょに死んでいることは、警察が伏せたために、新聞社にもわかっていなかったが、むろんすぐに知れ渡った。

「煩悶があったら

それは女の問題

親交のあった藤森成吉氏語る」（七月八日付・時事新報）

「新聞社の人から（有島が）人の妻君《ママ》と関係しているといったふうの投書を見せられたことがありましたが、私は有島氏は決してそんなことはないと憤慨したことがありましたが、煩悶があったとすれば婦人問題だったでしょう」（同）

「有島武郎氏と情死した婦人は、丸の内火災保険協会波多野春房氏の夫人、婦人公論記者秋子（三

○）と判明した。（中略）有島氏は高貴織の単衣《ひとえ》に角帯をしめ、秋子は藤色花模様の絽錦紗の単衣に茶塩瀬地《しおぜじ》の帯をしめ、五、六尺へだって、女は緋のしごきを用い、有島氏は女の市松模様の伊達巻で縊死していた」（七月九日付・東京日日）

有島には「氏」がついているが、秋子の方は「女」である。この不公平さに、当時の新聞の、事件に対する感覚がうかがわれる。有島は妻を失って独身だったが、秋子は人妻だった。彼女が誘惑した、と人びとは見たのである。

作曲家の山田耕筰は新聞社にコメントを求められてこういう。

「初めて会ったとき彼女はいいました。

『あなたは3の字の感じのする方です』

私はそのとき、実に直感力の強い人だと感じると同時に、そのひじょうに美しい容色、凄艶《せいえん》というより凄味《すごみ》の勝った、強くそして暗い影をもった瞳、赤黒いどこか冷たい唇に、一口でいえば魔的なコケチッシュを感じました」（七月九日付大阪毎日）

彼女の印象について、多くの人が語っているが、山田のこのコメントは決定的な影響力をもっていた。彼女を知る人たちが漠然と抱いていた感じを、ぴたりといい当てていたからである。

残っている彼女の写真を見る限り、その瞳に何かしら独特のものがある。

彼女は実業家林謙吉郎が烏森の芸妓に生ませた娘で、下田歌子の実践高女を出たのち青山学院の英文科、そして夫となる波多野の英語塾に通った。波多野には妻がいたが、秋子といっしょになるために、妻と離婚した。秋子が十七歳のときのことで、間もなく二人は結婚し、秋子は中央公論に入社した。

有島と秋子の仲は、秋子が原稿を取りに行くことになってからだが、有島に限らず、男の編集者が行っても原稿をことわる作家が、秋子が行くと、執筆を承諾した。

有島も例外ではなく、

「小説は無理だが、エッセイなら」

と承諾した。

有島本人は友人に、

「ある婦人記者が美貌で僕を誘惑しにくるのだ。こっけいじゃないか」

といったが、こっけいだというのは、男のつよがりだった。本当にそう感じたならば、ことわったはずなのである。

ところが、両者が関係をもって間もなく、有島は秋子の夫春房の事務所に呼び出され、

「秋子が気に入ったなら、喜んで進呈する。だが、私も商人だ。彼女を十一年も扶養してきたし、金も使っている。だから金を払ってもらいたい」

といった。有島は、

「ことわります。命がけで愛した人を金に換算することはできない」

と拒否した。すると春房は、

「よし。では、警視庁へ行こう」

といった。このころは刑法に姦通罪があった。もし春房が告訴すれば有罪は確実で、秋子も有島も監獄行きとなる。

当然、有島は恐れて、金を出すだろう、と春房は計算していたのだが、予想に反して有島は、

「ええ、行きましょう」

と、応じた。

春房は作戦を変えた。文士などを監獄へ送っても仕方がないから、一万円をよこせ、というのである。

一万円は大金には違いないが、といって、びっくりするほどではない。払う気があれば払える額である。

じつは、春房が前に離婚した妻（康子という）は、ある男爵の娘で、いったん華族と結婚していた。それが春房を知ってから、夫をすてていっしょになったのだ。春房はそれほどまでにした妻をあっさり棄ててしまった上に、こんどは金をよこせ、といったのだ。どうやら世間の常識にあてはまらない人物だったといってよさそうである。

そのことが二人を心中へ追いやった、と見るのは無理だろうか。

この情死について、多くの人は非難した。唯一の同情者は石本男爵夫人静枝である。静枝はのちに石本と別れ、労働運動の闘士加藤勘十といっしょになったから世間はびっくりした。そして加藤静枝は、太平洋戦争のあとは、日本社会党の国会議員になった。

有島と秋子の心中は、大正ロマンの最後の花であった。ただ、男女の切ない恋が情死や後追い心中

で結末を迎えると、それを否定しない風潮に、治安当局は神経を尖らせはじめた。新しい西欧的な考え方や思想には、日本のシステムをどこか否定するニュアンスがこもっていると見なし、さらに、ロシア革命以後、社会主義を賛美するような文筆家がふえはじめていると断定し、対応策を考えはじめた。

治安維持法がその抑圧への第一歩であった。大正十四年（一九二五年）三月、衆議院は政府案に多少の修正を加えて可決し、貴族院も可決し、大正ロマンティシズムは事実上、息の根を止められた。

2　巨火は消えたり

労働運動の勃興期

大正時代中ごろの特徴は、労働運動の勃興であった。東洋最大という設備の官営八幡製鉄所のストライキは、明治時代には考えられない事件だった。

歴史に残る大事件は、しばしば些細《ささい》なことから始まるが一年前に官営八幡製鉄所を解雇されて失業中だった西田健太郎《にしだけんたろう》が、東京からきたという若者に初めて会ったのは、大正八年（一九一九年）十月八日であった。明治二十七年三月生れの西田はこのとき満二十五歳、解雇されたのは八月二十三日で、理由は明らかにされなかった。当時は、使用者が労働者に対して、明日から出てこなくてよい、といえば、それで雇用関係は解消された。抗議をしても無駄であった。労働者の権利を認める法律などはなかった。

また、八幡製鉄所の場合、作業現場の従業員あるいは工員、当時の用語でいうと職工と会社側の雇用形態が複雑だった。

会社側とじかに雇用関係にある工員のほかに、供給人あるいは請負人《うけおいにん》と呼ばれる中間的な世話人を通じて雇われるものが多かった。その数は約一万二千人といわれるが、世話人は、仕事を求める労働者に宿泊場所や食事をあたえ、会社に送りこみ、会社から受取る賃銀の中から手数料を取るのである。会社と工員との間に、直接の雇用契約が結ばれていないから、労働条件について揉《も》めることはない。会社にとっては、都合のいい臨時雇いの工員であり、その人数は、じかに雇用した工員よりも多かったろうと推定されている。

西田は、前年六月に据付係工手として入所した。父親は元警官で、西田は佐賀工業学校を卒業したあと、造船、製糸の会社に勤めたが、肺結核にかかって退職した。当時では、死病といわれた病気だが、軽快になったので、工員として入所した。父親はすでに退職していたが、会社としては、警官の息子だというので、採用したのであろう。供給人を通しての間接雇用ではなかった。

月収は六十七、八円になった。彼が入所して間もなく、富山県にはじまった米騒動が全国に波及し、また第一次大戦の影響によるインフレーションで、勤労者層は苦しめられたが、この収入は悪くはないように思える。しかし、それを手にするには苛酷な条件を克服しなければならなかった。

賃銀は、基本的には日給で、一日十二時間勤務だった。さらに残業（徹夜になることが多い）を月に百二十時間すると、割増手当が支給されるが、これには、月に三日以上の欠勤をしないことが条件だった。そうなると、月に二日しか休めないことになるし、日給も二日分《ぶん》は減る。月収六十七、八円というのは、ほとんど休まずに、十日は徹夜するという苛酷な条件によって、ようやく貰《もら》える賃銀なのであった。

これでは健康な人でも病気になってしまうが、その一方で、上級職員たちの生活は優雅なものだった。

実は、西田の入所する前の二月に最高責任者の製鉄所長官押川則吉《おしかわのりきち》が自宅で自殺した。押川は薩摩出身で、長官は親任官だった。天皇からじかに任命されるポストで、大臣クラスなのである。そういう高官がどうして自殺したのか、世間は不思議がり、新聞はいろいろと書き立てた。

間もなく、検察当局の捜査によって明らかになった。戦争で巨利をつかんだ船成金が、鋼材の払下げに便宜をはかってもらった謝礼として、一万円の公債を押川に贈ったことで起訴されたのだ。そして、これを公表した検事総長の平沼騏一郎《ひらぬまきいちろう》は、新聞記者たちに、

「押川長官が生きていれば検挙を免れないが、自殺した以上はどうも致し方ない」

といった。長官の自殺の理由が一万円の収賄だったことを認めたにひとしかった。だが、もっと大きな汚職があった。製鉄所ではナンバースリーになる技師長の萩原時次《はぎわらときじ》が、拡張工事に必要な機械や資材の購入で、出入業者の高田商会や大倉組から合計二十二万三千五百余円の賄賂《わいろ》を貰っていた。もっとも独占はせずに、販売や工務などの部下二十人に、約七万円を分配していた。

押川の後任として、白仁武《しらにたけし》が起用された。白仁は、東宮《とうぐう》(昭和天皇)御学問所御用掛杉浦重剛《すぎうらじゆうごう》の門弟で、明治二十四年に東京帝大を出て文部省に入り、のちに関東都督府に転じた。この役所は、大連《だいれん》、旅順《りよじゆん》のある遼東《りようとう》半島の関東州の民政担当で、白仁は大正六年に拓殖局長官になった。このとき都督に、陸軍中将で満鉄総裁だった中村雄次郎《なかむらゆうじろう》が就任した。白仁とは仕事の上でつながりがあったが、実は満鉄

総裁になる前、中村は八幡の長官をつとめていた。そして、彼が満鉄に転じた後任が押川だったわけである。ハイクラスの官僚がポストをたらい回しにするシステムは、すでに完成していたのだ。

首相は陸軍大将の寺内正毅《てらうちまさたけ》だから、中村に押川の後を誰にするかの相談をしたのかもしれない。中村は大正八年に都督を辞任して東京に戻り、翌年九月に宮内大臣に任命された。そこで杉浦とは職務上の関係を持つことになるが、軍人といっても、中村は作戦畑ではなく、教育面の仕事につくことが多かった。白仁は、

「情実多き満州の地に民政長官として約十年間何等の悪声を放つものなく、その任を全《まっと》うせし人格に（寺内が）嘱目《しょくもく》し、ここに製鉄所長官の適任者として」（大正七年二月二十七日・東京日日新聞）

起用されたものである、と新聞は解説しているのだが、これまで製鉄とは無関係の仕事をしてきた白仁としては、はじめは辞退する気持もあったらしい。というのは、押川の死が通常の病死ではなく、ある意味では、大臣級のポストを汚した印象もあったために、それまでの親任官ではなくて格下の勅任官とされた。そのことに、白仁が不満を覚えたせいもあった。

官吏としての格が上のポストに座れるのであれば、予想されるややこしい労働問題の処理に汗を流してもよいが、格も上がらないのに仕事ばかり多く、しかも処理に苦労するポストには、さして魅力はないわけである。また、政治の中心地（東京）から遠いことについては、八幡も遼東半島も同じようなものである。

そういう迷いはあったらしいが、結局は八幡製鉄所長官を引き受けた。

労働者たちにとっては、これは不幸なことであった。下級の工員たちの、労働環境や労働量からするとあまりにも低い賃銀などに、まったく無理解、無関心な官僚がトップになったのである。働くものたちにしてみれば、黙っている限り、劣悪な状況が改められる可能性は全くなかった。となると、団結して待遇改善を要求するか否かである。つまり、労組を結成するか、それ以外の方法によるか、である。明治時代では終りに近くなるまで、働くものが団結して雇用者と交渉するやり方は一般的に認知されていなかった。

片山潜《かたやません》を中心に社会主義研究会ができたのは明治三十一年、その思想が紹介されたものの、その言葉やそれに類する社会党という単語は、危険とか悪とかに近いニュアンスで人びとに受けとめられた。尾崎紅葉《おざきこうよう》の「金色夜叉《こんじきやしゃ》」は前年一月から新聞連載が開始されたが、前編中編後編とまとまったのは明治三十三年（一九〇〇年）一月。その中に、人びとが集っている団欒《だんらん》を掻《か》き乱すものが、あれは社会党だから、と非難されるくだりがある。また、罪を犯したものが服役中に同囚のものから社会党だといわれたために自殺したという事件もあり、さらに明治天皇の暗殺を企てたという大逆事件（明治四十三年）によって、社会主義は凶悪と同義語のように扱われた。

朝日新聞の記者だったクリスチャン鈴木文治《すずきぶんじ》が、のちに「日本労働総同盟」になる「友愛会」を結成したのは大正元年（一九一二年）八月。鈴木は労働者の待遇向上を目指す運動を念頭に置いていたが、「世間の無理解や予想される官憲の圧迫を考えると、当面は研究会の形で進めたい」と仲間に提案した。仲間は鈴木本人を含めて十五人で、三田警察署の巡査も加わっていた。当局のスパイというわけではなく、どこにでもいる変りダネがたまたま警察の中にいたわけで、のちに退官して友愛会主事になった。

この名称は、鈴木のアイデアで、彼は英国のフレンドリー・ソサイアティにヒントを得た。英国でも、はじめは団結して戦うユニオンは弾圧された実情から、友情を基盤とする集りの形で出発した。それを取り入れたわけで、綱領の第一は、

「われらは互いに親睦し、一致協力して、相愛扶助の目的を貫徹せんことを期す」

である。また、正会員は労働者に限る、という項目が会則に盛りこまれていることは、むやみに人を集めて示威的な圧力を企てたものではない証《あかし》である。要するに、決して過激なものではないが、労働運動が実質的に開始されたことは確かであった。

会員は年末に約二百人、一年後の大正二年六月に一千三百二十六人となり、東京電気川崎工場に百人を超える支部ができた。ただし、支部長は、賛助会員の銀行役員だった。

すると、月末近くの二十八日に、外資系の日本蓄音機商会川崎工場で働く二名の会員が鈴木のもとへきて、会社とのトラブルの調停を求めた。そのトラブルというのは、会社が突然七、八月を暑中休暇とし、その間の賃銀は支払わないが、六月末に支給する約束の賞与を七月末と八月末に分けて渡す、と工員たちに通告してきた。工員たちは、一方的な決定は困る、会社の都合でどうしても休業するなら、二カ月ぶんの賃銀を支給してほしい、と要求した。支配人はラビットというアメリカ人で、工員たちの要求を蹴った。

鈴木は知合いの牧師マコーレーに連絡をとり、牧師からラビットなら知っている旨を聞くと、紹介状を書いてもらって川崎へ行った。そして工員たちから交渉を一任されると、まず川崎署へ行き、署長に了解を求めた。

「明日わたしが交渉に行くとき、職工たちがいっしょにくるかもしれないが、それは集団的行動ではありません。誰かに指示されたわけでもなく、いわば、わたしを心配して三々五々《さんさんごご》、何となくぶらぶらついてくるだけですから」

と鈴木はいった。

官営八幡製鉄所

多数の工員たちが鈴木の後について工場へ歩いて行けば、警察がこれを無届けの示威行進と見なして解散を命ずるかもしれない。いや、それですめばいいが、もし工員たちが示威ではないと抗議したらどうなるか。命令に反抗するとはけしからぬ奴らだ、公務執行妨害であると検束しようとするだろう。そこで抵抗するものがいれば、おそらく乱闘騒ぎになる。

合法的な運動を心がけている友愛会としては、そういう事態は絶対に避けなければならなかった。だから事前に了解工作をしておく戦術をとったのだ。

「三々五々、ぶらぶら歩くだけか。それでは仕方ないな」

と須永という署長は苦笑した。

だが、警察はつねに資本家側に立って成行きを見ている。だから翌朝鈴木が川崎支部の集会に顔を出すと、すでに刑事が何人かきている、と知らされた。工員たちには、誰が刑事かはすぐにわかるし、刑事たちも身元を秘そうとはしない。無言の威圧を加えているのだ。鈴木は刑事たちに名前を名乗ってから、

「誰だって、会社の都合で二カ月間休業にする、だから賃銀はやらないぞ、といきなりいわれたらびっくりするし、怒り出すでしょう。それに賞与を二回に分けて支給する、というのもおかしい。本来なら六月末に支給すべきものなんです。そのことでわたしが工員諸君の代理としてこれから話合いに行くわけですが、この人たちの言い分が当然なのか、アメリカ人の支配人が正しいのか、あなた方はどう思いますか」

と熱っぽく語りかけた。

むろん答える刑事はいなかったが、それは鈴木も計算ずみである。彼としては、日本人労働者が横暴なアメリカ人に苛《いじ》められているというイメージを、警察側に植えつけることを狙っている。それよって、工員たちに対して同情的になってくるだろう。現に会社へ向かう鈴木の後からぞろぞろついて行く工員たちを、警官たちは黙って見送った。署長から、おとなしくしているなら、制止しなくてもよい、といわれたせいもあった。

鈴木とラビットとの会談は二日間にわたって行われ、一時的に険悪な場面もあったが、最終的に束

京電気の工業部長新荘吉生が仲裁役となって解決した。東京電気の従業員には、友愛会の会員が多かったし、新荘は友愛会の評議員になっていた。評議員というのは、この運動に好意をもつ学識経験者や経営サイドの人である。

新荘はラビットに対して、

「日本では会社の都合で休業する場合、全額ではないにしても、賃銀を補償するのが慣習になっています。それを認めないという方針なら、日本で事業することは不可能になりますよ」

と説得し、妥協案を提示した。

二カ月の休業を一カ月に短縮し、休業期間中の賃銀は一週間ぶんを支給する。また賞与は全額を六月に一時に支払う。

ラビットは不服だったが、結局は受け入れざるを得なかった。それを鈴木から工員たちに知らせると、かれらはいっせいに友愛会バンザイと叫んだ。

このころから、日本各地で労働争議がふえつつあった。大正三年夏からの第一次世界大戦で、日本の各産業は活気づいた。日英同盟によって参戦したが、軍事面ではドイツの租借地の青島《チンタオ》を攻略しただけあり、日本軍の損害はほとんどなかった。海軍の一部は地中海で輸送船の保護に当ったが、人員、艦船とも損害は微少だった。

ヨーロッパで死闘をくりひろげている各国は、軍需品の生産で手一杯だったから、日本の生産する民需品は飛ぶように売れた。船舶などは売り手市場だったから、八幡の生産する鋼材は奪い合いだった。押川が一万円の公債を貰ったのも、優先的に鋼材を回してやった謝礼だった。

料亭で、大切なお得意様の接待だから、一人前百円の料理を出してくれ、という注文を出す成金の話や、待合《まちあい》で帰る客の履《は》き物を揃える下足番が暗くてモタついていると、紙幣に火をつけてローソク代りにした成金の話などが新聞に紹介されている。政府が戦時利得税をつくって税収をはかると、新聞はこれを皮肉って「成金税」と呼んだ。

鈴木と友愛会の名声は、日本蓄音機のトラブル解決によって全国にひろまり、各地に友愛会支部が誕生し、会員数もその年の暮には二千人を超えた。

しかし、空前の好景気をもたらした世界大戦も、ロシア革命後に政権を握ったソビエト政府がドイツ・オーストリアと講和条約を結んだ（大正七年三月）ころから、間もなく終戦だろうという観測がひろがり、景気も頭打ちになってきた。

そうなると、資本家は労働者の賃銀カットや、さらには人員整理という安易な手段を用いる。さんざん儲けていたときには、儲けを独占し、労働者にも分かちあたえた会社はほとんどなかった。そして苦しくなれば、労働者に犠牲を強いようとするから、紛争が起こるのは当然だった。大正八年の争議は日本全国で二千三百余件、参加人員三十三万五千余人だったとされている。

日本軍のシベリア出兵や、それに便乗した悪徳商人による米価の釣り上げ、それに対する政府の無為無策で、庶民の生活は苦しくなる一方だった。友愛会の八幡支部はひところ会員数を二千人以上にふやしていたが、闘争的な労組ではないから、賃上げ闘争のような運動はしない。それに失望して退会するものも出はじめた。

こうした状況になって、西田の胸中に危機感が芽生えた。これを改善するにはどうしたらよいか。会社（八幡製鉄所）が自発的に対策を立ててくれるならいいが、そういう可能性はなかった。民間会社と違って倒産する心配のない官営なのである。役所そのものではないが、政府直営の工場だから、工員が減っても直ちにつぶれるわけではない。

西田の考えでは、無自覚のお偉方《えらがた》を覚醒させるには、工員たちが団結して待遇その他の要求を出し、それが拒否されたら（そうなることは確実だが）、ストライキに訴える戦術がもっとも効果的だった。つまり、友愛会のようなやり方では何も改善されないと見たのである。

七月中旬（十八日だったと伝えられる）のことである。

「昼食後の休み時間、西田は据付工場の食堂で突如叫び出した。吃々《とつとつ》とどもりながらではあるが、いやかえってそのために熱を帯びて、彼は職工待遇の劣悪さを憤慨し、設備の不備に対する不満を並べた。便所を改造しろ、食堂をきれいにしろ、浴場もそうだと叫んだ」（「官営製鉄所物語」一柳正樹）

このときの西田のアピールがどれくらいの時間に及んだのかは、わかっていない。二分や三分ではなかっただろうし、二十分や三十分でもなかったはずである。昼食の休み時間からいって、せいぜい十分足らずのものだったと思われるが、一人の工員が待遇改善を求める演説をした行為は、前代未聞のことだった。

ただし、西田はこの行動によって事態がどう推移するか、明確な見通しを持っていたわけではなかった。会社（製鉄所）は工員たちの不満を知っていても何もせず、工員たちも無気力に過すことに耐えきれなくなり、じっとしていられなくなったものと思われるが、西田の演説が心からの痛切な叫びだったから工員たちを感動させ、それが評判となって、

「おれたちのところでも話してくれよ」

という要望が相ついで寄せられた。

工員たちが日ごろから感じている会社に対する不満を、西田が代弁してくれたわけである。痛快なことこの上ない。また、身分が不安定な間接雇用の工員たちにしてみれば、あとで供給人から仕返しされる恐れがあるので、何もいえなかったのである。

待遇の劣悪さのほかにも、工員たちの生活を直撃している不安があった。前年夏の米騒動は、米価の暴騰が原因だったが、政府の対応が拙《つたな》かったものだから、騒動前の価格には戻らなかった。外国産米を緊急輸入して、量的不足は何とかしのいだものの、味の悪い外国産米の価格が、暴騰前の標準米と同じくらいの価格で売られた。

騒動前は、外国産米は、一等から五等まである内地米ランクの最下位よりもさらに低価格だった。それが三等の標準米と同じなのだからおかしな話である。外国も不作で米価が高騰しているならまだしも、中国や仏領インドシナ（ベトナム）の米価は変っていない。つまり誰かが不当に儲けているに違いなかった。

会社側もこういう状況を放置するわけにはいかず、とりあえず、会社が大量に米を買い入れて、従

業員たちに売ることにした。大量購入なら安く買えるし、会社からも補助金を出すことにし、また、物価対策として臨時手当の割増しも実施することを決定した。西田が工場内のあちらこちらで訴えていた不満を、いくらかは取り上げた形だった。

ところが、白仁《しらに》らの幹部は、とんでもない間違いをやらかした。米の安売りを受けられるのは、直接雇用の工員に限定した。供給人を通じての工員や臨時雇用のものには、この恩典は適用されない、としたのである。こういうバカげた、不公平な方策がどうして決定されたのか、わからない。おそらく、間接雇用の工員たちの怒りや不満は、かれらの雇用主たる供給人たちが抑えるはずだ、と考えたのであろう。現実に、供給人たちはそういう力を持っていた。

「お前みたいに文句の多いやつは使えない。きょうまでの賃銀を払うから出て行け」

といわれたら、間接雇用の工員は失業するのである。会社が甘く見たのも当然かもしれなかった。

組合結成に向けて

思いがけない事態が起きた。

同じ職場の仲間なのである。西田のような直接雇用の身分だからといって、自分たちだけが恩典を受けられることに喜んではいられない。

恩典を受けられない工員たちは、会社に正面から抗議することはできなかった。法律上かれらは会社と雇用関係のある工員ではない。米を安く売ってほしいなら、雇用主である供給人にいうべきなのである。会社は、抗議されれば、文句があるなら親方（供給人や請負人はそう呼ばれていた）にいえ、とつっぱねるはずである。

不平不満はあっても、こういう力関係によって程《ほど》なくおさまるはずだ、と会社側は楽観していたらしいが、八月の初めごろから、出勤してきた工員たちは、就業のベルが鳴っても、のろのろ歩き回ったりタバコをふかしたり、あるいは床の上に寝ころんだりして、作業をはじめなかった。

怠業つまりフランス語のサボタージュである。もともとは労組の闘争戦術のひとつで、本部の指令によっていっせいに行動する職場放棄のことをいうのだが、このときのサボタージュは自然発生的なものだった。西田がそそのかした形跡はない。

結果的に、計画的なものではなかったことや、会社が定期昇給の繰り上げ実施、浴場、便所などの改良などを決定したことで、サボタージュは二日くらいで終った。

西田の周囲には、何人かの同志が集ってきていた。会社のやり方の理不尽さに対して、これまで西田ほどに力強く抗議したものはいなかった。だから、西田について行けば何とかなる、と人びとは感じたのだ。西田自身も、働くものの力をもっと強くするにはどうすればよいかを考えていた。小学校を出たか出ないかの工員たちには、団結の力がどれほど強いか、わかっていない。西田は療養中も、回復して勤めはじめてからも、社会問題の読書を続けてきた。

大逆事件後は、労働運動そのものが危険思想に基礎を置いている、と見なされていた。その方が資本家にとって好都合だったせいもあった。

友愛会の成功が、その逼塞《ひっそく》状況に風穴をあけたことは確かだったが、西田にしてみれば、その穏健なやり方が官権の弾圧をかわすための戦術的なものなのか否か、それが問題だった。

戦術的なものであれば、一歩後退二歩前進の手段として認めてよいが、そうではなくて、資本家の温情にすがるために友愛をモットーにしているなら、友愛会を頼りにすることはできない、というのが西田の判断だった。いざというときに団結して戦う組織、つまり労組を創設する必要がある。

友愛会の八幡支部は、大正八年四月には五百人を割っていた。この数字も西田を力づけていた。真に労働者のための組合ができれば加入するものが続出するだろう。その数が多くなれば、会社との交渉に際して大きな力になる。食堂での訴えのあとに、あちらこちらの職場から、話を聞きたいという求めのあったことでもわかるのだ。

西田は同志に相談して、労組結成の趣意書や規約の作成にとりかかった。そして、八月十五日に自分の下宿に各工場から十人近い代表にきてもらい、自分の考えを説明して協力を求めた。

だが、西田の見通しは甘かった。「八幡製鉄所労働運動誌」(昭和二十八年発行)に、出席者の名前が記録されているが、工手一名のほかは「伍長」「組長」ばかりである。これらの社内における地位は、それぞれの職場における責任者である。だから、西田の主張する労組の必要性について理解はしても、積極的な賛成あるいは加入の意思は明言しなかった。

西田は、工員たちにじかに呼びかけることにして、組合規約や何を目的とするか、それをガリ版で作成し、工員たちに配布した。

規約の第一条は、

「本会は組合員の智能を啓発し、徳器を成就し公益を弘《ひろ》め世務を研《みが》く事を目的とす」（原文は片かな、運動誌から）

という温和な文章で、労働者の利益を守るための組織だ、とはいっていない。

これが戦術的な迷彩であることは、「本組合の事業」という趣意書でわかる。その第一項では、

「正義人道を本とし忠節、正義、勇気、信義、質素を旨とし頽廃《たいはい》せる世道人心を一新すること」（同）

と宗教団体じみた文章をつらねているが、第二項において、

「労働条件の改善、増給、八時間労働、居残り、徹夜全廃、日曜祭日全休、年二カ月以上の賞与」（同）

を掲げ、さらに第三項で「人権の尊重」以下第十三項の「普通選挙権の獲得」まで、かなり戦闘的かつ政治的な目標が並べられている。ことに最後の第十三項は、労働運動というより政治的なスローガンといってよい。

出勤してくる工員たちにこれが配布されたのは八月二十三日だった。

会社はそくざに西田を解雇した。前記の「運動誌」は翌二十四日としているが、いずれにしても、現在と違って不当労働行為であると訴える法的な権利は労働者にはなかった。

西田はいったん郷里の佐賀県の東川副村に戻った。

働いていたときには、きつい勤務だったにせよ、一カ月に六十七、八円の収入があり、彼は四十円

を実家に送っていた。それに警官だった父親の恩給（公務員の年金）を加えて、弟妹は学校へ行けたのだが、西田が失業した以上は、一家の生計は見通しの立たない状況である。

だが、父親は家族のことは心配するに及ばないから、自分の信ずる道を進め、と西田を励ました。妹たちは兄の解雇を聞くと、女学校を退学して奉公に出た、という。

西田としては心強いことだったが、労組結成を貫徹するにはどうしたらよいか、これといって名案は思いつかなかった。

すると十月七日に、製鉄所にいたころに親しくした工員仲間の能美清一郎から、すぐにきてくれという電報が届いた。西田が八幡に着くと、能美は、

「ここで薬局を開いている人の弟さんなのだが、東京で法律を勉強してから、労働運動にかかわっていたそうだ。そして一番上の兄さんが危篤になったので戻ってきた。その兄さんは亡くなられたが、本人はあんたの手がけた製鉄所労組の話を聞いて、ぜひ会いたいというんだよ。どうかね？」

「会うのはいいが、年齢は？」

「たぶんあんたより若いだろう。でも、実行力はある。実は十月三日に枝光《えだみつ》にある芝居小屋を借りて、労働問題に関する演説会をやろうとした。ところが、直前になって、芝居小屋は屋根がないから野外と同じである、と警察がいい出した。つまり、野外の集会だから事前に許可を取っておく必要があったのに、それを怠ったから、その演説会は罷《まか》り成らんということさ」

「見通しが甘かった、というわけだね」

「ところが、彼はそれで引きこまなかった。日本館という劇場を借りて、あす九日の夜七時から時局問題大演説会を開く段取りをつけ、当局の許可も得た。それも木戸銭十五銭を取るんだよ。また、演説をしたい人がいるなら前もって申し込んでくれ、というんだ」

「十五銭も支払って、入場する人がいるんだろうか」

「ぼくもそれを心配したが、一千人は入るというものもいる。ともかく、あんたの計画を知って、会いたいというんだ。次兄のやっている薬局で待っているが……」

「わかった。会ってみよう」

と西田はいった。

東京からきたというその若い男が信用できるか否かは、やはり会ってみなければ決められない。

西田は、労組の結成を諦めてはいなかったが、解雇されて部外者となったために、手がかりを失った形である。もし、その若者が東京で労働運動にかかわったのが本当であれば、何か良いアイデアを授けてくれるのではないか。何もないというなら、単なるホラふきではあるまいか。

西田は能美に連れられて、九州薬局という看板を掲げた店の二階でその若者と会った。

浅原健三《あさはらけんぞう》、と名乗った。年齢は明治三十年（一八九七年）生れというから、当時の習慣の数え年で二十三歳である。西田も数え年なら二十六歳なのだが、浅原と話合っていると、相手の方が年上ではないかという感じさえしてきた。

運動方針の模索

浅原は筑豊炭田の貝島炭鉱大之浦坑の社宅で生れた。健三という名前でわかるように三男だった。父親の安太郎は独立して作業員百人を使う炭鉱を経営したが、日露戦争後の不況で破産し、父親は家出した。

それ以後の苦労は、浅原の著書「熔鉱炉の火は消えたり」(昭和五年刊)で詳細に語られているが、彼が終生忘れられないという事件がある。それは明治四十五年六月一日の忠隈《ただくま》炭鉱におけるガス爆発事故である。そのとき彼は、長兄広雄、次兄鉱三郎といっしょに住友系の忠隈炭鉱で働いていた。長兄は小頭《こがしら》、次兄は火薬係、浅原は日給二十八銭の安全ランプ磨《みが》きだった。作業員は約五千人で、一番方は午前三時、二番方は午後一時、三番方は午後九時の入坑である。浅原の仕事は夕刻六時から翌朝六時までの十二時間で、その時間内で坑内作業員の使った安全ランプ(炭塵、煤煙、油で汚れきっている)をきれいに清掃しておくのである。

その仕事は四カ月で終り、測量方の助手になった。日給は三銭減った。測量技師の使う器具をかついで技師といっしょに坑内を回るのだが、六月一日は旧暦では五月五日の節句になり、三兄弟は休みをもらって久しぶりに一日をいっしょに過すことにした。職種が違うので、顔を見ない日が何日も続くこともあった。

その日は、三人とも朝寝をして、十時ごろに朝食をとりはじめた。

とつぜん地面が突き上げてきて、爆音が三人を打ちのめした。三人は箸《はし》を投じて外へ飛び出した。本坑から約三百メートル先の第二坑の坑口から黒煙が噴き出している。最初の爆音からも、ガス爆発が起きたことは明白だった。

兄弟三人は無我夢中で駆けつけた。坑口から渦を巻いて出てくる噴煙の凄じい勢いは、誰も寄せつけない。ただ、運よく送風機は破損しておらず、午後四時ごろまでに坑内の残煙を吹き出した。

約百人の救助隊第一陣に、測量方として坑内地理にくわしい浅原が加わった。入口から二十メートル足らずのところに、十数人が折り重なって倒れていた。ついで三十メートルほど坑道を下がると、無残な風景にぶつかった。レールも運搬車も寸断されており、バラバラになった死体が天井や壁に散乱している。さらに百五十メートル奥の爆発の中心には、死体というよりも肉片と化したものがあるだけだった。

遺体の収容がはじまると、家族たちの怒りが爆発した。手足が分断されたために、身許がはっきりしないのだが、会社の方は、

「これが息子さんの腕でしょう」

といった調子で、遺族に引き取らせようとするのだ。

分断された肉体の断片を強引に引き取れというのは、いかにもひどい話だが、といって、何か一部でもないと、埋葬することもできない。病床にあったある老いた母は、一本の足を枕もとに持ちこまれ、それが一人息子のものだといわれて心臓マヒを起こして死んだ。

結局、八十余名の犠牲者が出たとわかり、百五十円から最高三百円まで、平均して二百円の弔慰金が会社から支給された。

浅原はこのときから二十年後に書いたのだが、

「人間一人の全生命の価格は僅かに二百円だ。住友男爵が愛用のステッキ一本の代価はもっと高価であるかもしれない。（中略）坑夫の生命は、何故、斯《こ》んなに安いのか。住友男爵家の倉庫に一本幾万円の名家の軸物が堆《うず》高く積まれているからである。住友の重役が年に二十万円のボーナスを鰐皮《わにがわ》の紙入れに仕舞《しま》いこむからである」（「熔鉱炉の火は消えたり」）

と怒りをぶちまけている。そのあと、浅原は炭鉱を転々としたのち、大正二年四月に九州を去った。日本の労働運動の歴史に残る八幡製鉄所の大争議は、大正九年二月のことで、浅原は西田とともに逮捕されるのだが、そのとき八幡署における第一回目（二月五日）の聴取書（法政大学大原社会問題研究所所蔵・後述西田調書も同じ）で次のような供述をしている。

「大正三年六月日本大学専門部に入学し、大正六年六月まで満三ケ年間在学し、同専門部は、課目制度を総《すべ》ての課目を了《お》えましたが、卒業証書は貰っておりませぬ」（原文片かな、文章として未熟のところがあるが、そのままにした）

取調べをしたのは八幡署の警部宮本碩蔵であり、翌六日および七日には福岡地裁小倉支部の検事（当時、検事は裁判所に所属していた）平井彦三郎が彼をきびしく訊問した。

こういう取調べのなかで、浅原は大正二年四月に上京したあと、日大の専門部で勉強したことは供述しているが、労組結成からストライキまでの経過は話しても、いつどこで激しい闘争の思想を身につけたかは、一言も語っていない。

宮本や平井の取調べが甘かったのは、浅原に関する個人情報が不足していたせいだが、なぜ不足していたかというと、それは彼が要注意人物としてさほど当局からマークされていなかったからである。

浅原は、坑夫仲間でやはり上京を望んでいたと男といっしょに上京したのだが、母親のサダは上京に反対した。一家の収入が減るからである。浅原はひそかに貯めた十円を持って友だちと東京めざして列車に乗った。二日後に到着したとき、残った金は七十六銭。やはり坑夫仲間ですでに上京していた友人の下宿にころがりこみ、仕事を探した。どこでもいい、というわけではなく、新聞社に限られていた。それも編集や取材ではなくて、印刷や発送、配達でもよかった。人を動かすには、活字産業の仕組みをマスターしておく必要がある、と考えたのだ。

東京日日新聞（現・毎日新聞）の工場にはじまって、国民新聞、中央新聞で働き、その間に日大専門部の法科に入った。弁護士になるつもりだった。

同じ志望を持っている学生に加藤勘十《かとうかんじゅう》がいた。加藤は京橋に事務所のある弁護士のもとで働いており、大学の弁論部に加入していた。浅原は帰る方角が同じなので、加藤と行を共にすることが多かった。加藤は浅原に、

「弁護士になるなら、弁舌をきたえておく必要がある」

といって、入部を誘った。加藤はのちに労働運動のリーダーとなり、昭和九年に日本労組全国評議

会をつくって委員長となり、いわゆる合法左派の結成に成功した。昭和十一年二月の総選挙では、全国で最高点を獲得して当選したが、昭和十二年十二月に「人民戦線事件」で鈴木茂三郎《すずきもさぶろう》（のち日本社会党委員長）らとともに逮捕され、太平洋戦争後に大審院（現・最高裁）の免訴判決が出るまで獄中生活を送った。その一方で、産児制限論者であり、元男爵夫人でもあるシヅエと結婚したロマンスの持主でもあったが、浅原と知合ったころは、左翼の若い闘士だった。

浅原は弁論部に入った。法廷での弁論の大切さを考えれば、経験を積んでおく必要がある、という加藤といっしょに、政談演説会に顔を出した。各大学の弁論部員や各政党の院外団の若者たちがやはり来場していた。壇上で演説する人に野次をとばすのである。

その一人に政友会の院外団にいた大野伴睦《おおのばんぼく》がいた。のちに自民党副総裁や衆院議長を務める人物で、そのころは明治大学の学生だった。

大野と思想は対立する足尾銅山からきた高尾平兵衛《たかおへいべえ》、その仲間の和田久太郎《わだきゅうたろう》や村木源次郎《むらきげんじろう》とも知合いとなった。かれらのリーダーは、大杉栄《おおすぎさかえ》であった。

高尾は大正十一年（一九二二年）一月にモスクワで開かれた極東民族会議に、日本代表として徳田球一《とくだきゅういち》（のち日本共産党書記長）らと参加した。徳田の回想によると、治安も悪くて死ぬ可能性もあったという。そして大正十二年六月二十五日、高尾は赤化防止団本部へ抗議に赴いたとき、団長の米村嘉一郎《よねむらかいちろう》のピストルで射殺された。その葬儀には約二千人が参加したが、米村は、殺人罪ではなく過剰防衛罪で一年半の刑（執行猶予三年）を受けただけだった。

大杉は、関東大震災のときに、憲兵大尉の甘粕正彦《あまかすまさひこ》によって妻の野枝《のえ》、甥の橘宗一《たちばなむねかず》とともに暗殺された。軍法会議は甘粕に懲役十年（求刑は十五年）の判決を下した。甘粕は服役したが、皇太子（昭和天皇）の御成婚恩赦で、三年足らずで仮出獄を認められた。

大杉が殺されたときは、戒厳令が施行されていた。大震災のあとは騒動事件が相ついで起きていたからで、司令官は福田雅太郎《ふくだまさたろう》大将だった。

大杉ら三名だけではなく、亀戸署に留置された南葛《なんかつ》労働会の川合義虎《かわいよしとら》ら七人は出動していた軍によって殺された。大杉の思想は社会主義ではなく、無政府労組主義（アナルコ・サンジカリズム）であった。和田と村木はその影響を深く受けていた。かれらの感情では、こうした軍によるテロが横行した責任は、司令官たる福田にある。で、二人は大杉派の古田大次郎《ふるただいじろう》とともに福田暗殺を企てた。

決行は大正十三年九月一日、大震災の一年後である。和田はピストルと爆裂弾、村木はピストルを用意して、本郷の長泉寺で行われる在郷軍人会の講演会に出る福田を狙った。だが、失敗だった。和田の発射した弾で福田の肩を傷つけただけだった。村木は第二陣として待機したが、和田の失敗で人びとが福田を守ったのを見てアジトに戻った。

古田は、福田襲撃だけでは満足していなかった。福田個人に対する大杉の仇討ちよりも、思想や労働運動を弾圧する体制に対して反撃する方が重要である、という考えだった。

その一つとして、古田は九月八日夜七時に銀座四丁目で交差する市電の軌条《きじょう》にダイナマイトをしかけて爆発させた。幸い、人間に被害はなかった。そのほか、福田の自宅へダイナマイトを送りつけ、開封すると破裂するように細工したり、和田を逮捕した本富士署にダイナマイトを投げこんだりした。間もなく三人は逮捕され、村木は勾留中に肝肥大による尿毒症で急死し、和田は無期、古田は死刑の判決を受けた。弁護人の山崎今朝弥《やまざきけさや》は、

「甘粕は三人殺して十年、和田は殺人未遂で無期」

と嘆いたという。

これでわかるのは、政府は大杉らの反体制派には苛酷であり、逆に反左翼派には甘かった、ということである。

無政府主義と大杉栄

浅原は、大杉栄という異端児に魅力を感じていた。じっさい、大杉には、そういうところがあったのだ。父親は、日清戦争で勲章を授けられた陸軍少佐で、大杉も中学二年で名古屋陸軍幼年学校に入った。しかし、卒業前に同級生と決闘して、相手を傷つけたために退学となった。また、社会主義の先駆者堺枯川《さかいこせん》の義妹の堀保子と結婚したが、実は彼女にはすでに約束した男がいたという。大杉はそれを承知で、彼女の面前で着ている浴衣《ゆかた》に火をつけて、

「結婚して下さい」

と迫った。保子はそれに負けたといわれるが、大杉はフリー・ラブ・セオリーを提唱して、婦人記

者の神近市子《かみちかいちこ》や「青鞜」同人の伊藤野枝と関係をもった。大杉は色が白く長身で、大きくキラキラ輝く目が特徴的だった。神近は婦人運動の先駆者で、のちに国会議員になるが、筆者は、議員になっている彼女を院内で何度か見かけたが、大きな眼が印象に残っている。それはともかく、この時点では三角関係に苦悩し、ついに大正五年十一月、葉山の日蔭茶屋で大杉を刺すのである。

浅原は、高尾たちとのつきあいから、大杉や堺枯川のところに出入りするようになった。炭坑での体験や見聞、さらに地獄のような労働を経たものとしては、大杉のアナルコ・サンジカリズムに影響されるのは当然で、大杉や堺らの演説会には顔を出した。大杉が過激な演説で警官に拘引されると、堺は、

「大杉君は顔を出すだけでも煽動になるんだから……」

といったという。

大杉たちの思想は、社会主義とは別のものだが、体制側から見れば、同じような危険思想であり、大杉らは不逞《ふてい》分子の集団なのである。もしも浅原が東京にずっと留《とど》まって行動を共にしていれば、おそらく彼の人生航路は別のものになったはずである。

一本の電報が届いたのは大正八年八月十日だった。長兄の広雄が危篤だという。浅原はすぐさま佐賀県に戻った。浅原によると、兄弟の中で一番のしっかり者で、肝《きも》ッ玉の太い男だったが、二十歳ごろに結核を発病し、生活苦で療養生活に入れず、無理が祟《たた》って死を迎えたのだという。三十歳だった。

次兄の鉱三郎が小倉で薬局を開いているので、埋葬が終ったあと、浅原は身を寄せた。

第一次大戦の戦争景気で製鉄所は空前の賑《にぎ》わいを見せていた。工員たちは残業につぐ残業で、割増しの賃銀は貰えても、疲労しきっていた。しかも、西田健太郎の行動でわかるように、働くものに対する待遇は理不尽きわまるものだった。東京で大杉や堺らの行動に接してきた浅原の目で見れば、穏健な、つまり生《なま》ぬるい友愛会ではなくて、もっと戦闘的な労組が作れる情勢だった。

浅原は解雇された西田がどこにいるかを鉱三郎に調べてもらい、連絡がとれたので、きてもらったのだ。浅原は著書の中で、西田について、身長は五尺五、六寸（一・六五メートルから一・六八メートル）で、

「鉄工らしい頑丈《がんじょう》な体躯《たいく》。ドス黒い、ヒゲむしゃの角ばった顔、グルグルとよく動く大きな眼玉《めだま》がするどく光る、こんな相貌と性格とにふさわしく、彼はドモリであった」

と表現している。この大きな目と吃音《きつおん》は大杉と似ている。浅原は、初めて会ったときから親しみを覚えたに違いない。また、

「一見愚鈍そうに見えて、傲頑《ごうがん》（岸）不屈、狂熱性の青年である。演壇などで、少しく昂奮してくると卓子《テーブル》を破れよと叩き続けて怒号し、終には熱涙滂沱たりと云《い》った純情な男だ。強烈な感激性、頑剛な突撃性、彼の特質である」

とも書いている。

両者の出会いは、製鉄所の工員たちに、そして両者にも決定的な意味をもった。浅原は東京で仕込んできた労働運動のノウハウを、八幡で実行したいと考えていた。芝居小屋での集会も、その可能性

を探る手段だった。

しかしながら、浅原は部外者なのである。工員たちに入りこむ手掛りを持っていないのが難点だった。西田の出現はそれを解決した。西田の方も、浅原と行動を共にすることに迷いはなかった。このときから二人は一心同体となって行動するのだが、浅原の手記と西田の記録との間に、時日に関して違いがある。浅原は、野外同然の芝居小屋での集りが警察によって禁止された時期を八月末だったといい、出直しで設営した映画館の集会は九月七日だったという。これに対し、西田の方の獄中手記を収録した「米騒動と八幡製鉄所争議」（福岡県歴史教育者協議会・一九七〇年）では、映画館の集会は浅原と初めて会った翌日の十月九日だったという。

その差異は別として、八幡はじまって以来の大盛況だったことでは一致している。また浅原は聴衆三千人で、自分のほかに何人かが喋ったと書くが、「運動誌」では、十月九日で一人十五銭の入場料を取り、九百四十一人が入場した、と記録している。さらに、当日の浅原の演説の要旨も出ているが、そこで浅原は、警察が不許可にした集会の日を十月三日のこととし（宮本警部の調書でも十月三日）、苦心の末にきょうの開催にこぎつけたのだ、ともいっている。

浅原は、いまや会社と従業員の関係は主従ではないのだから、労働者が正当な権利を要求することができるし、そのためには一致団結しなければならない、と熱弁をふるった。弁論部できたえてきたことがやはり役に立った。

注目すべきは、私有財産の撤廃を求める主張には反対である、といったことである。私有財産を認めない場合は共産主義体制になるが、それは人類の欲望を絶滅させ、人びとは自分のやりたい仕事だけを求めるので労働の均衡が破られ、ひいては国家の滅亡を招く、というのだ。東京で接していた大杉らは、無政府思想である。この場合の「政府」というのは、現実の内閣をいうわけではない。社会全体に君臨して人びとの行動に枠をはめようとする仕組みのことである。

それは人間が本来持っている自由、独立、自主を抑圧するもので、そういうシステムは無い方が正しい、とする考え方が無政府主義なのだ。大杉のフリー・ラブ・セオリーも、無政府主義の具体的なあらわれだ、と大杉はいっていた。

男女の関係は、これまでの社会においては主人と奴隷の関係に近いが、各男女が経済的に共に自立していると、その従属関係が弱められる。ただし、それだけでは不充分で、男女は同居同棲しないこと、双方が互いに自由（性的なものを含めて）を尊重することが必要である。それを一言でまとめた言葉がフリー・ラブだ、と大杉はいう。

彼は妻の保子をさし置いて、野枝や神近市子と親密になった。二人とも仕事を持っていたから経済的に自立しており、大杉に養われているわけではないから、従属関係ではない。そして、同居も同棲もしていない。また、いわゆる三角関係も相手の自由を尊重する以上は別に問題ではない。

それが男性にとって一方的に都合のいい考え方か否かは別として、現実にそれを実行していたのは大杉くらいのものだった。浅原としては、大杉の常識はずれというか、規格外の人間性に心を惹かれたことは確かだったが、フリー・ラブが大杉以外のものには実行できなかったのと同じく、アナルコ・

サンジカリズムは現実の製鉄所の工員たちには通用しないことを、認めざるを得なかった。

製鉄所は官営なのである。最高責任者は社長ではなくて長官と呼ばれ、政府の高官なのだ。しかるに、現場の労働者は、他の役所とは違って官吏ではない。内務省の職員は、最下級のものでも官吏だから、勤めていれば恩給がつく。しかし、官営の製鉄所の工員は、恩給どころか、使い棄《す》てにされている。

浅原は、この不合理な状態を解消するやり方は一つしかない、と考えていた。

官吏はこの時代、国民のために働くのではなく、天皇の官吏であった。従って、官吏が団結して上層部と交渉することは認められていない。つまり、官庁においては労組は存在しない。だが、官吏身分ではない工員たちには労組を結成して、上層部に要求することが可能である。理不尽な雇用制度を逆手にとるのだ。

あとは、もともと工員ではなかった浅原、もと工員の西田が、工員たちを構成員とする労組の代表者になれるかという問題である。会社側が、

「現実に工員たちを代表しているなら、会って話を聞いてもいいが、工員ではないよそ者に会う必要はない」

とつっぱねたら、どうしたらよいか。確かに難点といってもいいのである。

浅原は、それを克服するカギは、組合員の数だ、と思った。百人や二百人の組合員の集りでは、会社にとっての圧力とはなり得ない。直接雇用であれ間接であれ、

「お前は馘首《くび》だ」

の一言ですむ。それくらいの人数なら、代りはいくらでもいるのだ。しかし、その数が一千人以上になれば、話は別である。それだけの組合員が団結してストライキをすれば、リーダーを解雇したところで、ストライキは終らない。また、一千人をすぐに補充することもできない。

工員たちの代表かよそ者かは、訴訟における代理人（弁護士）と同じようなものだ、という主張で何とか対抗できる、と浅原は判断した。

彼は十月十日の夜、市内のルーテル教会に労組に賛成ないしは関心をもつ工員たちに集ってもらった。牧師の川瀬徳太郎とは、川瀬が街頭布教をしていたときに知り合った。

集ったものは、八幡製鉄所の工員だけではなかった。他の会社や工場で働いているものたちの中からも、かなりの人数が参加した。

浅原は二段構えで進むことにした。

まず、会社がどこであれ、労組の趣旨に賛成する人を集めた組織をつくる。それは表向きは労組とせずに、友愛会のような親睦会とする。そして、ある程度以上の製鉄所の工員を確保してから、名称は「労働組合」ではなくてもよいから、親睦会とは別に実質上は労組そのものの団体をつくる。

このアイデアに西田は賛成した。浅原健三という若者には、天性の組織者《オルグ》の才能が備っている、と感じた。

「労友会」の結成

浅原の宮本警部に対する供述によると、九日の演説会で、

「私に労働組合を組織せよと賛成するものがありましたので組織することとなりました。（中略）十月十六日の頃、弥生座において発会式をあげました。これが本会を組織するに至りし動機であります。当時会員は約八百名位でありましたが、現今（大正九年二月五日）では約四千五百ほどあります。会員数はたしかに判明しませぬが、会員名簿を見れば判ります」（原文片かな）

浅原と西田は、会社を問わない工員たちの組織を「労友会」の名称で、十月十六日に弥生座で結成した。その前に十日の教会での集りでは、一人で二十人くらいは確保しよう、と申し合わせていた。約八百人が労友会に加入したとあれば、順調な出発といっていいが、浅原の著書では、六百人と書いてある。

労友会の会長（任期三年）は浅原、副会長（任期一年）は西田、そのほかに理事、評議員、委員（いずれも任期一年）の役職が設けられた。浅原と西田を結んだ能美は監査役。また、会員の会費は月額十五銭。

しかし、浅原の供述では、

「毎月の会費は、四千五百名に対する分《ぶん》は集まりませぬ。会費徴集は方面々々において世話するものがあり集めて呉《く》れるのであります」（同）

となっている。月額十五銭の会費が工員たちには、やはり負担だったとわかる。

それでも十月中旬から四カ月後の二月初旬までの期間で、六百ないし八百人から四千五百人にふえたことは、かなりの成果をあげたといえるが、浅原が期待したほどに伸びなかったのは、製鉄所側の策略のせいだった。厚板工場の職工勝部長次郎は、浅原方式には反対の労資協調派で、「労友会」とは違い、製鉄所工員に限る組織「同志会」の創立を計画し、十月二十五日に発会式を行なった。そして翌二十六日に代表が会社側に、時間短縮、増給を求め、さらに労資協調をはかる労組設立の了解を求めた。同志会は、会員資格を現実に工員をしているものに限定したが、勝部は、浅原らを意識して、労友会に対抗する組合を認めた方が会社のためになる、と申し入れたのだ。

会社側は中川次長と竹下工場課長が勝部らと会見した。時間短縮や増給については、好意をもって解決したいと考えているが、組合については、八幡の一存では決められない、と中川は事実上はハネつけた。同志会が主体となる労組を承認した場合、浅原らのそれも認めざるを得ない。中川としては、ハネつけるしかなかった。

勝部は同志会の理事長に就任し、会員の確保につとめた。月末までに、十六工場で三千二百人が入会したという。

労友会も負けてはいられない。十一月中旬までに約五千人を集めた。さらに、八幡市の大門町に一戸建て（敷金百円、家賃二十五円）を借りて労友会本部の看板を掲げ、西田副会長と渉外の吉村真澄が住みこんだ。浅原にしてみれば、同志会が工員たちを分裂させているのだ。放置しておくと、切り崩されるかもしれない。

それを防いで団結を推し進める最良の方法は、労友会を危機にさらすことである。その上で工員たちが満足できる要求を出してストライキを決行するのだ。

浅原は、その準備工作の一つとして、長官の白仁と会うことにした。

白仁の自宅は東京の関口台町にあり、八幡の長官官舎の広壮さに比べると、古ぼけた、中流の家屋だった。浅原の著書では、白仁は、

「地味な和服の小男がチョコチョコと出てきて、私（浅原）と対座した。イガ栗頭《ぐりあたま》、半白のチョビ髭《ひげ》、体も小さいが、顔も小さくて円《まる》い、穏和な相貌」

と描写されている。そして開口一番、

「前から一度お目にかかりたいと思っていましたが……演説は一度拝聴しました」

と白仁は如才なくいった。

だが、言葉のやりとりがはじまると、白仁長官が一筋縄ではいかない人物であることがわかってきた。

「待遇改善の要求に対して、長官はタカをくくっているかもしれないが、工員たちも従順な羊じゃありません。イザとなれば、日本じゅうを震撼《しんかん》させる大争議の基礎工事はできているんです。この言葉を素直に受けとめて、対処していただきたい」

「ご親切な言葉はありがたいが、今のところは、希望をかなえてあげる、と約束はできない。それより、年長者としてあえていうが、きみのような有為な青年が労働運動に首をつっこむのは、あの大西

郷が西南戦争を起こしたのと同じく、失敗ではないかね。つまり、挙兵は時勢に逆行する行為だったのに、西郷さんは気がつかなかった」

「西郷さんに時勢を見きわめる目があったかなかったか、それは別問題だし、わたしは西郷じゃありませんよ。時代の流れが見えないことでいうなら、それは長官でしょう。それにわたしは労働運動の一兵卒として倒れても悔いはない」

「いったい、これからどうする気かね？」

「八時間労働、賃上げその他を要求します」

「官営ではできないことだ。賃上げだって、予算が決っているんだ」

「予算がどうのこうのは、わたしたちの眼中にない話です」

「無茶は困るな。で、要求を拒否したらどうするのかね？」

「熔鉱炉の火が消えます」

と浅原はいった。

前から頭のどこかにあったものが白仁の言動によって一気に噴出した感じだった。

「バカな！　そんなことで、勝てると思っているのか」

「勝敗は問うところではありません。やむを得ずに戦うのです」

「それで、お勝ちになれますか」

と白仁は冷笑した。あえてバカ丁寧な言い方をしたのだ。

「勝てても勝てなくても、やりまっせじゃ」

と浅原は佐賀なまりで応じた。

これが年が変って一月初旬のことだった。

浅原は小倉に戻ると、偽名で工員供給所を利用して製鉄所にもぐりこんだ。構内の様子を把握しておく必要があったからで、四日間を費した。

そのあと会員からストライキ基金を献金してもらい、うろつきはじめた私服刑事の目を避けて、直方《のおがた》町駅前の宿館に隠れた。

予定では、二月十二日の工員たちの賃銀支給日の翌日にストライキに突入する計画だった。その日より前にストライキに入った場合、賃銀を貰うのが遅れるし、場合によっては、意地悪くさらに先送りにされるかもしれない。

一月二十九日、西田がやってきた。

「十三日まで待てない情勢になってきた。あすの晩に、主だった会員が集って相談するから、八幡に戻ってくれ」

と西田がいった。浅原は、

「まだ準備不足だよ。どうして待てないんだね?」

「過激分子という理由で、労友会の有力会員六人がクビにされた。十三日まで待ったらもっと多くなる」

「わかった。では、戦闘開始だ」

浅原は、三十日の夕刻に戻り、集ってきた約八十人と話合った。

一口にストライキといっても、工場によっては、内容に天地の開きがある。工員たちが持ち場を離れる行為はいわゆるサボ（怠業）と同じで、生産は停止されるが、ストライキを中止して持ち場に復帰すれば、再び生産がはじまる。会社にあたえる損害はその間の生産量の減少だけですむ。

しかし、熔鉱炉の場合は、単なる生産量の減少ではすまない。それは次の新聞記事によっても明らかだろう。現実にストライキが決行された翌日のものである。

「八幡製鉄所の熔鉱炉は高さ二百尺（約六十メートル）直径三十尺（約九メートル）以上もある大きさで、煉瓦《れんが》建ての一見浅草電灯会社の煙突を大きくしたような物で、中空に聳《そび》え立って居る。その中には石炭コークスと鉄鉱石とが交代に幾層となく下から上まで一杯に積み込まれている。そして最初に一番下から火を入れ、それに大仕掛の機械で非常に圧力の強い風を送り、コークスの燃える高熱で鉱石が溶け、一定の出口から流れ出るようにされ、流れ出た分《ぶん》に対しては、また上からコークスと鉱石とを入れて絶えず補充して行くようにされてある。

こうして一度火を入れた以上、年中一時間も休める事の出来ないものである。尤《もっと》も休んだところで、二、三時間なら別段支障はないが、それが一日以上も続いたらそれこそ大問題である。というのは炉内の溶けた鉄がそのまま冷え固まる間につまって了《しま》うから、再び火を入れ風を送る事が出来なくなる。そうなると是非とも熔鉱炉の一部を破壊して修理しなければ用をなさないのであるが、熔鉱炉作業は製鉄所の中心作業で、その運転中止は実に同業の急所を突くに等しいもので、その損害は莫大である」

（大正九年二月六日・東京朝日新聞）

これは、第三者である東京の芝浦製作所高橋工務部長のコメントである。前半で熔鉱炉の仕組みをわかりやすく説明し、後半で一日以上のストライキが続いたらどういうことになるかを解説しているのだ。つまり、八幡製鉄所は、ストライキを中止して工員たちが持ち場に戻れば生産再開となる工場とは、根本的に影響される被害が違うのだ。現在ならば、ストライキを決行する側も、保安要員は残すだろうが、当時においては、それはない。

空前の大ストライキ

浅原たちは、畳二枚を並べたくらいの大きな構内図を作り、作戦計画を考えた。実行班を五つに分けて、各班に指揮者、補佐、伝令を置く。ストライキの開始は午前六時五十分とする。二交替制で、早めに出てくる工員は六時四十分ごろ、遅いものでも七時までには門を通って、七時十分ごろには現場に着いている。そして、ストライキ開始の指令で工員たちは、班長を先頭に本部事務所前の広場に集結する。念のために各班の指揮者は前夜に工場内に入って夜を明かし、午前六時半ごろに仕事の終る夜勤の工員たちを引きとめておき、七時前に出てくる昼間勤務の工員とを合流させる。

集合が終ったら、代表が長官あての要求書を提出し、そのあと何人かで演説、終ったら工場を出て、近くの豊山公園に進む。

これに対して、会社側と会社と一体と見てよい警察がどういう処置をとってくるであろうか。おそらく、豊山公園に集った工員たちに、解散して職場に戻れ、と命令するだろう。むろんそれは無視するのだが、そのあとはどうなるか。ふつうは、命令に従わないものを警察は検束する。抵抗して揉み合いになるだろうが、結局は警官に取り押さえられる。

しかし、工員たちの人数がかりに一万人だったら、一千人の警官が出動しても、検束は不可能である。そして八幡だけなら、動員できる警官の数は二百人もいない。

勝敗のカギはストライキの指令に従う工員の人数の大小にある。労友会は約四千五百人だが、工員は約一万八千人から二万人である。雇用にさまざまな形態があるので、正確な数はわかっていない。

浅原は、少くても一万人が参加しなければ成功とはいえない、と考えていた。そのためには労友会の工員が仲間を説得して、一人でも多く同調させる必要がある。浅原本人は、西田たちとは違って、工場で働いたことはないから、工員たちとの間に同志的な親しみや連帯感はできていない。従って、工員たちの心を動かすのは、班長らの説得力にかかっている。

「大丈夫だ。二月十三日まで待てないというのも、みんなの気持が、会社のやり方にもう我慢できなくなったからだよ」

「その通りだ。同志会の連中だって、怒っているものが多いんだ」

「勝てるさ。いや、勝つのだ」

と班長に予定されているものや、行動隊の中核になるものたちが、口《くち》ぐちにいった。約八十人だった。

浅原は、決行本部を構内に近い診療所に設け、前日から入った。二月五日にストライキに突入することにしたのは、この日が明治三十四年に第一熔鉱炉が点火された記念日だからである。そのときから十九年、巨大な熔鉱炉の火が消えることになる。

（いや、消えるかどうか……白仁長官に宣告してから一カ月そこそこ……準備期間が足りなかったのではないか）

という不安と同時に、過ぎ去った日々の出来ごとが脳裡にうかんでくる。ことに忠隈で働いていたときに見た炭坑爆発の悲惨きわまるありさま、わずか二百円の金で、父や夫やわが子を失った遺族たちの悲しみ、資本家は妻や娘に着せる高級な和服一枚に二百円も三百円も投ずるのに、腕一本、胴体だけの死体にしがみついた家族たちの悲嘆の声を聞こうともしなかった。

製鉄事業は、鉱山のような事故はないが、働くものたちの苦しさに変りはない。浅原や西田に、おのれを利する気のないことがわかってもらえれば、必ず成功する。

「今日こそは乾坤一擲《けんこんいってき》の日である。二十三歳の血潮は高鳴る」

と浅原は十年後に書く。

さて当日。

西田は工員の服で各班長らといっしょに工場にもぐりこんだ。工員の出入りする門は一人の通行がやっとの狭い巾《はば》で守衛に門鑑を提示するのだ。解雇された西田の顔は知られているから、守衛に見咎《みとが》められるはずである。

「私は同日午前五時半に製鉄所南門から人夫として松尾源八という名義で入門し、据付工場に行き、鳶《とび》（職人）小屋に這入《はい》りました処が、何所這入るかと云うものがありました処、私だと答えたら其侭《そのまま》咎めもせんでした」（原文片かな）

これは浅原より遅れて二月七日に逮捕された当日の西田の調書の一部で、山地勝夫警部が聴取した。脱字があって意味不明なところもあるが、同日の一色信太郎検事の調書では、法被《はっぴ》を着て、「人夫の風体を装い南門より入りました処、門鑑を渡すものが私を見て、お前は松尾だねと問いましたから、私は、左様《さよう》松尾源八なりと偽りて入門……」（原文片かな）

したというのだ。こちらの方がわかりやすいが、要するに、守衛は知っていて通行させたとわかる。空前の大ストライキが成功したのは、こういう底辺の共感があったからであろう。

浅原が逮捕されたのはストライキ当日の午前十時、平井彦三郎検事の取調べは深夜になってからで、そのころには大成功だったことはわかっていた。

「五日八幡製鉄所にて突然大同盟罷業《ひぎよう》起り職工及び人夫の全部約一万三千余名は一斉に業務を抛《なげう》ち大熔鉱炉の火を滅却し石炭の運搬を廃《や》め五百本に近い煙突の煙を絶ちたる後午前八時製鉄所事務所に大集合をなし大示威運動を行いつつあり」（二月六日・東京朝日新聞）

次は見出しだけだが、

「八幡製鉄職工大盟休

二十余年来不休の熔鉱炉も作業中止

約千人の職工本部事務所前に群集
要求条件に就《つ》き委員側と製鉄当局の交渉
六日午後六時回答にて一先《ま》ず解散」

これは地元の「福岡日日新聞」のもので、工員たちは計画と違って所外へは出ず（製鉄所側が三カ所の門を閉鎖したため）、午後六時ごろまで各人の職場で待機し、出勤した夜番の工員たちも作業をしなかった、と報道されている。

参加人員は「東京日日新聞」は三万人、「読売新聞」は二万人である。

憲兵が出動し、浅原らが逮捕され、九日までの臨時休業で当局は切りぬけ、十日から就業命令を出した。リーダーが全員逮捕されているので、ストライキは続行できなかった。当局が楽観したのもそのためで、原敬《はらたかし》首相の日記では、八日になって来訪した後藤新平《ごとうしんぺい》（前内閣で内務大臣をつとめた）からいわれた。

「枝光（工場本部のあるところの地名）製鉄所罷工騒ぎにつき断乎たる方針を取るべしと云い来たるも、余（原）は目下新聞紙報道程の事なし、併《しか》し強硬の方針を取り居れりと云いたり」

浅原は実は第二弾を用意していたのである。次兄の鉱三郎を中心に、東京から「東京毎日新聞」の記者になっていた加藤勘十にきてもらい、友愛会の会員も巻きこんで二月二十四日に再度のストライキに入った。今度は一万五千人が門を出て、加藤の指揮で豊山公園に行って要求を決議した。

原敬が九州の大ストライキに冷淡だったのは、衆議院の解散が日程に入っていたからだった。野党のいう普通選挙法を否決するには過半数が必要で、政友会は第一党であっても全野党の合計にはかなわなかった。で、二十六日に解散を断行したが、二十四日当日の日記では、

「枝光製鉄所の罷工先頃小康となりしに又《また》また再発したる由、此等《これら》皆教唆《きょうさ》に依るものなるが如し」

とあるだけである。

二度目のストライキの被害は、実は一回目よりも大きかった。会社の対応が間違ったせいもあった。「侠客」という表現だが、要するに、やくざを使って工員たちになぐりこみをかけさせたり、工員たちの要求をつっぱねるだけで、解決する努力をしなかった。そのために、

「非は当局にも有る
最初から親切を欠いた
この際迷惑は警察ばかり
斎藤福岡県警察部長談」

という記事（二月二十五日・東京朝日新聞）が出た。

当時の県警察部長はいまの県警本部長に相当する。工員たちの弾圧に駆り出されたが、それが迷惑だったというのだ。

浅原と西田は治安警察法違反で四カ月の懲役刑だったが、三カ月間の未決期間が算入されなかった。ふつうは、裁判官が判決のときに、未決の留置期間の算入を言い渡すのである。当時は現在と違って、意地悪ができたのである。

体をこわした西田は昭和五年に病死した。

結局、解雇されたものは二百二十余人、労友会の会員も減ったが、四月上旬白仁長官は改善策を発表した。三交替八時間制の実施と賃上げが認められた。

このあと浅原は昭和三年二月、成立した普選法による総選挙に、九州民権党から福岡二区で立候補してトップ当選した。

彼の「熔鉱炉の火は消えたり」の出版はそのあとで大ベストセラーになった。文才があったし、議会での演説もうまかった。また、次の選挙でも当選したが、昭和七年二月の総選挙では落選した。すでに「満州事変」が、はじまっていた。満州撤兵を叫ぶ浅原は選挙民に受け入れられなかった。

浅原は、代議士時代に政友会幹事長の森恪《もりかく》を通じて陸軍の石原莞爾《いしはらかんじ》、満鉄出身の十河信二《そごうしんじ》（のち国鉄総裁）、旧友の大野伴睦（のち衆院議長）らとつきあいを深めたが、昭和十三年十二月憲兵隊に逮捕された。陸軍を赤化しようと工作した、というのである。それは絶対に不可能なことで、その名目には浅原本人もびっくりしたくらいだが、五カ月後に釈放され、国外追放になって上海へ渡った。国外追放は刑法にはないが、ともかく日本にいてはならぬ、命がなくなるぞ、といわれ、上海へ国外亡命するようにお膳立てされたのだ。

浅原は上海で財をなした。本人は、八億円か九億円だろう、という。その多くを日中両国人の協調に使ったが、敗戦で全てを失って帰国し、余生を趣味の囲碁で過して昭和四十二年七月十九日に心筋梗塞で死んだ。七十歳だった。

どの新聞も「熔鉱炉の火は消えたり」にふれたが、彼が上海時代を通じて日中親善につとめたことを紹介したものはなかった。

3　海は汚れていた――シーメンス事件

帝国海軍

衆議院議員の島田三郎は、その新聞記事を目にして頭の中に何か閃くものを感じた。もう少し厳密にいうならば、

（ひょっとすると、これはモノになるかもしれない）

という予感めいたものである。モノになるというのは、具体的にいうと、藩閥の雄である薩摩出身の山本権兵衛内閣を打倒する材料として使えるのではないか、ということである。別に確信があってのことではなかったが、島田には長い間ジャーナリストとして、あるいは民権運動家としてつちかってきた経験と勘があった。こうした新聞記事はとかく当てにならないものだが、といって全部が根拠のないものではない。やはり、火のない所には煙は立たない、という俗諺《ぞくげん》の通り、氷山の一角に触れていることもあるのだ。

その記事というのは、「時事新報」の大正三年一月二十三日の二面に載ったものであった。見出し

は一段であるが、そのころの新聞は、三段ぬき四段ぬきといった派手な見出しは用いなかった。

トップに「倫敦特電」とあり、
◎シーメンス会社の贈賄事件
　雇人の書類窃取
　可鶩被告の申立
（一月二十一日午後発）
という見出しの記事である。倫敦はイギリスのロンドンのことであり、可鶩は、驚くべき、と読む。
以下、原文を現代ふうに読みやすくする。
「ベルリンよりの報道にいわく、カール・リヒテルなる者、シーメンス・エンド・シュッケルト会社の東京支店より書類を窃取せる廉《かど》をもって二カ年の懲役を申し渡されたるが、同人は審問のさい右会社が注文を取らんがため日本の海軍将校に贈賄したる旨を申し立てたり。この申し立ては世人の視聴を聳動《しょうどう》せり。
　リヒテルの弁護人の言によれば、書類はシーメンス会社がすべての海軍に関する注文については三割五分、無線電信の請負については一割五分のコミッションを贈与せんことを、日本海軍省の官憲に申し込みたることを示すもののごとくなるが、法廷において朗読せられたる唯一の書類は、被告よりシーメンス会社重役にあてたる書簡にして、該《がい》書簡には窃取せる書類より引用せる文句若干《じゃくかん》あり。

その引用文句の一は、ベルリン本社より東京支店に申し送れる一節にして、その文言にいわく、岩崎提督（少将）と取り結べるコミッションの取りきめは今なお存し、無事に行われつつあるにさいし、在ロンドン藤井提督（少将）とのコミッションの取りきめをなすは真に罪悪なり、されば英国にて建造せる軍艦一隻につき五分、他の海軍用品注文にっき二割五分というがごとき大々的コミッションの契約を藤井提督と取り結ぶべき理由あらんや、と。（以下略）」

このころの大ニュースは、桜島の大噴火や東北地方の大凶作で、皇室が十五万円の救済金を出したことなどであった。

ロンドン特電は「時事新報」の特ダネではなく、他紙も掲載した。「東京日日新聞」はこう伝えている。

「電気機械製造業シーメンス・シュッケルト商会東京支店にかつて在勤したるリヒテルの、ベルリン裁判所において二カ年の服役を宣告せられたる事件は、英国において多大の注意をもって迎えられたり。

右は被告が同支店の重要書類を窃取せし上、脅迫的にこれを金銭強請の具に使用せんとしたるためにして、その筋の検挙せる証拠書類の示すところによれば、日本の海軍省よりの諸註文に関係するものにして、リヒテルはこれを一千五百ポンドに売却せんことを申し込みたるも、該会社はその申し込みを拒絶し、ついに同人は捕縛の上本国に送還されたるものなり。而《しか》して被告リヒテルはいわく。

『本書類はシーメンス・シュッケルト商会が日本海軍省よりの註文品に関連して日本海軍の高官

に贈賄せる事実を証明するものなり』と。被告リヒテルの弁護人は同人が犯罪を決行せるは彼が書類に誘惑せられたる旨をのべて同人を弁護し、判事もまたシーメンス商会の不法手段は被告を誘惑したるものなれば、情状を酌量すべき点において一致せり。

而して一方商会側にては日本海軍の高官に贈賄せりという証言をば否認せり。しかれども、同商会が日本海軍省代表者らに手数料を支払いたるは事実なりと明言せり。なお本訊問にわたりベルリン裁判所は証拠材料として同商会本店より東京支店へ送れる一通の書類を朗読するを許したるが、同書簡は、岩崎将軍と取り結びたる旧手数料の好都合に運びいたるにかかわらず、ロンドンにおける藤井将軍と取りきめられたる手数料約束は、日本海軍省の註文によりてイギリスにおいて建造さるべき軍艦に対しては五分の手数料を支払い、軍艦以外の註文に対しては二分半の手数料を支払うべきを約定せるを批判したるものなり。

而して会社に対して脅喝をなさんとせる計画につきては、直ちにこれを検事に報告し併《あわ》せてこれを日本政府にも通告しおきたりと」(二十二日発ロンドン特電)

さらに同新聞は、シーメンスの東京支店からも取材した記事を右のニュースの末尾に掲載している。それによると、築地明石町の支社の社員は、

「リヒテルがここにおりましたのは昨年の夏六月で、ごく短い期間であった。性質はすこぶる傲慢なほうであったが、事務はすこぶる熱心であった。タイピストであるから本国やら世界各地の代理

店との間に立って直接緊要なる事務をつかさどっておったために、あるいは会社の機密事項に関する書類でも窃取したことはあったかもしれぬが、当方ではいまその犯跡を調査しているようなありさまです。同人はその後間もなく大連《だいれん》に転任してから全く消息が絶えた。日本官憲に対する贈賄なども一切わかっておりません」

と語っている。

これらの記事には、筋の通らないところもあるが、はっきりしているのは次の諸点である。

一、ベルリンの裁判所がシーメンス・シュッケルト商会東京支社に勤務したことのあるカール・リヒテルに書類の窃盗罪で二年の懲役の判決を下したこと。

二、リヒテルはその盗んだ書類の内容をタネに使って会社を恐喝したらしいこと。

三、その内容とは、同商会が日本海軍から受ける注文について、かなりのコミッションを海軍の高官に支払う約束のあったことを示すものらしいこと。

四、手数料のパーセンテージについては違いはあるが、岩崎と藤井という将官クラスがからんでおり、これまで同商会と岩崎との間で決められていた手数料よりも、ロンドンにいる藤井が高額なものを要求してきたので、同商会が出し渋っていること。

以上の四点だが、ベルリンでの裁判がイギリスで大きく報道された理由は、このスキャンダルの鍵を握る藤井がイギリスにいたためらしい、と想像できる。

島田三郎はこの日議会で質問に立つことになっていた。この時期の政局の焦点は、海軍の軍備増強費一億五千万円をどうするか、であった。

首相は、日本海軍を育てた山本権兵衛、海相は斎藤実であった。斎藤は岩手の出身で、系列としては藩閥外だったが、薩摩出身の仁礼景範《にれかげのり》(海軍中将)の娘と結婚し、山本が海相になったときから退くまで次官をつとめた。山本の影法師のような存在で、実質的には、山本が海相を兼任しているようなものであった。

島田は、旧幕臣の系列に入る人物である。明治七年に「横浜毎日新聞」を創刊して主筆となり、ひところ官界に入ったが、大隈重信が明治十四年の政変で下野したとき、行を共にした。

この政変のきっかけは、北海道の官有物払下げ事件だった。政府が約一千五百万円も注ぎこんだ官庁の開拓使所有の財産をわずか三十数万円で薩摩の政商五代友厚に払下げようとしたのだ。そのスキャンダルをすっぱぬいたのが、島田の新聞だった。あまりにも醜い話なので、大騒ぎになった。

島田は国会が開設されると、横浜から立候補して、連続当選をはたした。綽名は三郎をもじったシャベ郎であった。

島田の鋭い藩閥攻撃にかっとなった樺山資紀《かばやますけのり》海相が、

「今日の日本があるのは、薩長のおかげではないか」

という暴言を吐き、失脚に追いこまれたことがある。

その島田がピンチに立たされたことがあった。三菱財閥の娘婿の加藤高明が同じ選挙区に立候補したときである。市会議員の主だったメンバーは、すべて加藤側についた。

このとき島田は、

「加藤のような金権候補を議政壇上に送ってよいものか」

と選挙民にうったえた。現在でも用いられている「金権」という言葉の、島田は創作者であった。

また、明治二十一年には「開国始末」を出版して、開港の恩人ともいうべき井伊直弼《なおすけ》の復権に一役果たした。

そういう島田の目から見れば、海軍の腐敗を匂わせている外電記事は、真否はどうあれ藩閥攻撃の材料になる得るのであった。

山本内閣

山本には海軍を代表する立場から言い分があった。

日露戦争のあと、軍部は長期国防方針を策定した。

陸軍の仮想敵国はロシアである。陸軍のボスの山県有朋は、ロシアは日露戦争に敗れた恨みをいつの日か必ずはらそうとして日本を攻撃してくる、と主張していた。

海軍の仮想敵国はアメリカだった。

日露戦争のときは、ルーズベルト米大統領が講和を仲介してくれたが、日本が南満州を勢力下におさめると、その勢力拡大を警戒して排日政策をとるようになった。

戦艦「三笠」を旗艦にした連合艦隊は、ロシアのバルチック艦隊に完勝して、司令長官だったアドミラル・トーゴーの名声は世界じゅうにひろまった。海軍に関する限り、日本は世界の一流国に仲間入りしたと思われていた。

ところが、日本海海戦のわずか一年後のことである。イギリスが発表したドレッドノート型新鋭戦艦によって、日本海軍の主力艦をいっきょに古ぼけた旧式のものにしてしまった。

日本の「三笠」クラスはすべてイギリスで建造されたもので、排水量一万五千トン、十二インチ砲四門、八インチ砲八門で、速力十八ノットが基準だった。ところが、ドレッドノートは、排水量二万二千トン、十二インチ砲十門、速力二十二ノットなのである。因《ちなみ》にドレッドノートは、こわいものは何もない、無敵の意味である。

「三笠」クラスもこういう高性能の艦隊相手では、勝負にならない。海軍としては、どうしても新式戦艦を揃える必要があり、まず「河内」「摂津」が設計起工された。排水量二万トン、十二インチ砲十門、速力二十ノットである。両艦とも国産だったが、それでは間に合わないので、明治四十三年に「金剛」がイギリスのビッカースに発注された。二万七千五百トン、二十七ノットという大型の高速戦艦である。また同型の「比叡」は横須賀で起工された。

とりあえず、ドレッドノート型に太刀打ちできる戦艦四隻を保有することになるが、もちろんこれでは不足である。海軍としては、戦艦八隻、巡洋戦艦八隻のいわゆる「八八艦隊」が理想であった。もともと艦隊は一朝一夕にできるものではない。これらの大型艦になると、設計起工進水に少くとも二年はかかる。その上で操艦その他の訓練をしなければ使いものにならないのだから、すべて早めに手を打っておく必要があるのだ。さもないと、いざというときに間に合わない。

一億五千万円の予算を議会に出したのも、こうした背景があってのことである。国防のためにも認めてもらわなければ、海軍としては責任がもてない——というのが、山本や斎藤の主張であった。

一方、島田からすれば、それは海軍あるを知って日本あるを知らない考え方だった。日露戦争のために日本は二十億円の借金を背負った。それをどう返済するか、見通しも立っていないのである。いかに海軍が立派になっても、日本が破産したらどういうことになるか。

島田はこの日（二十三日）の午後、衆議院の予算委員総会（現在の予算委員会に相当）で質問に立つと、まず、この件から山本首相に迫った。

国債つまり政府の借金のうち、外債だけで十五億円あるが、日露戦争の戦費は一日約三百万円だったといわれている。将来の戦争では、たぶん一日に四、五百万円になるであろう。よって国家外患の場合、政府においてはその戦費調達につき、成算ありや？

山本は答弁した。別に難しい問題ではないから、ごく平凡なものになる。

「国家非常の場合は国民の愛国心に訴うるのみであります。従って戦費云々については答弁の限りにあらず」

島田は本論に入った。

「二十三日のロンドン電報に、シーメンス・シュッケルト商会のリヒテルなるものがベルリンの裁判所で有罪の宣告を受けたことを伝えておりますが、その証拠書類中に、商会と岩崎提督との問に成立したコミッション契約はいまなお現存す、とあります。そのコミッションの割合も軍艦では五分とか、いろいろ出ている。またロンドンの海軍将校は厳格なので更迭する必要があるとか、商会側は、東京支店に日本官憲に贈賄したとしても、それは本店の意思ではないとか、いろいろ弁明しております。しかし、こういう弁明は、わが海軍に贈賄したという事実を否認したものとはいえません。海軍は拡張計画をなさんとしているが、このシーメンス問題に対して、国民の疑惑を解くにあらずんば、何によりてその信用と名声を内外に維持せんとするか、責任ある答弁を承りたい」

島田の言い方は古めかしいが、それによって重みも出てくる。聞いていた記者たちが緊張したのは当然だった。

山本の合図で斎藤が立った。

「わたしもけさの新聞を読んで一驚を喫したものであります。二カ月くらい前だったと思いますが、シーメンスの支配人と称するヘルマンなる人物が訪ねて参りました。何でも会社の秘密書類が盗まれて、それが外国通信員の手に入って、海軍の高官のことが書いてあるということでした。そこでわたしは、わが海軍には何ら曲事はないから、新聞に出てもかまわんと明言しておきました。相手は、公表されるのは好しくないし、万一、刑事問題になったら援助してほしいというので、わたしは断然これを拒絶したのであります。ただ海軍と外国会社の取引について、かねてから浮説を耳にして苦々しく感じておりましたので、これを機会に調査したいと思いますが、わたしと外国人との会見については右の通りで、その心事を諒とせられんことを希望するものです」

斎藤の答弁中に、島田の怒りを誘発させるものがあった。島田は前に、赤星弥之助という薩摩出身の富豪と海軍との関係について質問したことがあった。赤星本人はすでに病死しているが、赤星家は海軍大臣をつとめた樺山資紀の親族で、海軍と外国の会社との仲介をして、巨富を築いたという評判の政商だった。島田の方も、確固たる材料があったわけではなく、

「赤星は海軍の才取りだ」、
という噂に基いて追及したのだ。才取りは手数料かせぎのことである。

斎藤は、それを島田のいやがらせとみて、皮肉な一矢を報いたつもりだった。島田が再び立ち、

「赤星家の当主の鉄馬君が軍艦の請負をなしている事実を認めるか。外国へ注文するときの契約はどうなっているのか」

と質問した。斎藤の答弁で闘志をかき立てられたのだ。

「外国との契約については会計検査院に報告してあるので、何ら問題はありません。外国の会社では、日本における一手販売者に手数料を払うところもあると聞くが、日本政府の契約そのものは、競争入札のさいは外国の大公使の前で公開するのが慣例です。赤星某は何ら関係ない」

と斎藤はつっぱねた。

島田は記事以外に材料をもっていなかったため、この日はそれで終った。

海軍の方は、そのまま尻すぼみで終りそうだ、と楽観した。外国電報だけで、何か証拠を握っての

質問ではないとわかったのである。

しかし、島田と縁のある毎日系の新聞がここで取材を開始した。

わずか一日の取材だったが、「大阪毎日」と「東京日日」は次のような記事を一月二十五日付で掲載した。

「去る二十三日の衆議院で島田三郎氏は最近の大問題となったシーメンス・シュッケルト会社事件に関し、峻烈な質問をまっこうから海軍大臣の頭上にくらわし『海軍の才取り鹿児島県人赤星某』なる人名まで挙げた。これに対し斎藤海相は『赤星某の如きは海軍省とは何らの関係なし』とおさまりかえってシラをきったが、果たして海相の言のごとく、赤星某はわが海軍と何の関係もないのだろうか?」(大毎)

という前文で、故人となった赤星弥之助が巨万の富を築いたのは、樺山とのつながりで巨額の建艦費のコミッションを取っていたからであり、また当主の鉄馬が、新橋芸者秀竜を身受けして、すでに三歳になる子もいるというプライバシーまで暴露している。

また「東日」の方は似たような前文で、樺山が大臣のときに赤星が建艦につき外国の会社からコミッションを取る権利を得たことを伝え、さらに、鉄馬について、

「華族富豪の道楽息子達の集りなる東京倶楽部の一員として大尽遊びの限りをつくし、新橋あたり柳暗花明の巷《ちまた》に出没し、折花攀《はん》柳に余念がない。こうして彼は始末に負えぬほどの金の捨て場を捜し回るほど豪奢きわまる王侯も及ばぬ生活をしている。かの鳥居坂の邸宅などは実に堂々たるもの

だ。（中略）山本首相の財産はその高が判明せぬ。伯がこれまでの給料をことごとく貯蓄したとて、それが百万円以上に達する気遣いはないが、伯の資産は五百万円なりといい……」（東日）と山本にまで攻撃の鉾先を向けている。八ツ当りぎみであるが、赤星にいわせればどんなに豪奢に生活していようが、余計なお世話というものであろう。余談になるが、この赤星の子息の四郎と六郎の二人は米国に留学し、ゴルフの名手となって帰国した。

それはともかく、こうした記事が、一般庶民の間に、反海軍のムードをかもし出す効果はあったのだ。

「海軍は汚いことをやっているんじゃないのか」

と多くの人が思いはじめた。

艦政本部

この事件の取材で本当に働いたのは「毎日」が契約しているロンドン特約通信員のマックーラフであった。まず彼はリヒテルが盗んだ書類の写しを手に入れた。

シーメンスが無線電信の機器を海軍に納入したときは十五パーセントの手数料を関係高官に支払うこと、そのために価格が相場より割り高になってしまい、ロンドン駐在の井出海軍大佐がシーメンス製品は高すぎる、とクレームをつけたことに関して、東京支店が、

「取りきめた価格の割引きは不可能。この注文取引は東京において行われたるのみならず、日本海軍

省内にあるわが社の友人は、じゅうぶん誠意をもってわが社のために便宜をはかりつつあれば、井出大佐にしていまさらわが社の取引に邪魔を入れるがごときことあれば、おそらくは彼（井出）は免職されん」

という電報を打ってきたことを、マックーラフはつきとめた。

要するに、海軍との間にはコミッションの暗黙了解がすでに成立している。井出が文句をいうなら、免職することもできる、というのだ。

そんな権力をもったものは、井出大佐よりも上のクラスだろう。電報の発信名はヨシダである。

また、ロンドンのシーメンス支店が受注した電気機械に関し、

「日本海軍部内の友人に何ほどのコミッションを払うべきか」

という本店への照会電文、それに対する本店の、

「二千ポンド（当時のレートで二万円）もしくは二千五百ポンド」

という返信をもマックーラフは入手し、日本あてに打電してきた。マックーラフが確かな取材力を持った記者であることがわかるのだ。

こうなっては、海軍省も放ってはおけなくなって、ある程度の経過を発表した。

シーメンス東京支社のヘルマンという人物が、昨年十一月に横浜のドイツ人といっしょに海相を訪問してきた。ただし、このドイツ人は通訳のためだったが、ヘルマンが英語を話し、斎藤海相もアメリカ駐在が長く、英語が上手だったので、通訳は不要になった。

ヘルマンのいうには、会社の秘密書類が盗まれて、それを材料に脅迫されている。書類には日本海軍の高官の名前が出ているので、海軍に迷惑をかけてはすまないと思い、何とか押さえようと努力している。念のためにお耳に入れた方がいいと判断して訪問したわけであるが、その男を押さえることについて海軍の力で何とかならないか、とヘルマンはいった。

斎藤は、そういうことはできないし、男をどうするかはシーメンスが適当な手段をこうずればよいことだし、海軍に不正があるとは思えないから公表されても構わない、と応じたというのである。しかし、海軍としては、こんな話を聞いた以上は放っておけない。これを調査して本当に汚職まがいのことがあるなら処罰し、日本海軍の公明正大なることを天下に明らかにすべきである。斎藤がそう考えていたところへ、十日後にヘルマンが再びきて、

「先日の重要書類の一件は解決しました」

と報告した。

海軍としてはこんな形でウヤムヤになることに抵抗がある、といっておいたが、今般こういう形で海軍の名前が出たことは実に迷惑である。もとより海軍の公明正大なることは断言できるが、疑惑をもたれたままでは困るので、ドイツ法廷の判決書を取り寄せ、十分な調査をする所存である。

以上が海軍省の発表であった。

記者団の、ヘルマンが最初にきたとき、海軍は日本の警察に何も連絡しなかったのか、という質問に対しては、

「大臣から司法当局に話をしたが、シーメンスの方からやはり十日後に無事に解決したという報告があった、という連絡を司法当局から受けた」

と答えた。書類を盗まれたという被害者が、無事に解決したという以上、司法当局も手の打ちようがない、というのである。

外電によってはじまった一連の出来ごとに関して、海軍の説明は何となくスッキリしないが、日本の新聞記者には、海軍という奥の院での秘事を突きとめる手段がなかった。

だが、ロンドンのマックーラフは実に敏腕であった。

彼は、問題のヘルマンが、シーメンス東京支社に在勤したことがあり、いまは本店の支配人になっているケスペルあてに出した手紙の中で、

「藤井提督は日本海軍の有力者であり、手数料取りに熱心な人であるが、わが社には好意をもってもらうように取りはからっておかなければならない」

と書いていたこと、また、ロンドンの海軍関係の契約にくわしい専門家が、

「シーメンスが海軍当局者に贈賄したことは事実である」

と断言したこと、さらに、高価すぎるとクレームをつけた井出大佐を味方に引きこむことは不可能である、とシーメンスのロンドン支社が同社の東京支社あてに連絡したら、東京支社から、

「残念ながら価格の値引きをするしかない」

という返電のあった事実をマックーラフはつきとめ、それを打電してきた。

不正はない、といい続ける海軍内部から、海軍の腐敗を告発する人が現われた。匿名を条件に「毎日」の記者にこう語ったのだ。

「海軍の収賄事件について思い当るのは艦政本部（軍艦建造の担当部局のこと。筆者）の腐敗である。帝国海軍を人間の体とすると、艦政本部はそれにできた腫物《はれもの》のようなものである。海軍のボロは必ずここから出る。貧乏士官で叩き上げの海軍軍人がひとたび艦政本部に籍を置くと、一朝にしてその邸宅をかざり、余財を蓄えるのが争うべからざる事実なのだ」

「前の艦政本部長で現在の某鎮守府司令長官ときたら権兵衛伯に劣らぬためこみ屋で、本部長時代に媒介部長の綽名をとった」

「このごろの造船にかかわる人は、なかなか福々《ふくふく》だ。各工場を巡回していた造艦中監（職名）の如きは、顔が大黒天のように福々したそうである。その他、三菱造船所で製艦した矢矧《やはぎ》、霧島等にも種々話が多い。英国アームストロングその他の造船会社へ注文した船《ふね》が竣成して回航の途中スエズ運河までくると、会社から必ず艦長、副長、機関長、砲術長くらいにあてて金時計を贈ってくる」

この告発者と、おそらく同一人物と思われるが、海軍大佐太田三次郎、主計中監片桐酉次郎《ゆうじろう》は「法律新聞」の記者に実名入りで語った。

両者によると、腐敗がはじまったのは日清戦争前後からで、海軍が外国へ注文するときに、業者からコミッションを取るようになった。何しろ非常の場合だから、政府もどんどん金を出し、有力な武官の一人は盛んにコミッションを取った。

呉の海軍工廠《こうしょう》は、こういう不正の中心で、海軍内部では、バケモノ屋敷といわれているくらいなのだ。片桐がそのデタラメぶりを知って、一大決心をもって上層部に告発したところ、海軍大臣は不正の一味に味方して、片桐を転任させてしまった。

呉でさえこうだったから、艦政本部の腐敗はもっとひどい。一トン八百円ないし九百円で軍艦を建造できるのに、一千円を計上するから、そのぶん高価になる。

かつて自分（片桐）がイギリスから「吉野」を回航したとき、主計員が糧食その他の機材などの買入れにコミッションを上乗せし、その金で回航員を遊ばせていた。そこで納入商人に問いただすと、コミッションを取らないなら安くできるということだったので、主計員の契約を破棄した。

すると、回航員のなかには、

「あいつを海へ投げこんでやる」

と怒るものまで現われた。

こうした経験からして、堕落の極にある海軍で、新聞に伝えられるようなことがあったとしても、少しも不思議ではない――というのが二人の告発だった。

そういう不正に加担した当時の海軍大臣といえば、山本ということになる。

島田は一月二十六日、再び質問に立った。まず牧野伸顕外相に、

「リヒテル事件についてどう思うか」

と質問した。

「目下わが駐独大使に命じて、裁判関係の書類を取り寄せつつあります」

「こういう大事件なのに、どうして電信で報告させないのか。悠長にすぎるではないか」

と島田はどなりつけた。しかし、外相は、事件そのものの当事者ではない。島田は原敬内相に、

「海軍からリヒテルの窃盗について聞いていたのに、どうして日本を出国させたのか」

と問いただした。内相は警察を担当している。

「罪状のはっきりしないものを、つまり証拠がはっきりしないものを逮捕することはできない、というまでの話で、政府がリヒテルを逃亡させたわけではない」

と原はつっぱねた。

しかし、島田は、この事件が単なる書類の窃盗ではないことをこのときすでに突きとめていた。

シーメンスの社員

シーメンスの東京支社員だったカール・リヒテルは、勤務不良で解雇されると、かねて自分がタイプしていた重要書類を保管箱から盗み出した。

内容はシーメンスが海軍の高官に贈賄した事実や、それに関するやりとりである。

（これは金になる）

とリヒテルは思い、写真に撮ったのち、支社長のビクトル・ヘルマンあてに、二万五千円で買い取

れ、と手紙を送った。

ヘルマンは出張中だったので、リヒテルには何も連絡がなかった。

脅迫に失敗したと思ったリヒテルは、知合いのロイター通信記者アンドリュー・プーレに、

「特ダネの材料になる書類がある」

ともちかけた。

プーレーは内容を知ると、仲間のジョージ・ブランデルと相談し、

「七百五十円なら買ってもいい」

とリヒテルにいった。半端な数字だが、どうやら七百五十円しか調達できなかったらしい。

リヒテルはドイツに戻るつもりだった。

「それでいい」

と七百五十円を受取り、日本を出た。

一方、出張から戻ったヘルマンは、リヒテルの脅迫を知り、あわてて本人に連絡をとろうとしたが、すでに出国したあとだった。

そのまま闇に葬られるならいいが、万一これが表面化したら厄介である。

そう心配しているところへ、ロイター記者のプーレーが接触してきた。

プーレーは、はじめ上海へ書類を送り、これをニュースにするつもりだった。日本に置いておくと、警察に没収されると考えたのである。そうなる前に、ヘルマンの談話が欲しかったのだ。

ヘルマンは、ほっとした。書類が戻ってくれれば、海軍との贈収賄をもみ消すことができる。

「プーレーさん、そんなニュースを書いたって一ポンドにもなりませんよ。いくらでリヒテルから買ったか知りませんが、わが社で買い戻します」

「そういわれても、すでに仲間のブランデルにも話してあるんだ。相談してみないと、返事はできない」

「では、相談して下さい」

とヘルマンは安堵した。

プーレーとブランデルは相談した。

かれらは、リヒテルがはじめに二万五千円を要求したことを本人から聞いていた。

「二十五万円ということにしよう」

とプーレーはいった。十倍である。どうせ拒否されるだろう、と予測していた。このあたり彼の心の中は複雑だったはずである。二十五万円は今なら二十五億円に相当するだろう。ヘルマンが呆れてせめて一万円にしてくれというかもしれない。特ダネは金にならないが、それを書くことによって名を馳せることが可能であり、それもよし、という気持もあったはずである。

現実はどうだったか。ヘルマンは、二十五万円と聞いて、

「そんな金はありませんが、五万円で手を打ってくれませんか」

といった。

「五万円？　本気か」

「本気です」

とヘルマンはいった。

プーレーとブランデルは、五万円の大金に心を動かされた。

大正初めに五万円あれば、一生、何もせずに暮せるだろう。

大正二年十一月二十六日、横浜・山下町の香港上海銀行横浜支店で、ヘルマンは二人に五万円の小切手を渡し、受取った書類は、横浜のドイツ総領事館の庭で焼いた。

ヘルマンは、これで一件落着と考え、海軍の方には、無事に解決した、と申し入れたわけである。

ところが、現実には解決していなかった。

というのは、プーレーが何か大金をつかんだらしい、というのを日本の通信社につとめている権藤震二と上田碩三の二人が嗅ぎつけたのだ。権藤はらつ腕記者として有名だった。上田はその下で働いていた。

どこをどう調べたのか、権藤はシーメンスと海軍のスキャンダルの概要をつかみ、プーレーをおどした。

プーレーは相手が一筋縄ではいかぬ記者だとわかると、口封じのために、九千円を二人に支払った。

これが十一月末のことである。

この間、リヒテルはシベリア経由でドイツ本国へ向いつつあった。

シーメンス本社としては、書類が戻った以上、リヒテルを放置しておくのも悔しいので、当局に窃盗で告訴した。

東京のヘルマンにとっては、本社の告訴は予想外のことであった。下手をすると、せっかく闇に葬ったものが、化けて出るかもしれないのである。

もともとシーメンスは日本海軍担当者の欲深なコミッション稼ぎには手を焼いていたが、それによって利益があったのも事実だったのだ。一万円の賄賂を渡して五万円の利益があるなら、商売は気楽なものだが、一万円を三万円にしろと要求されたらどうか。法に触れることだから気楽ではなくなるのだ。

シーメンス本社はヘルマンの要請で、対策を協議した。まず、リヒテルへの告訴を取り下げようとしたが、ドイツ司法省は承知しなかった。

結局、リヒテルは裁判にかけられた。ヘルマンはそれを恐れていたのだが、事件は公然化した。日本の司法省もまた動きはじめた。動かざるを得なかったといってもいい。担当検事は小原直である。このとき三十七歳。脂《あぶら》が乗ってきたころである。

彼は突破口をプーレーに求めた。海軍当局にじかに当ってもつぶされると判断したのだ。

小原がプーレーについて、ジャパン・タイムスの社長頭本元貞から話を聞くと、プーレーがシーメンスから大金を取ったらしいという噂のあることがわかった。

一月二十九日、小原はプーレーを召喚した。

その日、議会で斎藤海相は二通の電報を読みあげた。

一通はヘルマンのもので、リヒテルのことを伝える記事は誤りであって、シーメンスが日本海軍当局者に、賄賂またはコミッションを提供したことは断じてない、という内容である。

もう一通はシーメンス本社からのもので、リヒテルが自分の罪状を軽くするために、海軍士官について嘘をいったこと、この件で本国の公判で証人喚問がなかったために、本社は、リヒテルの供述の事実無根を証明するチャンスのなかったこと、日本の海軍士官にコミッションを支払ったことはない、というものである。斎藤は、

「これでわが海軍に、コミッションを取るものがいなかったことは、おわかりでしょう」

と大見得を切ったが、島田はひっこまなかった。すでにプーレーの一件を知っていたから、

「海軍大臣はそういうが、出入りの商人がお得意さんに不利なことをいうはずがない。シーメンスには弱点があったから、二十五万円もゆすり屋に渡すことにしたのだ」

ときびしく迫った。

ただし、二十五万円はプーレーの要求額で、本当に渡されたのは五万円だったが、そこまでは島田にはわかっていなかった。

同じころ、プーレーは小原に供述していた。彼はすでに観念していたのか、リヒテルから貰った書類は六十数枚で、現物はすでに上海支社へ送ってある、といった。

小原はなおもたずねた。

「シーメンスと日本海軍のことだけだったのかね?」

「いや、ビッカースに関したこともありました」

とプーレーはいった。シーメンスはドイツの会社で、ビッカースはイギリスの造船会社である。日本海軍の注文をこれまで大量に引き受けてきた。プーレーは、

「わたしは、東京のビッカースの社員に見せて、書類の内容を確認したのですが、社員は、ビッカースの件は事実無根だといっておりました。そのあと、わが国の大使館から、記事を書かないように、といってきたのです」

プーレーとしては、ピンときたのだ。つまり大使館が書くなといってきたのは、事実無根だからではなくて、そういう事実があるからなのであろう。プーレーは、

「はじめは特ダネのつもりでリヒテルから買ったのですが……」

と小原にいった。

つまり、大使館から圧力がかかったとなると、やはり書きにくい。そこで、接触してきたヘルマンに、売る気になったのだ。しかも五万円という大金で、心がぐらついた。人間の弱さといっていい。かりに億単位の巨額の現ナマを目の前に積まれて、それを払いのける記者は、どれほどいるだろうか。皆無、とはいわないが、多くはないであろう。それはともかくプーレーは三十二歳、もう一人のブランデルは五十二歳である。そして、この時点でプーレーらの罪状は明白になってきたので、小原は、関係者の家宅捜索令状をとり、三十日にそれを、実行した。

収穫があった。

シーメンスの商務代理人ヨシダこと吉田収吉の関与がわかったのだ。

吉田は海軍の有力者ではなく、贈賄側だった。

意外なことに、吉田は小原の調べに、海軍との契約に当って大金が動いたことをあっさり認めた。

前年七月に、千葉県船橋に海軍の無線塔をシーメンス社は七十五万円で受注したが、その五分（パーセント）に相当する三万三、四千円を、吉田は副支配人のウイルヘルムから小切手でもらった。

ただし、これはシーメンス社と吉田との約束によるもので、吉田は、シーメンスに雇われているといっても、実質はコミッション・ブローカーだったから、この五パーセントの受領は当然の権利だった——と吉田は小原にいった。

小原は、吉田の家を捜索したときに押収した小切手帳の控えメモに、十月十五日二千円渡先沢崎とあったのをつきつけ、

「これは誰のことか」

と質問した。沢崎というと、艦政本部第一部の沢崎寛猛大佐がまっさきにに該当する。しかし、他に沢崎という人物がいるかもしれない。

吉田はうつむいて黙りこんだ。明らかに動揺していた。

小切手を切った場合は、誰に渡したかを小切手帳の控え欄に書き残しておくのは、小切手を利用するものにとっては、ごく当然のことである。だが、その当然の心得が裏目に出たのだ。

小原は時間をかけて吉田を追及した。

はじめは黙秘していたが、逃げきれないと観念したのか、吉田は、

「それは艦政本部の沢崎大佐の奥さんのことです」

「大佐の奥さんに渡した？　きみが大佐夫人に二千円も渡す理由がないじゃないか。本当は大佐本人ではないのか」

「いいえ、奥さんにです」

「どうしてかね？」

吉田はしばらく黙っていたが、やがて苦しげに、

「それは、沢崎さんのお嬢さんが近く結婚すると聞いたので、そのお祝にというつもりで渡したのです」

「二千円は大金だぞ。結婚祝に出す金額ではあるまい」

「はなはだ恐れ入った話なのですが、わたしは沢崎夫人を愛しているものですから、そのために差し上げたのです」

「愛していた、というのは、どういうつもりなんだ？」

「これ以上はいえません。勘弁して下さい。わたしはどうなってもいいが、夫人の名誉にかかわることとは、口が裂けても……」

と吉田は下を向いた。

小原にしてみれば、およそバカげた弁解である。とはいえ、どういう事情があるのか、沢崎夫人を取調べなければならない状況になっている。吉田の口ぶりでは夫人との間に男女関係があったかのよ

うである。職務ではあっても、沢崎家のことを考えると気が重くなるし、厄介な調べであった。

小原は、吉田の一件は先へのばすことにして、プーレー関係の線の追及に当面は重点を置くことにした。

かりに、海軍の高官が賄賂を受けていた事実をつかんでも、当の軍人を裁くのは、海軍の軍法会議ということになる。検察官としては、民間人しか訴追できないのだ。

ところが、その翌日、吉田が小原に代って調べに当った塩野秀彦検事に、

「小原検事さんに、沢崎夫人と情を通じていたかのように申し上げたのは、まったく窮余の策でした。夫人の名誉を傷つけては申訳ないので、本当のことをいいます」

と前置きして、沢崎大佐に三回に分けて合計一万一千五百円を貸したという形で渡した旨を供述した。ただし、借用証書も作っていないし、沢崎の方も返済する気持をもっていないようで、返したいという意思表示もない。また、金を渡したきっかけは、沢崎の方から、

「家を買いたいのだが……」

と謎をかけられたからだった。

小原は、前と違って吉田のこの自白に嘘はないと見て、二月八日に沢崎大佐を喚問した。

沢崎は、あっさり一万一千五百円を吉田から受取ったことだけは認めた。ただし、名目は賄賂ではなく家屋買入れのための借金である。

小原の立場からすると、これは一つの壁である。そこから先は海軍に一任するしかなく、小原は海

軍省の法務官に通告した。

山本と斎藤は、議会では、海軍に不正はない、といい続けていた。

新聞は、影武者の斎藤より海軍を牛耳ってきた山本に攻撃を集中した。

「英蘭銀行に預けてあるという権兵衛伯の財産はどれくらいであるか、二百万円といい三百万円というが、日本にある財産だけでもなおかつ五十万円を下らない。権兵衛伯が世間から、出すものならば舌も出さない、とまでいわれているほど吝嗇《りんしょく》なのは、まったくこの多大の資産あることを、世間に知らせたくないという細心の注意からきたものである。（中略）幾多の勲章に属する年金や一時賜金はむろんビタ一文も使わずに直ちに貯金してしまう」

「現在の高輪台町の邸宅は三千坪あって、坪八十円に見積っても、二十四万円の価値がある。そして、正金、三菱の預金も少なくない、と権兵衛伯を弁護すべき人から、伯が守銭奴たることを明言している。すでに守銭奴たる以上コミッションを受ける要素を備えている。大尉時代から蓄えたといっても、飲まず食わずで貯めたところで、今日までに十五万円ほどにすぎない」（二月八日、東京日日）

といった調子である。現在ならば名誉毀損は確実だが、山本は黙殺した。

山本にしてみれば、新聞相手より、倒閣に向けて連合しつつある野党の出方が問題だったのだ。

犬養木堂、尾崎咢堂、花井卓蔵といった大物が議会で山本や斎藤を攻め、議会外での有志大会には、海軍軍人の太田、片桐らが出席して、体験談を語り、万雷の拍手を浴びた。

二月十日、日比谷で国民大会が開かれ、五万人が集った。民衆が海軍高官の汚れた行為にどれほど憤激したかがわかる人数である。この日はロシアへの宣戦布告の記念日でもあった。

原内相は四千人の警官を動員したが、警官の何人かは剣を抜いて民衆を強圧し、「東京日日」の腕章をつけた記者に斬りつけ、負傷させた。

当初から同紙は汚職の追及に熱心だった。その恨みもあったかもしれないが、その件で「朝日」の記者が原のところへ取材に行くと、これまた警官に暴行されて負傷した。

ついには、陸軍が一個大隊を動員し、群衆を制圧した。

小原検事は、リヒテルの文書中に名前の出ている藤井光五郎少将に注目していた。というのは、藤井の青山の邸宅の近くに小原が住んでいて、その生活ぶりが近所の評判になっていたからである。

宏壮な日本家屋のほかに二年前には洋館を増築し、自家用車まで持っている。

「少将くらいであんな贅沢をしている。海軍サンの月給ではできっこない」

と人びとは噂していた。

捜査の定道に従って小原はまず藤井の身辺捜査を開始した。はじめは自家用車である。このころ、自家用車を持てる人は、きわめて少数であった。

所有の名義は、藤井ではなく、加賀亀蔵である。調べてみると、藤井の実兄の妻の弟であり、前に証券関係の仕事をしていたことがわかった。それなら車を持っていたとしても不思議はない。

小原はがっかりしたが、警視庁から別な情報が入ってきた。藤井がこの数カ月間ほとんど毎日のように築地へんの待合や料亭に入りびたっているというのだ。

藤井は艦政本部の第四部長である。発注先の業者をどこにするか、それを決める権限を有している。海軍の仕事をもらいたい業者から供応をうけて便宜をはかっているとすれば、これは収賄罪が成立する。

また、藤井は明治四十三年造船監督官としてイギリスに出張している。当時は大佐で、「金剛《こんごう》」の建造先をどこにするか、それを決めるための参考資料をそろえる調査官でもあった。

海軍はそれまでアームストロング造船会社に任せることが多かった。だが、藤井が選定したのは、ビッカース造船だった。もちろん藤井の意見で決定されるわけではなく、資料を基に艦政本部長が最終的な決定をする権限を握っている。

そのときの本部長は松本和中将だった。議会で問題化した大正三年二月の時点では、呉鎮守府《ちんじゅふ》司令長官であり、次期海軍大臣の第一候補といわれていた。鎮守府という古めかしい名称は海軍独特のもので、横須賀、舞鶴、佐世保などにもあり、陸軍の師団司令部に相当した。

松本は藤井の調査結果をそのまま採用し、「金剛」をビッカースに発注していた。ただし、ビッカースの日本における代理店三井物産を通じての契約である。購入価格は二百三十六万七千百ポンド(一ポンドは約十円のレートだった)。また、そのあとに国産の「比叡《ひえい》」のタービンをやはりビッカースに発注することに決めるについて、藤井の意見が松本に採用されていた。この契約金額は十三万二千ポンドだった。

二月十五日、小原は藤井に出頭を求めて、発注したときの事情を聞いた。

藤井は、小原の疑惑を笑いとばした。正五位勲三等功五級という軍人なのである。何も証拠なしでは、歯の立たない相手だった。あえていうならそれ以上踏みこむには、家宅捜索が必要だった。

小原ら気鋭の検事たちの突き上げで、検事総長の平沼騏一郎は重大決心をせざるを得なかった。

軍人の私宅はともかく、鎮守府は普通の役所とは違う。そこへ係官を送りこみ、書類などを押収してこようというのである。もし事件がシロになれば、責任をとって辞職しなければならない。また、係官が鎮守府の構内に入ろうとするとき、海軍の衛兵が拒否したらどういうことになるか。捜索令状を呈示したとしても、素直に通してくれるとは限らない。

平沼は斎藤海相の了解をとることにした。もし海相に拒否されたら、家宅捜索は不可能に近い。

「よろしい、承知した」

と斎藤はいった。平沼は驚いた。

「だが、ひとつ条件がある。海軍の法務官が立会うこと」

と斎藤はつけ加えた。

むろん平沼に異存はなかった。

二月十八日朝、夜行列車で呉に到着した秋山高三郎検事は、広島地検の四名の検事といっしょに呉鎮守府内に入り、松本司令長官と村上海軍工廠長の官舎を捜索した。このとき、海軍省は本省から法務官の松岡主理を同行させた。松岡は、鎮守府の衛兵には、自分の身分を告げたが、秋山らについては、その身分を明かさなかった。松岡の部下のような感じで、一行は衛門を通りぬけたのだ。検事だとわかった場合のトラブルを避けたかったのだろう。

陸海軍に司法の手

東京では、小原が日本橋にある加賀亀蔵の自宅と大井の別邸を捜索したが、これといって決定的な物証は見つからなかった。

陸海軍は天皇に直属しており、その作戦行動は首相の了解を必要としないのだ。一言でいえば聖域である。そこへ踏みこんで何も出なかった場合は、司法部は軍部によって痛めつけられるだろう。それに、小原らにとって悔しいのは、松本や藤井を裁くのは海軍の軍事法廷であって、司法官の権限が及ばないのである。かりに軍法会議が無罪の判決を下しても、検事たちには控訴する権限がなかった。

小原が加賀を呼んで調べると、加賀は、

「じつは藤井少将から何度となく金を預ってくれと頼まれて、わたしのところに保管してあります」

と供述した。

「現金をか」

「預ったのは現金でしたが、そのあと藤井少将の指示で公債や株券にしてあります」

「どれほどの額か」

「はじめは千数百円だったと記憶しておりますが、明治四十一年ころからで、これまでに十七、八回になるでしょう」

「預ったなかから藤井少将へ返却したものはあるのか」

「ありません」

「合計はいくらになる?」

「三十万円以上です」

その金額の多さに、小原は絶句した。加賀は、

「はじめは気にしていなかったのですが、しだいに額が大きくなるので何だか気持悪くなり、わたしの親戚の加賀寛三郎のところに保管してもらいました」

小原は、加賀の自宅や別邸から何も出てこなかった理由を納得した。

小原は、加賀寛三郎のところへ係官を派遣した。公債、株券など合計六百二十一点、金額総計三十六万余円だった。

こうなれば、しめたものである。小原は藤井を召喚した。ただし、参考人としての尋問である。収賄容疑者と決めるには、決め手がなかった。

型通りに、氏名年齢現職などを確認したのち小原は単刀直入に聞いた。加賀に渡した大金はどこから出たのか、それが重大だった。

「閣下はご親戚にかなりの金額の公債や株券を預けておられますが、その金の出所を説明していただけますか」

と小原は丁重にいった。位階勲等をもつ将官なのだ。官吏としては小原よりも数段は上である。

「それは寄贈を受けたものだ」

「どなたからですか」

「ビッカースのジェームズ・マッキニーという男からだ。あの会社のバロー造船所の所長をやっている」

「どれくらいの金額ですか」

「何回かに分けて寄贈を受けた。多いときで五万円弱、少いときで一万円弱」

「現金ですか」

「小切手とか為替手形だったな」

「いつごろからですか」

「明治四十四年の一月ごろから七月ごろまでのことだ」

「そうしますと、イギリスに出張して新しい軍艦建造の調査をなさって、帰国してからですね?」

「そうだ」

「それは、どういう趣旨のお金でしょうか」

小原の問いに、藤井は事もなげに、

「きみたちの考えはわかっている。新聞がバカ騒ぎをしているコミッションではないか、と疑っているんだろうが、そうではない。わたしは前にロンドンに造船監督官として常駐していたことがあった。マッキニーとはそのときに懇意になって、軍艦建造についていろいろとアドバイスをあたえたことがあったのだ。そのほか、明治四十三年の出張は、造船学会で論文を発表するという用件も兼ねていた。その学会で、わたしは日本の軍艦で採用した新式タービンについても発表した。その件でのお礼の意味もあったようだ」

「学会で論文を発表したもので別に秘密なものではないとあれば、ことさらにビッカース社がお礼の金を出すのは理にかないません」

「学会での発表は、海軍大臣の許可を得た範囲内での、きわめて簡略な論文だ。細かいことは、学会でわたしの話を聞いただけではわからんかったと思うが、将来の参考のために、理論とは別の具体的なことを知りたいようだな」

「大臣の許可のなかった細部は、機密事項になるのではありませんか」

「いや、機密ではない」

「閣下は、金剛の建造発注に関係しておられますね?」

「アームストロング社とビッカース社から仕様書や見積書を出させ、他の監督官とも話合って本部長あてに答申したのだ」

「ビッカース社から便宜をはかってほしい、と頼まれたのではありませんか」

「金剛を自分のところで引受けたい、という話は聞いたな。しかし、同じことはアームストロングの社員もいっていた。わたしだけではなく、ほかの係官にもいっているんだ。ああいう新式の戦艦を建造できるのは、その二社しかない。そして、両社が入札した結果、ビッカースに決定したんだ」

と藤井は悠然といった。

巨額の金が海軍の将官たちに渡されているのだが、このままでは、藤井を起訴に持ちこむのは難しそうである。

小原は、加賀から押収したメモを頼りに、ビッカースから送られた時期を再検討してみた。

小切手や為替を利用したので、幸いなことに記録が残っている。藤井の記憶とは違い、一回目は明治四十三年十二月、フランスのフランで十二万五千フラン、日本円四万八千四百余円の為替手形であった。以後四十五年六月まで六回にわけて約三十万円がビッカース社から渡されているが、不思議なことに、イギリスの銀行ではなくフランスのリヨン市にある香港上海銀行支店が利用されているのだ。この銀行はロンドンにも支店はあるのだから、振出人がイギリスであることを秘匿しようとしたのであろう。

さらに小原は、こうしたことを表にして眺めているうちに、ふと思いついたことがあった。マッキニーからの藤井への支払いが、海軍が「金剛」の建造費としてビッカース社へ分割払いをして行く期日と連動しているのではあるまいか。

調べてみると、その通りであった。金の流れに関する限り、ビッカースからのリベートである。とはいえ、ビッカースへの注文を最終的に決めるのは艦政本部長である。当時その職にあった松本中将にビッカースから金が渡っていなければ、藤井を収賄罪に問うのは困難である。

現大臣の斎藤は、山本の下で次官をつとめたのち、明治三十九年に大臣となった。すでに八年間その職にあり、山本内閣が退くときはいっしょに退任するはずである。そして、次の大臣は松本だ、と消息通はいうのだ。

松本は万延元年（一八六〇年）の生れで、正四位勲二等功三級である。日清戦争、日露戦争に従軍し、いわば海軍の秘蔵ッ子といっていい高官である。もう一人の藤井は将官であっても、肩書に「機関少将」が入るから、絶対に大将にはなれない。つまり脇役である。

小原らにしてみれば、法の前には何ぴとも平等でなければならないが、現実には、帝国海軍の奥の院には踏みこめない。小原が踏み込みたくても、検事総長が承諾しない限りは不可能である。

残された道は、民間ルートを追及することだった。ビッカース社の代理店は三井物産である。三菱と並ぶ巨大財閥の看板会社であるが、一歩も踏みこめない聖域ではなかった。

軍法会議と地裁判決

小原が注目したのは、三井物産の技術顧問松尾鶴太郎だった。佐賀の出身で、はじめは工部省、農商務省の技官だったが、明治二十年に海軍に入り、造船監督官として「吉野」「竜田」の建造に関係した。従四位勲三等功四級で、明治三十九年に退官したあと、三井物産の顧問となった。三井が出した俸給は、年五千円、営業成績によって二千円から六千円のボーナスも出る。つまり、三井は海軍に利《き》く松尾の〝顔〟を買ったのだ。

小原が調べてみると、松尾と松本とのつきあいは、松尾が海軍に入る前から、とわかった。自宅が近かったのがはじまりで、松尾が海軍に入ってからはいっそう親しくした。

小原は平沼の許可を得て、三井物産を家宅捜索した。ビッカースが三井物産に払う契約受注の手数料がふつうは二・五パーセントであるのに、「金剛」に関しては、倍の五パーセントを払った、という同社の供述を根拠にした。建造費は、約二千四百万円だった。その二・五パーセントなら六十万円であるが、五パーセントなら百二十万円になる。

ビッカースは、藤井に約三十万円を渡している。マッキニーが支払ったと藤井はいうが、当のマッキニーはロンドンにあって、ノーコメントを続けている。

藤井への三十万円は、おそらく三井から出ているのではないか、と小原は推測した。二・五パーセントの六十万円では、仲介業者のうまみがない。しかし、百二十万円の手数料であれば、その半分を賄賂に使っても、本来の利益の六十万円は確保できるのだ。

小原は押収した帳簿などを精査した上で、松尾と、海軍担当の役員岩原謙三らを取調べた。

松尾は小原に対し、三井から受注成功のあとに三万円の特別ボーナスをもらったこと、さらに、十五万円と二十三万三千八百円の二回、合わせて三十八万三千八百円を手形でもらったことを認めた。

その理由は、独立して諸機械の代理店をしたいと考えていたので、受注に成功したら、三井の手数料の三割くらいを出してもらうように内約していたというのだ。百二十万円の三割は三十六万円である。ちょっと多いが、大体の計算は合う。

岩原もまた、

「松尾さんには、三万円のほかに三十八万余円を出してやりました。そのことについては、他の役員とも相談して決めたのです。ただし、松尾さんに差し上げたわけではなく、返済してもらう含みをもたせた金でした」

と供述した。

それを裏付ける証拠が押収書類の中にあった。十五万円と二十三万余円の支出について「仮払金」として帳簿に残っていた。しかし、その三字には、紙を削った痕跡がある。

小原が計算課長の松野徳哉を尋問すると、松野は、

「それは最初に貸付金と書いたのです。ところが、あとで岩原重役が、どういう性質の金かはまだ決めかねているから、仮払金にしておけ、といわれましたので、紙を削って、そのように書いたわけです」

と説明した。

（待ってました）

といわんばかりの感じだった。

小原には、ピンときた。何十万円もの大金がデタラメに動かされているのを見て、心の中では怒っていたのではないか。

また、独立するから金を出してくれ、と要求されたからといって、三十八万余円をあっさり出したことは、常識では考えられない処理をしたといってもいい。おそらく、この金は松尾ではなく、松本

へ渡っているに違いないのだ。

「貸付金を仮払金と改めるのであれば、何も三字を削る必要はあるまい。貸付の二字を仮払の二字にすればすむことではないか」

松野は一瞬ぎくりとしたように押し黙ったが、小原が、

「これは本来、機密費と書いてあったのではないか」

と鋭くつっこむと、

「いいえ、そんなことはありません。おっしゃるように、二字でよかったのですが、そのときは、改めることにのみ気を取られてしまって……」

「なるほど」

小原は感心してみせたが、そこに突破口があるのを直感していた。

松野の下の課員堀切茂吉は、小原の取調べを受けると、あっさり自白した。

「機密費とあったのを、課長の指示で仮払金に書き改めたのです。そしてそのあと、ほかの課員ども、改ざんのことで尋問されたら、貸付金を仮払金とした、と答えるように命ぜられました」

改ざんしたのは、一月二十日だった。ロイター電がロンドンから打電されたのは、二十一日である。三井は、その一日前に、ベルリンでのリヒテル裁判が爆弾の火ダネになりそうだ、と見当をつけていたのだ。それだけ、しっかりした情報網を世界各地に張りめぐらしていたことでもある。

一方、海軍の法務部は松本を呉から呼んで尋問した。

松本は上京したとき、記者団に囲まれ、収賄を否定したが、内心では、追及をかわすことはできないと観念していた。

松本は海軍省へ行き、人事局長の鈴木貫太郎に、

「まわりから、次の海軍大臣は松本だ、とおだてられているうちに、つい自分でもその気になってしまった。きみも知っていようが、海軍には機密費がほとんどない。しかし、それが不十分だと、政界を相手に動きがとれない。大臣になったときの用意に、機密費を前もって調達しておこうと考えたのだ。決して自分のふところを肥《こ》やそうとしたわけではない。それだけは了解してもらいたい」

と告白した。

だが、これを額面通りに受け取ることはできない。

というのは、三井から松尾に渡った三十八万余円は、松尾の名義で三菱銀行に貯金してあり、松尾から松本に、証書や印鑑とともに手渡されたが、松本は、

「きみの方で預っておいてくれ」

といって、松尾の手に戻した。従って、この金については、鈴木に告白したように、大臣になってから政界工作のため必要に応じて使うつもりだったものかもしれない。しかし、これとは別に金の動きがあるのだ。

「土地を買いたい。家を建てたい」

といって、何回かに分けて二万六千円を松尾からもらい、そして現実に買っている。また、松本と

松尾は相談の上、こうした一連の贈収賄で世話になったという理由で、三井の重役の山本条太郎に一万五千円のバックリベートを出している。

この間、政界は激動した。

議会は山本内閣の出した一億五千万円の軍備拡張費を削減し、三月二十四日には内閣弾劾上奏案が上程された。天皇が任命した首相に不信任を可決するのは、天皇に対して非礼かつ不敬行為になるから、山本は天皇の信任に背く行為をしているので、それを弾劾するという決議にしたのである。

それとは別に海軍が内部告発をした太田や片桐を懲戒免職にしたり、吉田が獄内で自殺したりしたことも、山本内閣の評判を悪くした。

山本は、政友会を与党にしていた。原敬が内相に入ったのもそのためだったが、こうなっては、政友会も山本を支えきれない。強気の山本もさすがに諦めて、三月二十四日に総辞職をした。

元老会議（山県有朋、井上馨、松方正義、西園寺公望）は、徳川家達を後継首相に推したが、徳川は辞退した。この人は、慶喜のあとを継いで、宗家の十六代となったのだが、天下を取る気は全くなかったのだ。

続いて官僚出身の清浦奎吾が指名され、本人はその気になって組閣工作をはじめたが、海軍が大臣を出すことを承諾しなかった。清浦が陸軍のボスである山県の子分だったので組閣に協力しなかった。これは、庶民には一番のご馳走である鰻《うなぎ》の蒲焼きの香《かお》りをかいだだけで、食べられなかったようなものだ、というわけで、新聞は清浦を「鰻香《まんこう》内閣首相」とひやかした。

結局、大隈重信が推薦され、組閣に成功した。海軍大臣は八代六郎、次官は鈴木貫太郎、軍務局長は秋山真之である。八代は鈴木らと相談し、山本と斎藤を予備役に編入した。

斎藤はともかく、山本は海軍を育てた人物である。元帥に任命されても不思議はないところだったが、予備役に編入されたことで、それは不可能になった。

海軍の法務部は、松本、藤井、沢崎の三名を起訴し、軍法会議にかけた。

判決は五月二十九日。

松本は懲役三年、追徴金四十万九千八百円であった。藤井は懲役四年半、追徴金三十六万八千三百六円五銭、沢崎は懲役一年、追徴金一万一千五百円。

民間人は東京地裁で審理され、二審まで行って、岩原、松尾は懲役二年、山本は同一年、いずれも執行猶予四年。松野は罰金四十円。ヘルマン、プーレー、権藤、上田らも有罪となった。

結果的に、最初のロイター電は大筋で真相に迫っていたことになる。

後日譚がある。

平沼がのちに回想談で証言していることだが、

「山本首相はたしかに金をもらっていなかったが、斎藤海相は、じつは松本から十万円をもらっていた。斎藤もそういう性質の金らしいことは察していたらしい」

というのである。

松本を裁いたのは海軍だったから、平沼はおそらく海軍の筋から聞いたのであろう。また、鈴木貫太郎ものちに同じ証言をしている。

また、小原が回想録で明かしているのだが、山内万寿治という退役中将が、藤井以上の収賄をしているらしいことがわかり、本人を召喚した。それ以前に山内は新聞でもさんざん攻撃されていた。本人は小原に、弁解にもならぬことをいって帰宅したあと、ピストル自殺をはかったが、命はとりとめた。

そのあと、小原は再び山内を召喚した。

やってきた山内はまるで幽鬼のようであった。小原は平沼に相談し、追及を打ち切ることにした。

「寝覚めの悪いことであった」

と小原は書いている。

おかしいのは、問題にされたのが「金剛」の一件だけだったことである。それ以前の建造については、こうしたコミッションはなかったのだろうか。

あった、とみるべきだろう。ビッカース社だけではなく、それ以前に受注の多かったアームストロング社も贈賄していたと考えるめが常識である。日本海軍は金に糸目をつけず、軍艦を作ったのだ。内部告発がそれを裏付けている。だが、海軍はあえて古い汚職には触れなかったのだ。

斎藤は、そしてたぶん山本も了解して、海の汚れを内部から告発した太田らを懲戒免職にして海軍から追った。二人には退職金は出なかった。

しかし、新聞にこのことが出ると、庶民たちが金を出しあって二人に贈った。

松本らがそのあとどういう生涯をたどったか、よくわからない。海軍関係の本からは、松本のことはほとんど抹殺されている。

4　総理と愛妾《あいしょう》の最期

大正元年

桂太郎《かつらたろう》に大正天皇から、総理大臣として組閣せよ、という大命が降下したのは、大正元年（一九一二年）十二月十七日であった。世にいう「大正政変」のはじまった日だったが、そのときには桂太郎自身も彼の周辺の人たちも、わずか二カ月足らずのうちに大騒動が起こるとは、夢想だにしなかったのである。

当時の憲法では、総理大臣や各省の大臣を任命するのは天皇である、と定められていた。ただし、現実には、天皇はいわゆる元老《げんろう》たちに意見を求めて、それによって総理を指名していた。政変とは、要するに政治権力が交替することだから、それに影響力をもつ元老は、法律上は何ら規定のないものだったが、現実には政変ドラマの配役を決めるプロデューサーのような存在だった。大正元年の時点でいうと、山県有朋《やまがたありとも》、井上馨《いのうえかおる》、松方正義《まつかたまさよし》、大山巌《おおやまいわお》の四人である。

桂太郎の前の内閣総理大臣は西園寺公望《さいおんじきんもち》だった。

西園寺は、前記の四人の元老たちよりも若いが、明治維新のときには山陰道鎮撫総督《さんいんどうちんぶそうとく》や会津征討総督府参謀を務めた経歴の持主である。また、すでに総理大臣を二度も務めたから、天皇から元老待遇にするというお言葉を得ていた。また、総理大臣を務めたものは辞職するときに、天皇から慣例的に、

「後任は誰がよいと思うか」

とたずねられるから、自分の考えを奏上することができるのだが、西園寺は十二月五日に総辞職したさいに、特に後任を推薦しなかった。

それには、理由があった。西園寺は内閣を投げ出す気はなかったのだが、陸軍大臣の上原勇作《うえはらゆうさく》が十二月二日に参内《さんだい》して、大正天皇にじかに辞表を出した行為が原因だった。

当時の憲法では、各大臣は天皇によって任命されている。現在の各省大臣は首相が任命する規定とは大違いで、総理大臣と陸軍大臣の間に上下の関係はなかった。だから辞めるのに、いちいち連絡することを義務付けられていない。しかし、内閣の長である西園寺が、上原の身勝手な行動をコントロールできなかったのは、統率力に欠けることの事実証明みたいなことだから、他の大臣とともに辞職するしかないことになる。

上原が、俗な言い方をするなら、ケツをまくって西園寺内閣から出て行ったのは、陸軍の兵力をふやす増師問題が原因だった。明治四十年に決定された「帝国国防方針」によって、四個師団の増設が認められているにもかかわらず、実際には二個師団しかふやされていない。そこで陸軍は、あとの二個師団の増設をすみやかに実行せよ、と西園寺に要求していた。

この陸軍増師計画の本当の推進者は元帥の山県有朋だった。陸軍の常備兵力は十七個師団二十三万人だった。一個師団約一万四千人である。だが、戦時編制となると、これを二万人とするので、三十四万人の兵力となる。

日露戦争における日本陸軍の損傷は、戦死負傷合計約二十万人で、ロシア側の戦死傷数もほぼ同じだった。ロシア帝国は、陸軍の常備兵力三百万人といわれていた。また、日本に対して復讐の機会をうかがっているに違いない、というのが陸軍の考え方だった。

山県は、それを考えたら、十七個師団ではとうてい不足している、少くとも二十五個師団を常備しておくべきだ、と日頃から主張していた。

日本は徴兵制だった。男子には二十歳になったら三年間の兵役に服する義務があった。兵員の数は何とか足りるとしても、師団増設には、兵舎の建設、兵器、軍服、食糧なども揃える必要がある。つまりその資金をどうやってまかなうかの問題がある。つまり、増税してでも陸軍の要求をかなえてやるべきか、否かである。

日本は約一年半の日露戦争で支出した戦費の大半を、外債によって調達した。井上馨の伝記「世外井上公伝」によると、四回にわたって合計八千二百万ポンド（円換算約八億二千万円）が発行され、返済期限は七年ないし二十年だった。そのほか国内で国債も五回にわたり四億八千万円が発行されたから、その返済もあって、陸軍の増師に必要な予算を支出することはきわめて困難、いや、本当は不可能だった。

すでに実現した二個師団の増設は、第一次西園寺内閣のときだったが、そのときは、三年の兵役期限を二年に短縮するという苦肉の策で、かろうじて予算を承認してもらったのである。兵士に支払う給与や食費その他の経常費が節約できるという計算である。それでも、砂糖税や酒税を増税し、石油消費税を新設することによって、かろうじて調達したのだった。

西園寺内閣は明治四十一年七月に総辞職した。理由は西園寺の健康不安だが、実際には山県の陰謀によって倒されたのだった。山県が明治天皇に拝謁《はいえつ》して、

「現内閣は社会主義者の取締りについて不十分であります」

と上奏したからだった。

軍人の最高位は大将だが、その上位に元帥が設けられたのは明治三十一年で、陸軍の山県、大山巌、小松宮彰仁親王《こまつのみやあきひとしんのう》、海軍の西郷従道《さいごうつぐみち》にその栄誉があたえられた。単に名誉だけではなく、軍人として終身現役でいられること、および天皇にいつでも単独で拝謁できる特権も手にした。つまり、政府に一言のことわりなしに、天皇に何か意見を述べることができたのだ。

しかしながら、反政府派の取締りは政府の仕事である。軍人が上奏するのは越権行為ともいえるのだが、山県はあえて強行した。西園寺は面目を失った形で辞職した。彼は若いころフランスに留学し、帰国後に中江兆民《なかえちょうみん》を主筆とする「東洋自由新聞」の社長をつとめたことがあった。共和思想にそれなりの理解を持っていた。

山県はそれを不快に思っており、六月に堺枯川《さかいこせん》、荒畑寒村《あらはたかんそん》、大杉栄《おおすぎさかえ》らの社会主義者たちが赤旗を押

し立ててデモ行進をした際に、警官隊が解散させるために襲いかかり、双方に負傷者を出した「赤旗事件」が起きたとき、この特権を利用して西園寺を貶《おとし》めたのである。

西園寺辞職により、第二次桂太郎内閣が成立した。それ以前に桂は明治三十四年六月から日露戦争後の明治三十八年十二月まで在任した。西園寺はそれを引き継いだわけだが、約二年半で元老山県の策謀によって退陣せざるを得なかったのだ。

第二次桂内閣は、伊藤博文によってすでにレールの敷かれている韓国併合を達成したあと、明治四十四年八月に総辞職した。元老会議が天皇に推《お》した後任は西園寺であった。あまりにも露骨だった山県のいやがらせをたしなめた形である。山県としては、共に吉田松陰の門弟だった伊藤博文が暗殺されたあとで、伊藤の弟分の西園寺を立てるしかなかったのだ。

桂は、明治四十五年七月に後藤新平《ごとうしんぺい》、若槻礼次郎《わかつきれいじろう》を連れてヨーロッパ視察の旅に出た。シベリア経由なので、ロシア政府と接触し、両国関係について協議するという任務も帯びていた。そのあとイギリスに渡って、議会と政党の関係を調べる予定だった。桂としては、西園寺が政友会を基盤として実績を挙げたことを参考に、新党の結成や議会操縦策を勉強してくるつもりだった。彼は前年四月に、華族としては最高位の公爵を授与されていた。それ以前には、日露戦争の功績で、それまでの伯爵から侯爵になっていた。

その時点での公爵は、三条《さんじょう》、近衛《このえ》、徳川らの旧家を別にすると山県、大山、松方の三名だった。伊藤や西郷はすでに死んでいた。そういう維新の元勲に比べると、桂は、はるかに後輩だった。山県らに劣らぬ経歴の井上馨でさえ侯爵どまりだったことを考えると、桂の公爵は異例の出世ということになる。しかもこのとき桂は首相だったから、お手盛り公爵と新聞各紙からひやかされた。

桂は、そういう新聞記事にいちいち神経を尖《とが》らせることはしなかった。これまでも、私生活について、さんざん書き立てられていた。気にしていたのでは、総理大臣はつとまらない、と割り切っていた。けっこう図太い神経の持ち主だったのである。

ヨーロッパを視察して日本に戻ったら、三度目の総理の椅子が待っているはずだ、という期待もあった。

日本が内閣制度になってから、公卿の西園寺を除くと総理大臣になったものは、薩摩か長州の出身者が大半だった。例外的に肥前出身の大隈重信《おおくましげのぶ》が明治三十一年にわずか四カ月余の短期間、総理の印綬《いんじゅ》を帯びたことがある。そのとき大隈は明治天皇から、

「板垣退助《いたがきたいすけ》と協力して内閣をつくるように」

というお言葉を受けたので、板垣を最重要ポストの内務大臣としたから、世人は「隈板《わいはん》」内閣と呼称した。板垣の創立した自由党が、選挙による国政参加の道を切りひらいた功績を、人びとは認めたわけである。大隈も板垣の自由党の半年後に改進党をつくったが、板垣の人気にはとうてい及ばなかった。そのために、仲間割れしてせっかくの政党内閣が自滅してしまった。国民の人気などは歯牙にもかけなかった山県よりも、大隈の感覚は近代的だったのだろう。

桂はそのころはまだ政界に入ったばかりだった。明治三十一年一月に第三次伊藤博文内閣に陸軍大

臣として入閣し、隈板内閣、そのあとの第二次山県内閣、第四次伊藤内閣まで留任した。桂は小柄（百五十六センチメートル）で肥満体だった。のちに「ニコポン宰相」というニックネームをつけられたが、命名者は「東京日日新聞」の政治記者小野賢一郎である。小野によると、桂が財界人や政党政治家を手なずけるために、ニコニコ笑ってから親しげに背中をポンと軽く叩くと、たいていの相手が親近感を持って籠絡《ろうらく》される。小野は、そういう場面を何度も見ていたので、そう名付けたのだという。

ニコニコ微笑して背中をポンとやれば、難しい政界工作も難なくこなせるのであれば、これほど気楽なことはないが、それはあくまでも表面的なことにすぎない。桂は幼少時代からの体験で、対人関係の重要さを知りぬいていた。

彼が身を置いた陸軍においては、長州閥が圧倒的に優位を占めている。それは事実ではあるが、長州人だからといって優遇されるというものではない。それに維新後に薩摩、長州、土佐の三藩によって朝廷直属の親兵が編成されたときには、陸軍では長州よりも薩摩の勢力が強かったのだ。

桂太郎の外遊と明治天皇

桂の生涯において、思いがけない出来ごとのために、運命が変ってしまったことが何度かあるのだが、旅先のロシアの首都ペテルブルクの日本大使館に打電されてきた至急報も、その一つだった。

長いシベリア鉄道の旅で、桂ら一行はうんざりしていた。ペテルブルクに到着したら、ホテルの浴室よりも市内にあるトルコ風呂にみんなで行こう、という相談がまとまっていた。桂は筆まめな男で、先輩、知友あてに書いた書簡は多く残されているし、自筆の自伝もある。ただし、自伝は明治四十一年までで、あとは暇ができてから書く気だった。

一行がペテルブルクに到着してからのことは「自伝」にないから、随員だった若槻礼次郎の「古風庵回顧録」を引用しよう。

「停車場には本野大使（一郎）が迎えに来ていた。われわれは早くホテルに着いて、トルコ風呂に行こうと、気は急ぐのだが、本野は桂公と後藤（新平）を駅の一室に呼び込んで、なかなか出てこない。話が長い。そのうち三人がむずかしい顔をして出て来た。そして一番先《さ》きの馬車には桂公と本野、次の馬車には後藤と私が乗った。馬車に乗ると後藤が『君！大変なことだよ』という。『なんだ？』『陛下が御大患だぞ。今本野から聞いた』それを聞いて、私は冷汗三斗の思いで、アッといったきり、物もいえなかった」

桂たちが東京を出発したのは七月六日だった。

西園寺内閣の内務大臣原敬《はらたかし》は七月一日に桂を訪問して、陸軍の増師や選挙法改正について相談した。桂は原に、陸軍拡張が困難であることは陸軍にもいっておいたといい、選挙法についても意見をいった。原は帰宅してから日記に書いている。

「此等の談話中彼が再び内閣に立つの意思ある事は之《これ》を看破する事を得たり、彼は今回同行すべき若槻礼次郎、後藤新平を称賛せしが、彼等を他日内閣に入るる考えなる事も知り得たり、但《ただし》彼は政党を作るの意思なしと明言したり」

原は七月四日に参内して明治天皇に拝謁しているのだが、その日の日記では、天皇の健康について何か異常を感じたとは書いていない。原敬日記に天皇の病気に関する記述が出るのは、七月二十日である。それによると、十四日から体調不良がはじまっており、二十日になって宮内省が知らせてきたのだという。

桂らが出発したときには、天皇の健康に不安が生ずるとは誰も予測しなかったことがわかる。もし多少ともその兆候があったら、出発はしなかっただろう。

桂らはホテルに着いてから、ロシア側が計画した外相主催の夕食会や首相との会見もいったん白紙に戻した。

本省から大使館あての電信は一日二回、はじめは天皇の病状について楽観を許さないと伝えてきたが、間もなく、好転したというものに変った。「少しおよろしい」から「だんだんおよろしい」になったので、ロシア側との会談や夕食会もこなした。また、本省から、旅行を続けてもよかろうといってきたので、随員の中には、スウェーデン経由でイギリス行きの船旅の手配をするものも現われた。退屈な汽車の旅よりも船旅がよかろうというわけである。

しかし、桂は、日本へ戻る決心をした。船旅の途中で天皇危篤の電報が入っても、どうにもならない。東洋行きの船の出る港まで行って乗り換えるにしても、時間はかかる。シベリア鉄道にしても、特急は週に一本だけである。

桂は次に出る特急でペテルブルクを出発した。

その判断は正しかった。といっても、ウラル山脈にさしかかった駅に着いたところで、モスクワの総領事館の電報を渡された。

「それで明治天皇のおかくれになったことを知った。車内のこととて、着けるべき喪章もない」（若槻）

桂らは満州里から旧満州、朝鮮を経て下関に到着、一泊もせずに東京行きの列車に乗った。

桂ら一行の新橋到着は八月十一日朝だった。宮内省は七月三十日に官報号外で次のように公示した。

「天皇陛下今三十日午前零時四十三分崩御あらせられる。

右官報号外を以て宮内大臣内閣総理大臣の連署にて告示。（以下略）」（東京朝日新聞）

しかし、原敬日記（七月二十九日）では次のように記述されている。

「午後十時四十分天皇陛下崩御あらせらる。余等閣員一同西溜に於て此事を西園寺首相より聞き直に両陛下（大正天皇、皇后のこと）天機奉伺をなして内閣に帰り居たるに、西園寺も来り、色々協議したり、実に維新後始めて遭遇したる事とて種々に協議を要する事多かりしなり。崩御は三十日午前零時四十三分として発表する事に宮中に於て御決定ありたり、践祚《せんそ》の御式等挙行の時間なき為ならんかと拝察せり」

教科書や歴史書では七月三十日という当局の発表のままに記述されているが、実際には原敬日記の時日だったことは、他の政府高官の日記でも明らかである。例えば海軍次官財部彪《たからべたけし》は山本権兵衛《やまもとごんべえ》海軍大将の娘婿で、彼の日記（七月二十九日付）では、

「十時四十三分終《つい》ニ崩御。(中略)十一時過ナランカ皇族会議ノ末三十日午前〇時四十三分御登遐《とうか》(遠い天に登るの意) ト発表ノ事ニ決定セル旨承知ス」

とある。原敬は十時四十分だが、時間に関しては厳格な海軍軍人財部の十時四十三分が正しいと思われる。また、理由は不明だが、二年後の大正三年四月に昭憲皇太后《しょうけんこうたいごう》崩御のときも、本当は四月九日だったのに、宮内省の発表は二日後の四月十一日午前二時四十分になっている。

その当時の新聞記者が宮内省発表について全く疑いを持たなかったのか、政府高官から発表は事実に相違していることを聞かなかったのか、探知はしたものの、報道したらそくざに発禁処分をくらうことは明らかだからあえて見送ったのか、新聞史関係の文献を調べても、真相はわからない。また、政府が一日ずらした理由は、原が書いている通りなのだろうが、政府が本当のことを国民に知らせない方針は当時からあったのだ。

それはともかくとして、桂は新橋駅で下車してから自宅へ戻って衣服を改めてから参内《さんだい》した。

このとき桂の胸中は、先帝に対する多くの追憶に充《み》ち溢《あふ》れていたことは確かだが、同時にもう一つの思い、具体的にいうなら、山県に対する不信感が渦巻いていた。

若槻の回顧録を再び引用すると、

「浜松へ来ると、寺内《てらうち》陸軍大臣が迎えに来て、桂公と長い間話して行った。あとで桂公に聞くと、自分は内大臣にされることになったらしいとのことであった。寺内の来たのは、その話だったのだ」

寺内(正毅《まさたけ》)は長州出身の軍人で、桂より五歳年下だが、陸軍大臣とあるのは若槻の記憶違いである。寺内は明治三十五年三月第一次桂内閣のときに、児玉源太郎《こだまげんたろう》に代って陸軍大臣となり、第二次桂内閣まで十年間近くその職にあった。だが、このとき寺内は軍事参議官で、陸軍大臣は、上原勇作であった。上原は、鹿児島藩領だった都城《みやこのじょう》の出身である。

寺内が浜松から乗ってきて桂に話をしたのは、若槻の書いた通りで、内大臣現職の徳大寺実則《とくだいじさねのり》が老齢を理由に辞任したいというので、桂にその後任になるように、という話だった。

内大臣は歴史的には由緒《ゆいしょ》のある官職で、飛鳥《あすか》時代の六六九年に藤原釜足《ふじわらのかまたり》が最初につとめたという歴史がある。基本的には、右大臣、左大臣を補佐する官職だが、徳川時代は家康から最後の慶喜《よしのぶ》に至るまでの十五人は、征夷大将軍と同時に内大臣に任ぜられた。明治維新後は、将軍職がなくなったから内大臣に任命される人もいなかったが、明治十八年に内閣制度ができたときに、三条実美《さんじょうさねとみ》を祭り上げるために内大臣職を復活した。

それまでの政府は、内閣ではなくて太政官《だじょうかん》だった。そしてトップが太政大臣で、その下に左、右大臣がいた。左大臣は空席になっていることが多かったが、右大臣は岩倉具視《いわくらともみ》が死ぬまで在任した。内大臣が左右大臣の補佐だった時代は、もう終っていたが、徳川の将軍十五人はすべて内大臣だったから、この職を復活し、さらに宮中における席次は、新設の内閣総理大臣よりも上位とし、また給料も上である、という条件で三条を納得させた。

本当のことをいうと、三条は、太政官制を先進国なみの内閣制にすると聞いたとき、自分が初代総理大臣になれるもの、と思いこんで賛成したのであるが、実際には薩長閥のベテラン連中にうまうまと、してやられたようなものだった。

では、内大臣は何をするかというと、至って地味なものであった。御璽《ぎょじ》（天皇の印）国璽《こくじ》（国家の印）を保管し、天皇を補佐する仕事だというのだが、平たくいえば、天皇家の番頭である。そして、お人よしの三条が明治二十四年に死ぬと、侍従長の徳大寺実則が内大臣を兼任した。徳大寺は西園寺の実の兄である。天保十年（一八三九年）の生れだから、大正元年（一九一二年）には、数え年で七十四歳。当時としては、やはり老人である。明治四年に侍従長に任命されてから、天皇に仕えてきたが、大正になったのだから、このさい新しい番頭も必要である。

ただし、内大臣兼侍従長になることは、表舞台の政府から距離を置くことになる。国政に関して責任を負うのは内閣だが、天皇家内部の番頭がいちいち口出しするようになったら、内閣はやりにくい。何かあっても責任を負わない番頭さんが、天皇の威光をバックにしてあれこれ口出しする状況になったら、政治が混乱する恐れもある。従って、宮中の仕事をするものは表舞台で政治をする政府とはきちんと区別しておく必要がある。

元老山県有朋

桂本人は、ヨーロッパで議会や政党について勉強するつもりだった。それはいずれ国政を担《にな》うチャンスが必ずまたくる、と考えていたからである。すでに二度も宰相の座に就いていた。山県、井上、大山、松方らの元老たちは遠からずして鬼籍に入るだろう。そこで次の元老は、西園寺と桂である。何といっても、桂は日露戦争を取り仕切ったのだ。

長州出身では、維新直後においては、ナンバーワンは木戸孝允《きどたかよし》だった。明治四年に何者かに暗殺された広沢真臣《ひろさわさねおみ》が、維新の功労の褒賞《ほうしょう》として木戸と同じ千八百石をもらったが、これは、薩摩の西郷隆盛《さいごうたかもり》の二千石、大久保利通《おおくぼとしみち》の千八百石とバランスをとるために、さしたる功労のなかった広沢を引き揚げて木戸なみに待遇したのだ。

木戸が桂小五郎《かつらこごろう》という名前だった時代からの働きは、誰もが知っている。新選組の支配していた京都で、木戸は何度か斬られそうになった。語り草になっている池田屋の惨劇にしても、木戸は間一髪で逃れた。幾松《いくまつ》と名乗っていた松子《まつこ》夫人がかくまってくれたおかげで多くの危機をくぐりぬけた。

広沢の方は、久坂玄瑞《くさかげんずい》や寺島忠三郎《てらじまちゅうざぶろう》ら吉田松陰《よしだしょういん》門下の俊秀たちが、薩摩と会津の連合軍と蛤御門で戦って討死した「禁門の変」のあとに、三カ月間だけ萩《はぎ》の野山獄に入れられたが、それだけなのである。久坂や高杉晋作《たかすぎしんさく》、吉田稔麿《よしだとしまろ》らが生きていたら、広沢は千石も貰えなかったろう。

そのほか、千五百石を朝廷から下賜《かし》された大村益次郎《おおむらますじろう》も長州を代表する功労者だったが、攘夷派に暗殺されてしまった。また、吉田松陰の弟子で、山県や伊藤博文よりもはるかに先輩の前原一誠《まえばらいっせい》は、六百石を下賜されたが、明治九年に萩《はぎ》の乱で刑死した。山県も六百石を貰ったが、前原は大村の死後に参議兼兵部大輔《ひょうぶたいふ》をつとめた。従って山県は前原の前に出れば直立不動だった。

また、陸軍は長州派の独占のように世間でいわれているが、初期においては唯一人の陸軍大将は西郷であり、中将は山県。しかし、少将となると、薩摩は西郷従道、桐野利秋《きりのとしあき》、篠原国幹《しのはらくにもと》の三人、長州は山田顕義《やまだあきよし》のみ。つまり薩摩が優勢だった。

明治六年の政変で、西郷従道一人が残り、それも海軍に転じた。山県は山田を体《てい》よく司法卿にして陸軍から追い出した。それでも、薩摩系には川上操六《かわかみそうろく》という作戦の神様がいたが、日清戦争のあとに急死した。また、生きていれば陸軍軍人として国民的な人気のあった児玉源太郎《こだまげんたろう》も日露戦争直後に急死した。

山県の有力なライバルになるはずの松陰門下生たちはなぜか消えた。山県が元老として威権をふるえるのは、そのためともいえるが、世代交替となれば、長州と陸軍を代表するのは、誰が見ても、桂太郎になるのである。それに桂は、維新の功労で二百五十石を下賜《かし》されていた。文官だが、伊藤博文や井上馨は、一石も貰っていない。

伊藤、井上の功労は誰もが認めていた。藩の命令でイギリスに密航留学していたとき、藩と四カ国の艦隊との戦闘があると知って命がけで帰国してきた。高杉が全権となった講和交渉で、伊藤は何とか通訳をつとめた。そのために藩内の攘夷派から狙われ、高杉は亡命し、伊藤、井上も身を隠した。しかるに、そんな功績のあった二人は褒賞からはずされた。

どうしてそんな不公平が生じたのかは、誰にもわからなかった。朝廷のご沙汰といったところで、基本プランを作ったのは各藩のボスたちなのである。二人は、木戸、広沢に嫌われたらしい。

桂は陸軍大将となり、総理大臣をつとめ、公爵になっている。井上の侯爵よりも上なのだ。第二世代を代表して元老になれば、政界において重みを増すはずである。だが、内大臣として宮中に入れば、表舞台のあれこれに介入することは許されない。

浜松から寺内が乗りこんできて、

「山県閣下からの重大な言伝《ことづ》てがあります」

といわれたとき、桂は、内大臣をやれといわれるとは全く考えなかった。寺内は、一等車の後部展望席を二人で独占し、中間に仕切りを設けて、随員の後藤らからも見えないようにした。

「言伝てとは何かな？」

「徳大寺公が侍従長職も内大臣も退きたいと申されております。もう老齢ですし、先帝陛下のご大葬には、世界各国から王室や政府の弔問代表がお見えになる。お若い陛下の補佐をつとめるには、もう体力がない、とおっしゃるのです」

「それは、ごもっともな話だ」

「山県閣下は、ご大葬のときだけではない、今上陛下は御年三十四歳だから、先帝陛下の十六歳でのご即位よりも、はるかに経験を積んでおられるが、国際情勢の厄介《やっかい》さとかわが国の立場を思えば、国家のためしっかりしたものをお側に配置しなければならぬ、とお考えになっているのです」

寺内のその言葉を耳にしたとき、桂は悪い予感に戦《おのの》いたのではあるまいか。徳大寺の後任を誰にするか、それは政府と宮内省とが相談して決める事項である。前総理であるといっても、桂が介入する余地はない。である以上、山県が子分の寺内をわざわざ途中まで行かせたのは、人事の相談ではなくて、桂本人に内大臣を押しつけようとしているからであろう。

桂にしてみれば、それは押しつけそのものであった。山県は、若い天皇の未経験を補うためとか国際情勢の複雑さを理由にするが、それは宮中において天皇にあれこれ講義することとは違う。何か問題が生じたら、政府において責任をもって協議したのち、天皇にその結果を上奏するシステムがすでにできているから、内大臣は関与しないのである。

内大臣になれば、桂の宮中席次は文武百官の最上位に立つ。山県も井上も、後輩の桂の下位の身分となり、形式上は桂に敬礼しなければならないことになる。

そんな百官の勢揃いする儀式は、年に数回である。それより、宮中に入ったら、表舞台の政府の出来ごとに、意見をのべることさえできなくなる。つまり、桂は政治的には何の影響力もない存在になる。そしてそれが山県の狙いだろう。桂はそれを察していった。

「わたしへの言伝てというのは、徳大寺公の後をやれということのようだな」

寺内はうなずいた。

この人事について、このとき国民党党首だった犬養木堂《いぬかいぼくどう》の参謀役をつとめていた古島一雄《こじまかずお》は次のようにいっている。

「桂は突然内大臣兼侍従長になり、その予想外の人事が世間をおどろかせた。ところが、桂を宮中に押込めたのは実は元老山県の陰謀であった。桂が日露戦争以来トントン拍子の成功で、お手盛で大勲位公爵になるのはまだしも、勢いはやがて先輩の山県や井上を凌《しの》がんとする有様で、その人もなげな振舞が山県の癪《しゃく》にさわり出していた。しかも桂が外遊前に鎌倉で『今度もどって来たら、どうでも山県などは押込め隠居にせぬと自分がやりきれぬ』と愚痴をこぼしていた」(「一老政治家の回想」)

古島は新聞記者出身で、明治四十四年に政界入りしたが、太平洋戦争後に浪人してから、首相になった吉田茂の指南番をつとめた。古島によれば、桂の放言が山県の耳に入り、そこで先手を打って桂を逆に押込め隠居にしたというのだ。

また、「犬養木堂伝」(鷲尾義直編)にも犬養本人の批評が出ている。この人事は、政権をいつまでも自分たちのものにしようという官僚一派の、

「大野心遂行の手段としては、立憲君主の左右に侍《じ》する内大臣兼侍従長たる資格に欠くる桂公の如き人物を採用しても不可なきが如しと雖《いえど》も、帝国憲政の発達は殆《ほと》んど不可能なるに至るべし」

政権争奪や財力権力の欲望に従ってきた政治家を、内大臣のような大切な職務に就かせるのは不可ではないとしても、それでは憲政の発達は望めない、というのだ。

のちに憲政の神様といわれた犬養でも、間違うこともあった。この人事は、長州閥のドンの山県が企《たくら》んだものだという観測もあるが、犬養の考えでは、そうではなくて、桂が天皇崩御に接し、山県を抜いて政権の中枢を占めるチャンスと見て、宮中に扶植した勢力と結託《けったく》した結果だろう、と観測するのである。

本当は古島の見方が正しかったのだ。寺内から内大臣兼侍従長になる話を聞いたあとの桂の表情が

全く渋かったことは、若槻によって証言されている。また、若槻は、「これ程《ほど》の政治家（桂のこと）を、まるで虎を檻《おり》の中に入れるように、押しこめてしまうとは、ひどいことをするものだと、心中憤慨にたえなかった」（『古風庵回顧録』）という。のちに首相になる若槻も役人を辞めたばかりの下っ端だったから、桂が大政治家に見えていたのだ。

新橋駅に到着したのは八月十一日朝だったから、桂に、山県の押しつけ人事に抵抗する時間がなかったわけではない。あるいは、これを拒否することも決してできないわけではない。大ボスの山県との関係がどう変るか、それを計算する必要はあるが、道は二つに一つである。山県の企らむままに宮中に入るか、その任ではないと拒否するか、である。

宮中に入るのは、単に辛抱することと決して同じではない。表舞台のこと、つまり政府に関与できない場所に身を置くことである。従って、政党や議会政治について、もはや勉強する必要もなくなる。もちろんそれを望む気はないが、現実に山県と対立すればどうなるか。

長州藩の人脈

桂は、帰国した日に衣服を改めると、皇居に行き、まだ安置されている先帝の御棺に礼拝した。その場に皇后が臨席した。皇后は桂の敬弔の言葉を聞いてから教えた。先帝は重態になってからほ

とんど言葉を出さなくなっていたが、ただ一度だけ、

「桂はロシアに着いたか」

という言葉を発した、というのである。

実は、ロシアへ出発する前、桂は参内して明治天皇に旅行の狙いを説明した。

第一はロシアとの国交の調整である。両国の間にわだかまりが残っているのは当然だが、そのまま放置しておくのは互いに為にならない。腹を割って話をしたい。

第二は、政党というものをイギリスで調査してくる。衆議院は国民の代表の集まるところだから、日本の将来のためにも、政党の役割を調べておくべきである。

第三は、ドイツで皇帝に謁見することである。ロシアの同盟国であり、皇帝同士は親戚関係にある。そしてドイツ皇帝の方がロシア皇帝に対して影響力がある。将来のためにも、何を考えているかを探知したい。桂は若いころドイツに留学していたので、通訳なしに会話ができる。

桂の気持を明治天皇は了承した。世界最強の陸軍国といわれるロシアとの関係は、日本外交の永久のテーマでもあった。

桂は、亡き天皇が自分のことを気にかけていたことを知って、感激の涙を流した。

山県との関係はどうなってもいい。亡き天皇や若い君主のためにも、私情を棄《す》てて奉仕しよう、と桂は決心したのだ、と若槻はいう。推測ではなく、桂当人からじかにそのことを聞いたともいう。

客観的に見て、桂がなぜ山県の要求した宮中入りを承諾したのか、山県がどうして桂を追いやった

のかは謎が残る。桂と山県との結びつきははるか昔に発しているのだ。

桂の「自伝」の年譜では、

「弘化四年（一八四七年）丁未《ひのとひつじ》　十一月二十八日長門《ながと》国阿武郡萩字平安胡《ひやこ》に生る。父は桂与一右衛門繁忠（後《の》ち良祉と改む）母は中谷氏」

にはじまって、かなり詳細に記載されている。

彼の幼名は寿熊《ひさくま》で、桂家は百二十五石の上士である。山県の槍持ち中間《ちゆうげん》、伊藤の足軽の家の奉公人という下級藩士とは格が違う。

藩は安政六年（一八五九年）に兵制改革を行い、翌年に銃隊を作って藩士の子弟を入隊させた。「自伝」では、

「年《とし》十四西洋式銃陣を学ぶ」

とあるが、このころは上級武士が銃砲を手にするのは恥とされていた。武士の手にする武器は剣槍であって、銃砲は士族より格下の卒族の扱うものだった。それが戦国時代からの決まりだった。

桂も不満だったが、五尺足らずの小柄な体だったので、重い剣付き銃を扱うのは難しいと思われたらしく、隊の太鼓役を命ぜられた。その後、「自伝」ではたくみに省略されているが、文久三年に上士によって編成された大組隊に編入され馬関《ばかん》に駐屯した。藩の正規軍は選録隊だが、四カ国の連合艦隊に惨敗した。高杉晋作が呆れて奇兵隊を創設した。身分を問わない軍である。上士階級の若者たちは憤慨し、

「小臣狂民の者に、先鋒を致され候ては、世禄恩顧の臣の恥辱……」

と藩庁に上申書を出した。小臣狂民というのは奇兵隊の隊士のことである。つまり、桂のスタート時点では、維新の主力となった奇兵隊の反対勢力の一員だったのだ。

運のいいことに、桂は間もなく藩の世子毛利元徳《もうりもとのり》の小姓役を命ぜられて京都へ向かった。元治元年（一八六四年）七月のことで、上京の目的は、前年の政変で京都政界から追放された三条実美ら七卿と藩主毛利敬親《たかちか》の冤罪《えんざい》をはらすためである。

当然のことながら、長州を追放した会津藩と薩摩藩の連合軍が迎撃した。禁門の変である。長州藩は惨敗し、総指揮官来島又兵衛《きじままたべえ》や久坂玄瑞らは戦死した。

その敗報が入って元徳は途中から引き返した。もちろん小姓の桂もいっしょである。高杉や木戸孝允は亡命し、藩は三家老の首を切って幕府に差し出した。全面的な恭順姿勢をとったのである。

だが、十二月に高杉が戻ってきて決起し、恭順派の軍を撃破して、藩政の主導権を握った。山県はこのとき約二百名の奇兵隊を指揮して約一千名の藩軍と戦った。鳥尾小弥太《とりおこやた》、三好重臣《みよししげおみ》、三浦梧楼《みうらごろう》らはのちに全員が陸軍中将になるが、このとき小隊長として奮戦した。この三人の猛将のいたことが山県の幸運だった。

桂は世子付きだったことで、こうした藩内の権力闘争の外にいられたし、また、彼の母方の叔父が中谷正亮《なかたにしょうすけ》であったことで、主勢力となった松陰門下生との仲も円滑だった。

彼の母の喜代子は、百八十三石の中谷家から嫁いできた。実家の弟の正亮は、はじめ松三郎といい、藩校明倫館《めいりんかん》はじまって以来の秀才といわれた男で、吉田松陰と親しかった。松下村塾が増築したときには資金援助をした。松三郎は正亮と改名した由来を松陰から質問されると、

「正は、楠正成《くすのきまさしげ》、加藤清正《かとうきよまさ》の正からとり、亮は諸葛亮《しょかつりょう》の亮から頂きました」

と説明した。

松陰が妹の文《あや》と弟子の久坂玄瑞の結婚を望んでいたとき、久坂は迷っていた。実は、彼女が美人ではなかったせいである。中谷はそれに気がつくと、久坂に忠告した。

「妻を迎えるについて、容色をもって第一とする気か」

いわれて、久坂は自分の過ちを悟って文と結婚した。

そんなことがあったから、中谷は、松陰の弟子たちには絶対の信用があった。惜しいことに、中谷は文久二年（一八六二年）に早逝した。桂が大組隊に入る前である。しかし、久坂や高杉らが死んでも、残った弟子たちは中谷のことを忘れなかったから、その甥である桂に対する目はあたたかいものがあった。

桂は慶応三年十月の大政奉還のあと、上京を命ぜられた際に、太郎と改名した。身長も五尺（百五十センチメートル）から五尺二寸（百五十六センチメートル）に伸びていた（といわれている）。

年が明けて、鳥羽伏見《とばふしみ》の戦がはじまったとき、桂は最前線への出動を命令されなかった。どうやら実戦向きではない、と見られたらしい。銃砲隊から出発した経歴なのに、太鼓係だったせいか、銃の撃ち方も一人前には見てもらえなかった。上士の家柄だからといって、下級武士のすることはしない

という時代は、とうに終っていた。薩摩藩でいうと、剣の名手だった桐野利秋もこのころには小銃射撃の名手になっていた。また、西郷の従兄弟《いとこ》の大山弥助《おおやまやすけ》（のちに巌）は、銃砲の改良に熱心で、弥助砲と呼ばれる臼砲《きゅうほう》をつくったくらいだった。

一月三日、長州兵は伏見方面、薩摩兵は鳥羽方面に展開した。

旧幕府軍や会津兵は合計約一万五千名。薩長兵は合わせて約三千名だった。薩摩兵は桐野利秋、野津鎮雄《のづしずお》・道貫《みちつら》兄弟、椎原小弥太《しいはらこやた》らが指揮をとり、長州兵は山田顕義、槍術の名人の林友幸《はやしともゆき》が率いた。

薩長両軍とも洋式装備になっていたのに対して、旧幕府軍は刀槍主体で、小銃も旧式である。新選組副長の土方歳三《ひじかたとしぞう》は、伏見方面で戦ったのち、江戸に引揚げてから、佐倉藩の漢学者依田百川《よだひゃくせん》の質問にこう答えている。

「戎器《じゅうき》ハ砲ニ非《あら》ズンバ不可ナリ、僕ハ剣ヲ佩《お》ビ槍ヲ執《と》ルモ一《いち》トシテ用イル所無シ」

これからの武器はもう銃砲でなければいけません、剣や槍を持っていたが、全く使うところがありませんでした、と土方は、時代遅れの装備だったことを認めているのだ。

とはいえ、薩長軍の兵力は、敵の五分の一なのである。また、戦闘が長期戦になる可能性もあるし、徳川慶喜が大坂城にいるからには、これを攻める兵力も必要である。

桂が本営の東福寺にいると、そこへ井上馨がやってきて、山口に増援部隊を求めるべきではないか、といった。「防長回天史」（末松謙澄）に当時を回想した桂の談話が載っている。

「衆之《これ》ニ同意シ結局吾輩が例ニ依リ使番ノ命ヲ受クルコトトナリ井上ニ従ヒ京ニ入リ遂《つい》ニ朝命ヲ齎《もたら》

シテ西下セシナリ」

桂は戦闘になると伝令役をやらされたことが多かったとわかる。

出発は一月四日。道中で長州人とわかると危ないので、清和門の警備にあたっている岡山藩家老の土倉修理助の家来ということにしてもらい、丹波口から長州へ向かった。

到着したのは九日で、世子元徳が五大隊を率いて二十二日に出発した。

桂は一足先に帰京した。すでに江戸をめざす東征軍の準備が進んでいた。使い走りばかりさせられているうちに、軍人としては主流からはずされてしまったのだ。

桂は使い走りばかりでは、これ以上軍にいても将来はないと判断し、木戸孝允に陳情した。木戸は中谷をよく知っていたから、その甥になる桂に対しても好意を持っていた。桂の「自伝」によると、幼いときから中谷は彼に世界の大勢を説き聞かせてくれたという。また、父の友人の藩士が江戸みやげとしてヨーロッパの絵双紙をくれた。それを読んで、

「世界の人材に接するの必要なる事を知り、外遊の志を起した」(「自伝」)

そこで木戸に外国で勉強したい、と頼んでみたわけだが、木戸は、

「それはいいが、今はまだその時期ではないから、ひとまず藩が三田尻に作った語学校に入ったらどうか」

といった。外国へ行っても、言葉がわからなければ大変である。本当に留学したいなら、語学を勉強してからにしろ、というわけで、当然の回答だった。桂はそれが不満で、次に広沢真臣に相談した。

広沢も冷たかった。桂は、維新前後にこれといって大きな仕事をしていない。ムシのいい注文なのだ。

すると、藩命令が出た。

欧州留学と帰朝

奥羽鎮撫使九条道孝《くじょうみちたか》を護衛する第四大隊の二番隊司令として出発せよ、というのである。外国留学どころではなかった。

桂は三月十一日に大坂から船で出発し、仙台に上陸した。八月には参謀副役となり、山形、秋田地方を転戦して十一月にようやく東京に凱旋《がいせん》した。その功績で桂は二百五十石の褒賞を受けるのだが、彼の率いた兵員約二百名のうち戦死四十一名負傷五十三名の損害を出した。五割近い損耗率である。かなり高い数字というべきであろう。いいかえれば、有能な指揮官ではなかったことを意味している。

桂は大村益次郎に頼んで、横浜にできた士官養成語学校に入った。教官はフランス人で授業もフランス語。桂としては、それは歓迎なのだが、大村の死もあって、兵部省はこの学校を大阪の兵学寮に合併し、校名も陸軍幼年学校とすることにした。ただし、のちに（明治二十年）設立される陸軍幼年学校とは教科内容は全く別である。

桂は外国へ行って勉強するために語学研修を目的に入ったのであって、職業軍人になる気はなかったのだ。退校して、二百五十石の封禄と毛利家から支給される一年三十両の恩賞を使う私費留学を決心した。

だが、問題があった。兵部省管下の学校になっていたから、退学するには、軍務に耐えない病身である旨の診断証明を必要とする。そこで桂は校医の緒方惟準《おがたこれよし》に作成してもらった。緒方から、

「どこも悪いところはないじゃないか」

といったんは拒否されたが、

「先生、外国で勉強したくて入った学校だったのです。何とかお願いします」

と頭を下げた。

緒方はその熱意に負けて書いた。すると、書類を見た兵部大丞の山田顕義が桂を呼んで訓戒を垂れた。桂より三歳年長の山田は、兵部大輔を大臣とするなら局長級である。桂は奥羽戦線で中隊長だったし、二百五十石を受けたのだから、兵部省勤務になっていれば、課長級の待遇はしてもらえるはずである。それなのに下士官クラスの学生で、しかも勝手に退校するのは許さん、というのだ。桂としては、大いに不服であった。松下村塾のもっとも年少の塾生だった山田は、親切心で桂に注意した。

「こういう診断書で退校すると、二度と軍職に就くことはできないぞ。いくら外国で勉強したって、それを軍のために活用できないが、それでもいいのか。よく考えたまえ」

「致し方ありません。軍職以外でも、新知識を活用する道はあるだろう、と思います」

「そこまで思いつめているなら仕方がない。認めるしかないな」

と山田はいった。

桂の父は前年に病死、彼が当主になっていた。藩庁に留学の許可を求め、家族の生活費には藩主からの年金三十両を充当して、留学に必要な金は禄米の二百五十石を使うことにした。二百五十石は藩から現物の米で支給され、それを精米して金に換えるが、そうすると現実には約六十二石の代金である。一升五十銭なら一石五十円。六十二石で三千百円である。その米価は変動するから価格が低落すると、額は減る。教科書代下宿代を含めて、月に二百円で留学できるものか、それが問題である。

桂は「自伝」の年表で、明治三年九月に、兵学研究のためプロシアのベルリンに留学すと書いたあと、四年、五年は空白にし、六年十一月にベルリンから帰朝と書く。現実には十月に帰国しているのだが、日本を出てから戻ってくるまでの約三年間、当初に考えていたプランは、大幅に狂ってしまったのだ。

はじめはフランスで勉強するはずだった。初歩でもフランス語を学んでいたし、ヨーロッパ文化文明の中心だと思っていた。ところが、フランスはプロシア（ドイツ）との戦争で全く元気を失っていた。そこでプロシアのベルリンに変更した。ビスマルク首相やモルトケ将軍が名声を博しているせいもあった。だが、私費留学のために生活が苦しかった。明治六年に日本を出発した岩倉使節団がベルリンにきたとき、全権役の木戸孝允に会い、官費留学生にしてもらえないだろうか、と頼んだ。最初は、公使館付きの武官にしてほしい、とムシのいい願いをいってみたのだ。その方が留学生手当よりも多い金額の給料を貰える。

ところが、使節団の中に山田が入っていた。退校したら二度と軍職に就くことはできないぞ、と山田は桂にいってあった。公使館付きの武官という身分は、軍人である。山田がいては見込みはないと悟った桂は、官費留学生で我慢することにした。

木戸は、よかろう、といってベルリンを去ったが、実現したという連絡はいっこうにこなかった。桂は経済的に窮迫し、明治六年十月に帰国した。ちょうど征韓論政変のさなかだった。桂は帰国の挨拶で木戸の私邸をたずねた。木戸がノイローゼぎみになっていたときだった。

桂は、官費留学に切り換えてくれる約束が守られていない、と思っていたのだが、木戸が山口県参事の吉田右一あてに書いた手紙が残っている。それによると、桂は自費留学中だったのであるが、

「先だって官費のご沙汰に相成り候ところ駈け違いに一応帰朝致し申し候」

とある。木戸は約束を果たしたのだが、連絡の手違いで桂に手当は支給されなかった。そこで借金がかさんで困っているが、県庁で都合してやり、年賦で返済できるように処置してやってほしい、と木戸は頼むのだ。

吉田はその通りにしてやり、木戸はさらに西郷の退去で陸軍の実権を握った山県に話して、桂を陸軍大尉に任官させた。山田は大いに不満だった。しかし、木戸が相手では文句もいえなかった。一方、桂の方は、大尉の位階について、維新の功労で二百五十石を受けた身としては、不満もあった。一階級上の少佐であっても、不思議はないのである。何といっても戊辰《ぼしん》の役《えき》での実績がある。

桂が辞令を受取るために陸軍省に出頭すると、陸軍卿（大臣）の山県がいった。

「戊辰の役における功績をもってすれば、大尉では不服かもしれんが、おぬしが外国へ行っている間

に、軍の秩序も整備されてきてな、しばらくは我慢してくれ。初任はいきなり佐官には任用せず、という内規になっているんだ」

桂は、実はプロシア留学の一連の騒動で、一つのことを学んでいた。官費留学を断念して日本に戻るとき、パリに寄った。そのとき、幼年学校でいっしょだった楢崎《ならさき》頼三に出会った。

桂は驚いた。なぜなら、幼年学校を出たら、日本のどこかで軍務に服しているはずなのだ。

「ここで会えるとは思わなかった。いつからきている?」

「三年前だ。おぬしが明治三年の九月に退校後に、おれは官費の留学を認められてパリにやってきた。もしかすると、おぬしのおかげかもしれないな。陸軍勤務を嫌われて、どんどん辞められては困ると思ったんじゃないか」

「そうだったのか」

桂は呻《うめ》いた。楢崎は家禄九十三石の上士で、幕府との戦闘や戊辰の役で中隊長として働いた。早くから外国へ行きたいと願った点は、桂と同じだった。ただ、楢崎は、桂のように強引な手段は採らなかった。流れに任せるという生き方だった。これに対して、桂の場合は、緒方に偽りの診断書を作成してもらい、上司の山田顕義の忠告も退けて日本を出た。しかるに、楢崎は桂が出た二カ月後に官費留学を許可されたのだ。

(何ということか)

と桂は心の中で舌打ちした。ベルリンでも官費留学の連中は、桂よりもゆとりのある生活をしていた。

日本は東洋の小国だった。留学生が貧乏な生活をしていると、バカにされるだろうからそれなりの金を出す、というのが政府の方針だった。私費留学は、基本的には公卿や旧大名家の子息に限られていた。かれらは豊かな実家の金で生活できる。桂はたずねた。

「こちらにはいつまでいられるのかね?」

「さきごろ留学生取締を命令されてね、まだしばらくは滞在する。そのうちベルリンにも行って、プロシアの兵制も調べてこようと思っている」

その間に楢崎はしきりに咳こんだ。顔色もよくない。

楢崎は胸を病んでいた。桂は、帰国して健康を回復するのが先決ではないか、と思い、

「いっしょに日本に戻るべきではないかね。無理することはあるまい」

とすすめたが、

「いや、せっかく留学が認められてきているんだ」

と楢崎はことわった。

桂はそれを思いうかべて山県にいった。

「大尉では不満なんていうことはありません。それどころか、わたしを少尉から軍務に服させる方が陸軍のために良かったと思います。秩序を守ることが軍の根幹であります。わたしはそれをプロシアで学びました。発令された以上は、ありがたく大尉をお受け致しますが、将来の陸軍のために秩序の維持や規則の確立をお考え下さい」

山県は桂を見つめた。

「では、聞こう。陸軍を強くするには、どうすればいいと思うか」

「帰国して日が浅いので、まだわからぬことが多いのですが、奇兵隊を参考にした徴兵制は軍の根幹であると考えます」

「薩摩や土佐の連中は、士族でないものに戦争を任せられるか、と大反対だったな」

「奇兵隊は、士族だろうと農民だろうと、差別をしなかったではありませんか。身分を重んじたわが藩の正規軍は、人数は多かったのに、少数の奇兵隊に敗れました。戦闘は身分が高いからといって勝てるわけではありません」

「徴兵制に賛成したのは、おぬしが初めてだな」

と山県はいった。桂の言葉に心をつかまれていた。

山県は天保九年（一八三八年）の生れで、桂より九歳年上である。奇兵隊に加わってから維新の前後を通じてよく働いた。それによって六百石を受けており、陸軍中将で陸軍卿になっているのに、桂は一介の大尉にすぎない。彼の二百五十石の実績からすれば、大佐だっていいはずなのだ。

無理はしない。無理をすると、いい結果を生まない。

桂は心底からそう思った。同時に人間関係の大切さも学んだ。そして山県に認められたためか、明治八年にベルリンの駐在武官に任命された。

桂とお鯉

明治六年に韓国に対して西郷隆盛、板垣退助らが強硬策を主張したのに対し、木戸や岩倉具視、大久保利通らが反対して大激論になり、結局は強硬派が参議（大臣）を辞めた。これが征韓論政変であり、木戸は何かにつけて強引な大久保利通の政治手法に反対して参議を退いていた。

大久保は佐賀で反乱した江藤新平を弾圧し、台湾出兵を強行した。木戸は大久保とは性格的に合わなかった。大久保の方は、木戸の能力を必要としなかった。ただ、木戸を放置したままでは、長州派との間にヒビが入ってくる。西郷やその一党が鹿児島に去った状況では、天下に結束していることを見せる必要があったのだ。そこで大阪に集って会合し、木戸と板垣が参議に復職した。

桂はベルリンから何本も木戸あてに手紙を書いた。木戸の発案で開かれた地方官会議について、東京から公使館あてにきた新聞を読んで、その成功を祝し、

「実に本邦三千五百万人の生霊に対し、賀すべきの至りと存じ奉り候」（八月二十五日）

と書く。また、木戸から注文された品はパリで買えたので、マルセーユから発送したとか、留守宅の世話をしてもらっていることも感謝している。そして、文面の終りのあて名は、

「木戸尊大人様閣下」

である。丁重であるのは悪いことではないが、いくら何でもこれは行き過ぎだろう。

桂は明治十一年七月に帰国した。木戸は死んでいたが、山県には目をかけられている。それからは

トントン拍子の出世である。日清戦争では第三師団長として戦い、戦後に子爵を授与された。そして、首相のときの日英同盟で伯爵、日露戦争で侯爵、さらに二度目の首相で公爵。

この異例の出世ぶりについて、藩閥を利用して工作したかのようにいうものもいるが、桂はそういう無理はしなかった。

結婚にしてもそうである。最初はプロシア留学前に長州の藩士斎藤次右衛門の娘を妻に迎えたが、留学中に離婚、次は木戸の仲人で、三浦梧楼の妹と結婚してすぐに離婚、明治七年に長州藩の野田氏の娘歌子と結婚、一男二女をもうけたが、彼女は明治十九年に病死、歌子の実兄時敏が死んで実家に戻っていた未亡人の貞子と結婚したが、貞子も明治二十三年に病死した。

日露戦争も終りかけたころだが、次のような記事が出た。

「日本に桂太郎とよぶ男がいる。その官職は陸軍大将総理大臣で、古《いにしえ》の大臣大将で位人臣《くらいじんしん》を極めているが、個人としては実に鼻下の寸尺ののびすぎた人種と見え（中略）身分柄もわきまえずについに数千金（あるいは数万金）を投じて新橋の醜業婦照近江《てるおおみ》のお鯉《こい》なるものを購《あがの》うた。実に呆れた始末ではないか。人身売買は日本法令の禁ずるところであるのに、桂太郎は黄金で醜業婦を買ったのだ。実に呆れた始末ではないか。而して気の毒なのはその家庭の乱脈をも世間に吹聴するに至った、というのは桂の夫人カナ子が頻《しき》りに夫を諫《いさ》めたけれど聞き入れぬにやけを起し、昨今伊香保温泉で女にあるまじき豪遊をやって、毎日芸妓の二、三名も引っぱり回してさわいでいることだ。このカナ子も唯《ただ》の女ではなく、名古屋香雪軒の娘で、日露開戦の当初三千円のブローチを買って世間に非

難された程の女だ。この夫にしてこの妻ありだ」（明治三十八年八月九日・萬朝報《よろずちょうほう》）

お鯉の本名は安藤《あんどう》てる。記事のように桂に囲われて赤坂榎町に住んだ。たまたまその近くに住んでいた話術の名人徳川夢声《むせい》によると、家賃三十円くらいの家で、時の、総理大臣の愛妾の家としては、むしろ貧弱な感じだったという。

桂にとって、お鯉はある意味では運命の女だったといっていいかもしれない。彼女は明治十四年の生れで、生家は四谷のうるし問屋であった。事情はいろいろあるが、新橋で芸妓見習になったのは数え年で十四歳のとき、見習がとれて一本になったのは二年後だった。客の気をそらさない話上手なところがあって美人だったから、たちまち人気者になった。彼女には「お鯉物語」という自伝がある。彼女の語りを義妹が口述筆記したもので「大阪朝日新聞」に連載され、昭和二年に正編続編が発行された。

「毎日毎夜のお座敷は、到底廻り切れぬ程、到る処で珍重され、歓迎され、持《も》てはやされた」

と彼女は回想するのだが、いかに売れッ妓になっても、自前の芸者にならないことにはどれほど働いても、置屋を儲けさせるだけである。しかし、自前になるには、ワケのわからない名目の前借をきれいにする必要があり、それにはスポンサーがいる。つまり旦那《だんな》になってくれる男が必要なのだ。旦那になるからには、彼女の体を自由にできるわけだが、自前芸妓として座敷に出ることを認める以上は、嫉妬深い男ではつとまらない。

そっくり囲ってしまえば、いざこざは起こらないとしても、籠《かご》の鳥では女の方が息苦しくなる。金は出しても、口は出さない粋人が必要なのだ。

お鯉の最初の旦那は、横浜の生糸相場で財を築いた、天下の糸平こと田中平八《たなかへいはち》の番頭をしたのち、株屋になった矢嶋平造だった。

このころ花柳界で有名だったのは「洗い髪のお妻」だった。百美人大会と称する写真の人気投票があったとき、お妻は髪を結《ゆ》う時間がなくなってしまったが、

「仕方ないわ、このまま行きます」

といい、人びとがとめるのを振り切って、髪を洗ったあと撫でつけただけで写真を撮らせた。化粧もしなかった。にもかかわらず、彼女は上位に入賞した。そのために、洗い髪のお妻と人びとから呼ばれたのである。間もなく大商人に囲われたが、旦那をそっちのけで、歌舞伎の市村家橘《いちむらかきつ》（のち十五代羽左衛門）に入れあげた。

役者と芸妓とは深い仲になることが多かった。役者が芸妓の客になることはないが、芸妓が楽屋へ行くことは珍しくない。

それはそうでも、実際には玄関番その他の木戸番に心付け（チップ）を必要とするから、芸妓の稼《かせ》ぎでは追いつかない。ということは、旦那から金をせしめるしかない。

旦那は、太っ腹のところをみせるつもりでも、お妻が芝居小屋に入りびたりで帰宅しないとあっては、別れるしかない。お妻が最初の旦那と別れたあとの旦那は、頭山満《とうやまみつる》であった。民族主義の巨頭である。

ところが、家橘もお妻も平気であった。また頭山本人は平然としていても、周囲が不貞であると騒ぎはじめたから、お妻は低頭して頭山に赦《ゆる》しをこい、別れた。

人びとは家橘とお妻は結婚するものと思ったが、お妻は沢村訥升《さわむらとつしょう》に夢中になり、家橘をあっさりすてた。もっとも家橘の方もお妻以外と関係をもったから、おあいこである。

お妻に代って家橘の前に現われたのがお鯉だった。役者と芸者の仲は、他の世界とは別である。いろいろと義理やしがらみがあって、結婚するにはハードルが多い。しかし、家橘とお鯉は正式に結婚した。家橘の美男ぶりは伝説的だが、お鯉も美しさでは花柳界でベストスリーに入った。

残念ながら長くは続かなかった。お鯉によると、役者を後援する富豪夫人に贔屓《ひいき》してもらっていたのだが、ある日その夫人宅へ行ったら、家橘が裸で抱き合っていたといったのだ。

そのあと、夫の帰宅しない日が続いた。

お鯉は自殺も考えたが、久しぶりに戻った相手から、事情があるからしばらく出てくれといわれて離婚を決心した。「お鯉物語」では女好きの役者におもちゃにされた女の悲哀が語りつくされている。

お鯉は再び芸者になった。そして力士の荒岩といい仲になったりしたが、桂との関係ができたのは、山口出身の実業家田嶋信夫が井上馨、児玉源太郎、桂太郎らを招いて、別荘で宴会をしたときである。料理は浜町から、新橋の芸妓たちも接待にかり出された。お鯉もその一人だった。

まだ、明るい時間だったが、庭に出た桂がお鯉に、

「どうだ、いやなのかね？」

といった。お鯉は、

「伊藤の御前《ごぜん》をはじめとして、わたしたちをおもちゃにするからいやです。芸者だって一人前の人間です。生涯のことを考えて下さるのでなければ、ご免蒙《こうむ》ります」

「よし、わかった。おもしろいことをいうな。そのことは確かに承知した」

と桂がいった。

児玉が出席していたのだから、まだ日露戦争の前である。

日露講和

榎町の家には、伊藤博文や井上馨らもしばしばやってきた。お鯉がもっとも強い印象を受けたのは、明治三十八年の八月の終りごろに、桂は、伊藤が深夜にやってきて、桂を起こしてくれ、といったあとのことである。彼女が二階の桂に知らせると、桂は、

「おう、伊藤が見えたか」

といい、蚊帳を出て階下に行った。蚊帳が燭台《しょくだい》の火にふれて燃え出し、お鯉は必死で消しとめた。それから階下に行ってみると、伊藤がお前のいう通りになった、といい、互いに肩を抱いて泣いていた。ロシアとの講和が桂のいった通り成立したという知らせを伊藤がもってきたのだった。それから二人はブドウ酒でとりあえず乾杯してから出かけた。

このお鯉の証言は、たいていのお鯉物語に引用されているが、かなり疑わしい点がある。桂がいかにお鯉と二人だけの場であっても、

「伊藤が見えたか」

と呼びすてにしたとは、ちょっと考えにくい話である。他の者の前なら別として、桂がお鯉に偉ぶって見せたところで、伊藤との貫禄の差は知られているのだ。

日露の和平交渉の成立については、外務省の関係者の多くの手記があるが、自分の手柄にしたがるものばかりで、事実にそぐわないことが多い。日米間、日露間、米露間の時差を無視して書くから、ホラだとわかるのだ。

八月二十九日の朝午前十時（現地時間）に、日本全権の小村寿太郎《こむらじゅたろう》とロシアのウィッテがポーツマスで相対して座った。小村はその前に桂首相から、カラフトの割譲と賠償金は断念してよいという訓電をもらっていた。時差は十四時間である。ポーツマスの二十九日の午前十時は東京では三十日午前零時である。

時間的にみると、桂の訓電は、ロシアの言い分を認めるしかない、というものだった。ところが、ウィッテは、皇帝の命令で、カラフトの南半分を日本に渡す、とこのとき初めて認めた。それは桂の指令を、小村が口にしかけた寸前だった。まさか、頑強だったロシアがそこまで折れるとは予期していなかった。それを桂が下僚に対してすぐに日本へ打電せよと命じたはずだが、伊藤が、桂のいう通りになった、と喜ぶのは、現実に合致しない。諦めていたカラフト南部が手に入ったのは、日本とし

ては全く予想外だったのだ。

九月五日、講和を不満とする民衆の騒乱で、日比谷の焼打事件が起きた。お鯉の家も襲われた。放火は何とか免れたが、世間の空気は険悪である。「萬朝報」の記事がやはり人びとを刺戟《しげき》したのだ。

お鯉が引越す気になって借家を探しはじめたころ、桂を紹介した田嶋がひょっこりやってきた。田嶋は桂からの伝言をお鯉に伝えた。

「長々ご厄介になった。よく世話してくれた上に、この度は自分の騒ぎの中にまで引き入れられて、迷惑やら、心配やらをかけたことは、誠に申訳ない……」

あとはいろいろ言葉をつくしているが、身を引いてくれ、というのである。そして田嶋は一万円を差し出した。

お鯉はその一万円を受取らなかった。田嶋は、あっさり持って帰った。

桂がお鯉と手を切ったニュースは、すぐに新聞社に伝わった。

「哀れをとどめしは阿鯉御前《おこいごぜん》の御身なりけり……」（九月二十七日・東京朝日新聞）

桂は、囲っていたお鯉とは手を切った、と世間に知ってもらいたくて、側近の口からニュースを流したのかもしれない。

お鯉は引越した。広尾に見つけた家の隣家の主が何者かは知らなかったが、それが社会主義者の木下尚江《きのしたなおえ》だ、とわかったのは、警官がやってきて教えたからである。

警官がきたということは、桂の命を受けた警視庁がお鯉を見張っていることの証《あかし》であった。お鯉はうんざりしたが、間もなく桂の秘書がやってきた。

お鯉は、桂との仲を復活する気はなかったが、杉山茂丸という大陸浪人が仲介して、よりが戻った。

桂は、お鯉のほかにも女性がいたし、大阪の芸妓との間に子供をつくった例もあるが、政界における地位はますます重みをました。第二次内閣を組閣したあと総理の椅子を西園寺に譲ったが、明治天皇の崩御だけは全く予想外であった。

また、宮中に押しこめられる内大臣就任にしても、抵抗しなかったのは、流れに任せる方がいい、と判断したからだった。世の中、何が起こるかわからないのである。そして現実には、表舞台と手を切って宮中入りした四カ月後に、西園寺が辞職し、桂に組閣の大命が降下したのだ。

その前に元老会議は何度も開かれ、松方らの名前が出たものの、引き受けるものはいなかった。

そこで出てきたのが、桂と山県だった。桂は宮中入りしているし、山県は老齢である。だが、元老会議で山県は、

「桂か自分か、どちらにするか、選んでもらいたい。国家の危機だから、ご指名あれば老骨を鞭《むち》打ってご奉公する」

といった。

当然、自分が指名される、と山県は思っていたのに、会議は桂を指名した。宮中府中の別をきびしく守るべきだ、といって反対はできなかった。どちらにするか、という言葉は、その障害を問題にし

ない意味なのである。

桂は、大正天皇から組閣せよと命ぜられたあと、山県のところに挨拶にきた。

宮中入りした人間が再び表舞台に出てくることに、衆議院は反対するはずだった。山県は貴族院を握っているから、桂にあれこれ指示するつもりだった。ドイツから帰った桂は、仮病で軍籍を退いたのだから、本来なら絶対に出世するはずがなかったのである。

（おれが引き立ててやった）

と山県は思っているから、ついその口調になってしまう。

すると桂がいった。

「大命を奉じたからには、自分一個の責任で全力をつくします。よって、これからは、あれこれ指示して頂く必要はないと存じますので、閣下はどうかご静養下さい」

もう口出しはしないでくれ、というのである。山県はかっとなったに違いない。

桂の死んだあとだが、桂の自伝を調べた徳富蘇峰《とくとみそほう》が、山県に見せて感想を問うた。

もっとも問題になるのは、桂がロシアとの戦争について、自分は最初から戦争する決心をしていたのだ、と書いてあるところである。

日本はロシアとは戦いたくなかった。兵力差もあったし、自信もなかった。しかるに、桂は戦争する気で交渉していたという。

「予は最初より魯《ろ》国と戦わざるを得ざる決心し居れり」

という この一節をどう思うか。

山県はいった。

「読んだとも。しかし、別段いうことは何もないな」

「それは本当のお気持でしょうか」

「この自伝なるものは、桂が詩でも作る如くに起承転結、その辻つまを合わせて書いたものだよ。このままにしておくしかないだろうな」

と山県は笑いとばした。子分だったと思っていたのに、最後でひっくり返されたのである。

桂は組閣したが、海軍が斎藤実《さいとうまこと》の留任を拒否した。そのために、桂は天皇にお願いして勅語を出してもらい、斎藤の留任を何とかなしとげた。これこそ、内大臣だった地位を利用したことになる。

犬養木堂らは、憲政擁護運動を展開した。

組閣成立は大正元年十二月二十一日、憲政擁護大会は約一カ月後に起こり、大衆の議会乱入や新聞社襲撃は翌年二月十日、三十八の交番がこわされ、四十八が焼打ちされた。

軍隊が動員され、警視総監川上親晴は、鎮圧にサーベルを抜いてよし、と許可した。

二百五十三名が検挙され、もっとも重刑だったものは懲役十三年だった。

桂は大正二年二月十一日に総辞職をした。五十三日間の短命内閣だった。

桂はこの年の十月十日に胃ガンで病死した。日露戦争を勝利に導いた殊勲者なのである。国葬になってもよかったが、そうはならなかった。

お鯉について新聞は書き立てた。

「お鯉髪を切る。

お鯉さんは桂公が亡くなった知らせを受けると共に深く思い決したところがあって永平寺派の僧を招《よ》んであたら緑の黒髪をぷっつり切ったそうだ」（十月十三日・都新聞）

「故桂公の寵妾《ちょうしょう》お鯉が髪を下ろしたのは十日の夜もふけて、時計は十一日の午前一時を報ずる頃であった。（中略）お鯉の手に束《たば》ねられた髪の毛は白紙に結ばれて公爵の写真の前に供えられた」（十月十五日・東京日日新聞）

桂は彼女には財産は残してやらなかったようである。彼女はカフェを経営したり、待合をしたりしたが、成功しなかった。また、帝人事件という疑獄に巻きこまれ、偽証罪で収監された。懲役十月執行猶予三年。しかし、最初のうちは留置場に放りこまれたから、いわゆる〝くさい飯〟も食ったのである。華やかだった若い頃を想えば、悪夢のような日々だったろう。

お鯉の晩年を考えてやったのは頭山満であった。目黒の寺に尼僧として入ったらどうかとすすめた。羅漢寺というその寺で彼女は平安な日々を過した。

お鯉は、ある意味では、晩年を想い出で生きていたのかもしれない。人に問われると、

「明治天皇さまが徳大寺さんという侍従長に向って、お鯉なる女はそんなに美人なのかってお聞きになったそうですよ」

と語った逸話が残っている。明治天皇の耳に、桂とのことが入っていたというのである。昭和二十

三年八月十四日、安藤てるは羅漢寺の一室で亡くなった。六十九歳であった。宮中から政治の表舞台に戻ったのに、失意の渕に追いやられて死んだ昔の旦那《だんな》よりも、おそらく彼女の方が幸せだったろうと思うのだが。

5　元老と霊能師

悪名高い下田歌子

原敬《はらたかし》が政界でも広く知られた下田歌子《しもだうたこ》に初めて会ったのは、大正九年（一九二〇年）八月十日であった。場所は首相官邸で、原は内閣総理大臣だった。下田歌子は女子教育界のリーダーといわれ、華族女学校学監や学習院女学部長を歴任した経歴がものをいって、宮中に自由に出入りできるといわれていた。ただし、そういう有名人であっても、原敬首相と会うには、それなりの手続きは必要である。いきなり官邸へ行って、

「下田歌子が会いにきた、と首相に伝えなさい」

というわけにはいかない。公職にあるものが公用で面会を求めるなら別だが、紹介者がいなければ、多忙な首相は単に陳情したい人には会わないものである。歌子には、むろん紹介者がいた。原は前から、会ってやってくれ、とその紹介者に頼まれていた。会うかことわるか、原には、多少の迷いがあった。

明治三十九年（一九〇六年）に第一次西園寺公望《さいおんじきんもち》内閣が誕生したとき、原は内務大臣（内相）に就

任した。内相は「内閣の中の首相」といわれるくらいの重要なポストだった。当時は、全国の知事や警視総監と各府県の警察部長（道府県警本部長）の任免権を持っていた。また、大臣の機密費も、他の役所よりも桁《けた》違いに多かった。一言でいえば、金と警察を握っているポストなのだ。

その在任中、正確にいうと、明治四十年一月十五日に創刊された日刊「平民新聞」に、内務省としては放置しておけない記事が連載された。タイトルは「妖婦下田歌子」である。

このタイトル自体がかなり強烈だが、連載開始の前日（二月二十三日）の紙面に出た予告は、もっと激しいものだった。

「彼女の掌裡《しょうり》に翻弄《ほんろう》せられたる者抑《そ》も幾人ぞ、彼女を傷つけたる色魔狂は曰《いわ》く……」（旧字、旧かなを改めた。以下同じ）

として、伊藤博文《いとうひろぶみ》、井上馨《いのうえかおる》、土方久元《ひじかたひさもと》、山県有朋《やまがたありとも》らの名前が列挙されていたのだ。ただし、初めの数回は、前ぶれほどではなかったが、五回目からはかなりどぎつい描写になってきた。伊藤博文が、山県有朋の名を使って、青山の実業家の別荘に歌子を呼び出し、

「その獣の如き手を以《もっ》て、歌子の手を執《と》らんとするに『アナタ何をなさいます』と歌子は白薔薇《はくしょうび》の如き頬に憤《いきどお》りを帯び繊腕《せんわん》を以て反抗せんとせしが、羊《ひつじ》は遂《つい》に狼の敵にあらざりき、鳩は遂に荒鷲と闘うこと能《あた》わざりき、噫垂死の夫に濃情《のうじょう》の看取《みとり》するよき妻たる二十六才の歌子は花の操《みさお》を蹂躍《じゅうりん》せられぬ」（五回目）

歌子の年齢を二十六歳としているから、安政元年（一八五四年）生れからすると、これは明治十二

年のことになる。当時の年齢は満年齢ではなくていわゆる数え年である。また、女性ながら宮内省出仕十三等の高等官だったが、十一月二十日に退職して東京府士族の下田猛雄《たけお》と結婚した。本来の姓名は「平尾鉐《せき》」であるが、明治五年（一八七二年）に宮中出仕になってから皇后に才能を認められて「歌子」の名前を頂いた、といわれている。また、その正伝ともいうべき「下田歌子先生伝」（藤村善吉編）では、猛雄は結婚三年前から胃病で、

「先生の結婚は、正直にいえば無理な結婚であった」

と記している。それはともかく、伊藤にもてあそばれたことで歌子は、

「恋愛を軽蔑して野心を礼拝すべき『欲』と『名』の悪魔に依りて新しき洗礼を与えられたるなり」

というのだ。

日刊の「平民新聞」は、明治三十六年十一月から同三十八年一月まで発行された週刊「平民新聞」のメンバーによって再刊された新聞である。「週刊」は、幸徳秋水《こうとくしゅうすい》、堺枯川《さかいこせん》（利彦《としひこ》、のち日本共産党初代委員長）が「萬朝報《よろずちょうほう》」を退社して創刊した新聞だった。タブロイド判八ページで、ふだんは四千部、トルストイの「日露戦争論」を訳して載せたときは増刷して八千部を完売した。反戦の論旨で一貫したからしばしば発禁処分になったが、終刊の直接の原因は、印刷機械を押収されたことにあった。

再刊の資金は仙台の竹内兼七、和歌山の大石誠之助のほか、同人になった幸徳、堺らも出した。戦争が終り、桂太郎《かつらたろう》内閣が退いて、西園寺内閣が成立したことによる時代の変化もあった。西園寺は公卿の出身であるが、若いころにフランスに留学し、帰国してから、中江兆民《なかえちょうみん》を主筆とした「東洋自由

新聞」の社長をつとめた。

兆民は土佐出身で、若いころ藩の留学生として長崎にいたことがあり、坂本竜馬《さかもとりょうま》の「亀山社中《かめやましゃちゅう》」に出入りした。竜馬から、

「中江のニイさん、タバコを買《こ》うてきておおせ」

といわれると喜んで使いをした。このエピソードが知られるようになったのは、弟子の幸徳が書いたからである。幸徳（本名伝次郎）の雅号「秋水」は、もともとは兆民のものだったが、その鋭利な感じを好ましく想い、中江にいって貰い受けたのだ。三尺の秋水といえば日本刀のことである。

西園寺の実兄は、明治天皇の侍従長をつとめる徳大寺実則《とくだいじさねのり》である。最初は右大臣の岩倉具視《いわくらともみ》が呼び寄せて、

「新聞に関わるのはよくない。好きな職をあたえるから出仕せよ」

といったが、西園寺はことわった。結局、政府は徳大寺を通じて、

「陛下がご心痛である」

と西園寺にプレッシャーをかけて退社させた。

そのあとの西園寺の政治生活は、長州閥との協調によって続けられているが、フランス留学中に学んだ自由主義に心の中では郷愁を持っていた。だから、明治三十九年一月に堺枯川、深尾韶《ふかおしょう》らから出された日本社会党の結成を承認した。深尾は静岡出身で、週刊「平民新聞」で働き、日刊になったときに印刷人を引き受けた。また、他の執筆陣の山口孤剣《やまぐちこけん》、石川三四郎《いしかわさんしろう》、山川均らは「週刊」時代のメ

ンバーだった。

新聞の政治的傾向について説明しておくと、それ以前の桂太郎内閣時代に比べれば、西園寺内閣になってから紙面の反政府路線が緩和されたことは確かであるが、権力者に対するスキャンダルからみの攻撃記事は、弾圧の対象になる恐れは前と同じだったはずである。だが、同紙は第五回に続いて、伊藤、井上馨、山県有朋は「荒淫漁色《りょうしょく》の三醜《さんしゅう》」であると決めつけ、かれらは、

「歌子を訪《と》うて夜は一時二時までも官邸に帰らず、三鞭葡萄《しゃんぺんぶどう》の佳酒《かしゅ》は歌子の酌《しゃく》に盛られ、甘美なる肉は歌子にすすめられ（中略）杯盤狼藉《はいばんろうぜき》、落花みだれて風俗壊乱の一幕を以てその芝居は一《ひ》と先《ま》ずハネル都合なりき」

と描写するのだ。長州閥の三人のボスが彼女と酒色にふけっているかのような文章になっているが、実は彼女の方にも、栄達をはかり名誉を貪《むさぼ》る下心があってのことだというのだ。そういう虚栄心のせいで、

「伊藤や井上や山県を親友の如く女流教育家に云い触《ふ》らしていたりしが、ここに恋の恨《うらみ》に坂本竜馬に刺客をやりしとまで噂《うわ》さ立てられし陸奥宗光《むつむねみつ》や、一人にて妾《めかけ》を七人までも貯えおくという松方正義《まつかたまさよし》等も好色《すき》の道には豪《こう》の者なれば早くも歌子に近づきしに、歌子はよき鳥《とり》ござんなれと言を巧みに語《ご》をやさしく三国志の孔明《こうめい》もどきに七擒《しちきん》七縦の術をこそ揮《ふる》いたりけれ」

この時点で、陸奥宗光はすでに世を去っているが、幕末のころ陸奥が坂本竜馬の海援隊《かいえんたい》に属していたことは知られていた。

竜馬は、現在ほど人びとに知られた存在ではなかったが、谷干城《たにたてき》などは、暗殺犯人は新撰組だと信じこんでいて、見廻組《みまわりぐみ》の一員だった今井信郎が暗殺犯は自分だと認めたときは、大いに怒って各所で今井の話を否定する演説をしたくらいなのである。しかし、竜馬の暗殺については筆者もかなり調べて作品にしているが、恋の恨みで陸奥が刺客を送ったという噂があったとは、筆者の知る限り、この記事だけである。

陸奥は女性にもてた男で、長崎時代は大浦お慶という色街の女将《おかみ》に惚れられていた。竜馬には、有名なお竜とは別に、丸山に贔屓《ひいき》の女がいたから、女をはさんで両者が怨恨を持っていた可能性は、ほとんどなかったと思われるが、元老がらみの一連の暴露記事には、あながちデッチアゲとはいえないものもあった。

それには理由がある。幸徳や堺は週刊をはじめる前に在社した「萬朝報」では、「蓄妾の実例」というタイトルで各界名士の愛人関係の総まくりを連載した。「赤新聞」といわれたが、それは紙代が安価なピンク色の用紙を用いたことで付けられた名前だった。そして、この連載こそスキャンダル・ペイパーの本領を発揮したものだった。

幸徳や堺は、その連載のライターではなかったが、それに協力したといわれる白柳秀湖《しらやなぎしゅうこ》や伊藤銀月《いとうぎんげつ》らが堺に情報を提供した。白柳は明治十七年生れだから、このとき二十三歳で、まだ早稲田の学生だった。のちに「財界太平記」などを書くが、このころは日刊「平民新聞」で記者をしていた。松本清張「昭和史発掘」では白柳を執筆者としているが、幸徳秋水のからんだ大逆事件の研究家の神崎清によれば、白柳から提供された資料によると、下田歌子の筆者は詩人の山口孤剣だったという。また、この連載を一冊の本にした「妖婦下田歌子」（一九九九年刊）の解説（山本博雄）では、日刊の社員だった荒畑寒村《あらはたかんそん》の話として深尾韶がライターだったとされている。山口はこのとき二十五歳で、社会党結成前から運動に入り、明治三十八年四月には、数寄屋橋で社会主義を宣伝するパンフレットを配布したことで警察に検束された。日刊には「貧富の戦争」「父母を蹴れ」という論説を発表したことで、四月十三日に東京地裁で軽禁錮三カ月の判決を受けた。

それ以前に三月二十六日には、発行人の石川三四郎には、社会党大会の記事で危険思想を宣伝した罪によって軽禁錮二カ月の判決が下されでいたし、社会党そのものが二月二十二日に結社禁止となっていた。また、山口の有罪判決と同時に「平民新聞」に対して発行禁止の処分も出た。流れが変ったのである。

四月十四日付の同紙には「廃刊の辞」が掲載されている。

「暴虐なる政府、陰険なる権力階級は、遂にその目的を達したり」

ではじまる文章は幸徳秋水のものと思われるが、文中の、

「平民新聞の存するの間、確かに権力階級をして、戦懐《せんりつ》せしめたり」

は、社会主義的な論説よりも、下田歌子をめぐる上層階級のスキャンダル報道を暗示したように思われる。

井上馨と原敬

公表された発行禁止の理由は、あくまでも社会主義を宣伝したことに対する法的処分だった。下田歌子をめぐる暴露記事についての法的処分は何もなかった。

この間の原敬日記を見ても、一行も出ていない。しかし、原が内相として、政治的キャリアにおいて密接なつながりのあった伊藤や井上のスキャンダル記事に、まったく無関心だったとは考えられないのである。

原の属している政友会は、板垣退助《いたがきたいすけ》の創立した自由党を形の上では引き継いだ政党で、初代総裁は伊藤であった。

井上、山県を含めて、かれらは長州の三尊といわれていたが、維新前の長州藩における身分からすると、伊藤は足軽、山県は槍中間《やりちゆうげん》で、二人とも士族の下の卒族。井上は百三石、ひところ養子になった志道《しじ》家は二百二十石の上士の家柄である。また、伊藤、山県は吉田松陰《よしだしよういん》の門弟だが、井上はそうではない。しかし、高杉晋作《たかすぎしんさく》、久坂玄瑞《くさかげんずい》らと御楯組《みたてぐみ》を結成して品川・御殿山《ごてんやま》のイギリス公使館を焼打ちした。完成寸前だったので、まだイギリス人たちは誰も住んでいなかったから、怪我人は出なかった。

この壮挙に、山県は加わっていなかった。伊藤と井上は高杉や久坂らと行動を共にし、そのあと、二人はイギリスに密航留学した。藩内の身分からいうと、伊藤は井上に対して、決して対等ではなかった。ただ、留学といっても、現代のそれとは違ってつらいことが多かったから、伊藤が井上を名前で、

「おい、聞多《もんた》」

と呼びすてにしても、井上が怒ることはなかった。苦しみを共にした両者の友情は生涯にわたって続いた。

原にとって、井上は伊藤よりも、はるかに深い縁があった。

原は旧南部藩《なんぶはん》の出身である。つまり維新では賊軍だった。東京へ出てきて司法省法学校に入ったが、給費生の食事のことで学校と対立し、退学処分をくらった。そのとき工部省につとめていた郷党の先輩が大書記官の中井弘《なかいひろし》を紹介してくれ、中井の世話で「郵便報知」の記者になった。

中井は桜洲《おうしゅう》の雅号をもつ詩人である。薩摩の出身だが、若いころに脱藩し、長崎でウロウロしたことがあった。坂本竜馬と知合い、亀山社中に入ることをすすめられたが、

「おれは規則に縛られるのは好まんのだ」

とことわった。後藤象二郎《ごとうしょうじろう》の世話でヨーロッパに旅行し、政治形態を調べてあったから坂本に、

「イギリスやフランスには議会というものがあって、人びとの意見を政治に反映する仕組みになっている」

と説明した。坂本の船中八策《せんちゅうはっさく》の中にある「上下議政局」は中井から教えられた上下院をそのまま取り入れたものである。

維新後は外国事務局に入り、パークス英公使の参内《さんだい》のときに襲ってきた攘夷派と斬合った。その功労でビクトリア女王から感謝状を貰っているが、東京に出てきたときに、幕臣の娘で芸者になってい

た新田武子《にったたけこ》と結婚した。新田家は鎌倉時代末期の新田義貞《よしさだ》の子孫という名門だが、薩長の天下になってから、生活のために武子は芸者になった。中井は、雪葉《ゆきは》の名で座敷に出ていた彼女の美しさに惚れて結婚し、一女をもうけた。

そのあと、中井はいったん鹿児島に戻った。維新前の脱藩の罪を問われたのだ。薩摩藩は、いわば独立国だったから、中井が新政府の役人として働いていても、武断派は強硬だった。中井は、無事には東京には戻れぬ、と思い、武子を離婚して大隈重信《おおくましげのぶ》に預けた。大隈夫人の綾子《あやこ》もやはり旧幕臣の娘で、武子とは幼いときからの友だちであり、芸者になって家計を助けたのも同じだった。

その武子の前に現われたのが井上馨だった。井上は大蔵省に入ったから、大隈と同じ役所であり、かつ、維新前から知り合った仲である。そして、大隈の仲人で二人は結婚したのだが、皮肉なことに、その披露宴当日に中井が鹿児島から東京へ戻ってきた。脱藩の罪は不問にされたが、上京はなかなか認可されなかった。中井は、薩長土の三藩が親兵《しんぺい》（近衛部隊）を差し出したときに、桐野利秋《きりのとしあき》に頼んで下士官に編入してもらって上京した。前は本省の局長クラスのポストに就《つ》いていたのだが、そんなことをいっていられない。武子への未練で、東京に戻れば何とかなると思っていた。

中井はすぐに外出許可をもらい、大隈邸をたずねた。下士官の服だから、大隈家にきていた山県が、

「こら、こんな所で何をしとるか」

と叱った。中井は、

「何だ、狂介《きょうすけ》じゃないか」

とやり返した。維新前は有朋ではなくて、狂介だったのだ。

山県はびっくりした。こんな日に、前の夫の中井がやってくるとは……。

中井は、武子と井上が結婚すると聞かされると、

「井上みたいな男に武子はやれんぞ」

とどなった。

離婚したのだから、そんなことをいう権利はないが、中井のように破天荒の生き方をしてきた男には、世間の常識は通用しない。結局、大隈の回想録によると、中井が井上から、武子を大切にする、決して離別しない、という証文をとって、それを大隈夫人にあずける条件でこの騒ぎはケリがついた。

井上が外務卿になると、武子は鹿鳴館《ろくめいかん》の女王といわれるようになるが、原の最初の妻は、中井の娘の貞子《さだこ》なのである。原は新聞記者のあと外務省の公信局に入った。明治十五年十一月で、月給八十円だから、決して悪くはないが、なにぶんにも賊軍だった藩の出身だから、出世する見込みはほとんどなかった。

ところが、一年後の明治十六年十一月に天津領事に任命された。年俸二千八百円、そして十二月五日に横浜港から出発したが、その前日に、跡見女学校を中退した十四歳の貞子と結婚した。時の外務卿は井上である。公信局のノンキャリアから高等官の領事に昇進できたのは、井上の強力な引きがあったと見ていい。そして井上が、賊軍だった藩出身の原にそういう特進待遇をしたのは、彼の能力以外に貞子が武子と中井の間に生れた娘だから、という理由しか考えられないのだ。

ただし、原自身は明治二十年十二月五日の日記に、

「余が妻貞子の実母にて中井家より離別後印刷局の今村なる人に嫁《か》したるが、今回病死せりとの事なりき」

とある。つまり、貞子の実母は、井上武子ではなくて、中井と別れたあとに今村という人と結婚した、と説明しているのだ。

常識的に見れば、日記としてはいかにも奇妙な文章である。自分のためだけではなく、後世の史家の目にとまることを意識して書かれた日記だとしても、ふつうは、

「貞子の実母、病死せる由」

ですむはずである。しかるに世間の人は、貞子は井上武子の娘で、その娘を妻に迎えたから原は派閥外なのに出世した、と見ているに違いない。そして、原日記を読む後世の歴史家を意識した文章にしてあるのだ。

原は、天津のあとパリ公使館勤務となり、明治二十一年に大隈が外相になると、帰国命令が出された。大隈は井上の失敗した不平等条約改正を目標に就任した。

人間関係の不思議な因縁《いんねん》というべきか、原は大隈とは合い性が悪かった。

貞子の母である武子を保護してくれた人なのである。その意味では、原にとっては味方になるべき人なのだ。ところが、現実には逆だった。原が入社した「郵便報知」を退社することになったのは、大隈が明治十四年十月に薩長閥と対立して参議を辞め、改進党を創立するとともに、自派の言論機関

として「郵便報知」に子分たちを入社させたためだ。

原は翌年一月に退社した。編集方針が変ったからで、その日の日記には、「余の意見は報知新聞今回の主義に合せず」とある。

浪人した原に目をつけたのが「東京日日新聞」の福地桜痴《ふくちおうち》だった。彼は明治四年の岩倉具視使節団に通訳として同行しているが、旅行中は大久保利通《おおくぼとしみち》には嫌われ、木戸孝允《きどたかよし》には気に入られた。

ジャーナリストとしての福地は、最初は旧幕府系の新聞から出発した。政府批判の記事を書いているうちに逮捕され、斬首刑になりかけたが、木戸が彼の海外知識や語学の能力を知って助けた。これからの日本に必要な人材だ、と見なしたのである。もともとは、長崎のオランダ語通訳官の家に生れた人物で、語学には天才的なところがあった。福地は、オランダ語が国際語ではないことに気がつき、英語とフランス語を学んだ。双方とも三年足らずで読み書きはもとより、通訳もできるようになったのだから、驚くしかない。

そのまま外務省に残る道はあったが、彼は新聞界に戻り、創刊間もない「東京日日新聞」に入った。政府の上層は、太政《だじょう》大臣の三条実美《さんじょうさねとみ》と右大臣の岩倉である。その下に、参議だった西郷、板垣、後藤らがいたが、征韓論で下野し、木戸と大久保が二人の横綱の下に両大関という形で政府を支える構図である。しかし、三条はお飾りにすぎない。本当のトップは岩倉であり、両大関のうち岩倉に近いのは、大久保であった。幕末の一時期において、他人には話せぬ苦心の事が二人の間にはあった、と大久保が側近に語ったというのである。他人には話せぬ苦心の事というのは、裏に回って工作したということである。そういう秘密を共有する仲というのは、結びつきも強い。だから大久保に嫌われた福地は新聞界に入った。官吏の世界では、仕事ができないからである。浪人した原をスカウトしたのも、大隈下野の情勢で関西方面に言論機関を作ろうと考えたからだった。

星亨《ほしとおる》と原敬

それより前、長州閥のボスの木戸は病死し、さらに大久保は暗殺されたが、長州閥には伊藤、井上、山県という後継者がいた。薩摩閥は、大久保が巨大でありすぎて、後継者がいなかった。せいぜい黒田清隆《くろだきよたか》と西郷従道《さいごうつぐみち》だが、両者とも政治的手腕にかけては、とうてい伊藤や山県に及ばなかった。

原は、外務省では順調にキャリアを重ねていたが、大隈がトップになったことで、局面が一変した。何も大隈に限ったことではないが、人事については、自派を優先する。原がどういう目にあうかは、目に見えていた。

東京に戻った原は、辞表を出した。大隈はあっさり受理した。

初代の首相の座についた伊藤は退いて枢密院《すうみついん》議長となった。憲法制定のために必要な機関である。二代目の首相は黒田清隆で、彼は薩長閥の維持のために、井上を農商務大臣にした。

井上は、原を拾って農商務省の参事官に起用した。だが、大隈は条約改正に失敗し、山県が首相となって内閣を作った。外相は青木周蔵《あおきしゅうぞう》（長州）、農商務相は岩村通俊《いわむらみちとし》（土佐）となり、間もなく陸奥宗光になった。また、中井は滋賀県知事から元老院議官に転じた。

これ以後の原は、陸奥との結びつきが強くなり、陸奥の能力を買っていた伊藤に引き立てられることになった。

陸奥は第二次伊藤内閣で外相となったが、明治天皇は伊藤に、陸奥の起用に疑問を感ずる旨を伝えた。陸奥は西南戦争のときに、土佐の林有造《はやしゆうぞう》らの立志社による反政府事件に加担して、五年の刑をくらった。政府と西郷軍の戦争の間に、林らが挙兵して、岩倉・大久保政府を倒そうと企てた事件である。実行前に発覚して全員がつかまった。

明治天皇は、その前歴を指摘した。国内問題のミスなら回復できるが、外相は対外関係に重大な影響をもつ。かつて反政府の行動に走った人間を信用するのは、危険ではないか、と懸念したのだ。

立志社事件の進行中に、陸奥は林らと政府要人の暗殺リストを作成した。そのとき伊藤もリストに入っていた。事件が発覚してから、伊藤はそれを知ったが、伊藤には独特の図太い神経があって、自分を暗殺しようとした陸奥らに恨みを遺《のこ》さなかった。

また、陸奥が、林らに加担したことを心底から悔いている、という弁明も信用した。

「陸奥については臣が責任をもちます」

と伊藤は天皇に奉答《ほうとう》した。

憲法によって天皇の権威は絶対的なものになっていたが、伊藤と天皇との仲は、他の重臣たちとは違っていた。徳川幕府に対して政治的には無力だった天皇を押し上げたのは、伊藤ら草莽《そうもう》の志士たちの働きなのである。ことに長州や土佐脱藩の志士たちは、会津と提携していた薩摩と違って、本当に命がけだった。

天皇は刑死した吉田松陰《よしだしょういん》のことや、門下生の高杉、久坂らのことも知っていた。伊藤はその生き残りなのである。井上や山県も生き残りだが、この二人には銅臭《どうしゅう》があった。銅は貨幣に使われたから、その臭いがするというのが何を意味するかは明らかである。伊藤には銅臭がなかった。その伊藤から、責任をもちます、といわれれば、天皇も陸奥の外相起用を認めざるを得なかった。また、文武百官の中で、伊藤ほどの信用を獲得したものは他にはいなかった。

原は陸奥が外相になると次官になり、陸奥が結核悪化で辞任すると、朝鮮公使に転任した。だが、伊藤に代って松方正義が首相になり、大隈が外相になったから外務省を去った。

そのあと本山彦一《もとやまひこいち》に招かれて「大阪毎日新聞」の社長となり、伊藤が政友会を創立したので、東京に戻った。そして、第四次伊藤内閣で、逓信《ていしん》大臣に任用された。ただし星亨がスキャンダルで辞任したあとの補充である。

星は陸奥の子分だった。イギリスに留学して代言人《だいげんにん》（弁護士）免許第一号となったが、それも陸奥の援助があったからで、代議士になってからは、オシトオルといわれたほど強引な手法を用いた。また、当時は国会議員が地方議員を兼任できる制度で、星は東京市会議員でもあった。

東京市会で汚職事件が起きたとき、星は新聞から「公盗《こうとう》の巨魁《きょかい》」と書き立てられた。公盗は公金泥棒の意味である。実際には、星は無関係だったのだが、剛直な彼は弁解しなかったために、関係がある故《ゆえ》の沈黙、と誤解され、剣客伊庭想太郎《いばそうたろう》に刺殺された。心形刀流十代目の伊庭八郎（箱館で戦死）の弟である。

原は事件の直前、政友会事務所で星と将棋を指した。両者とも早指しで、十分もあれば一局指せる。何局か指したあと、星は市役所へ行き、そこで刺された。原は日記に、

「人生全く夢の如し」

と書いた。

星は政友会の実力者だったから、彼が殺されなかったならば、原の政治生活も変っていたに違いない。星は駐米公使をつとめたし、第二議会では衆議院議長をつとめた。代言人としても有能だった。政界入りしたときには五十万円の貯金があったのだ。

原は外交官として高給をもらっていたし、浪人しているときは、陸奥の息子が養子に入った古河市兵衛《ふるかわいちべえ》の古河鉱業の社外役員で給料をもらっていた。だが、貞子は病気がちで転地療養に金がかかり、中井の息子たちは、親の悪いところを受けついで、金銭感覚は非常識、女道楽にはまり、他人に迷惑をかけることに平気だったから、原はその後始末をしなければならなかった。あれやこれやで、家計は楽ではなかった。

星の方は、代言人としての収入があった。政友会になる前の自由党に入党したときに、代言人で貯えた五十万円をそっくり党に寄付した。

それ以外にも星の金の使い方は派手だったから、汚職をしたと見られたのだが、死後に財産はなか

った。政治に金がかかるのは、江戸時代からの日本の悪しき伝統で、明治になってからも変らなかった。その点で資金力、経歴、人脈などにおいて、星の方が政友会総裁の座に近かった。また、政党政治家あるいは議会人としても、星は衆議院に議席を有する先輩だった。強引な議事運営で不信案をつきつけられたときも、辞任する気はない、といった。理由は、形式上であっても天皇から任命された職だから、仲間たちの不信任などは、何も効力はないというのである。

こういう星には敵が多かった。公盗といわれたのは誤解で、死後に財産らしきものがほとんど残っていなかった事実からすれば、不正な蓄財はしなかったとわかる。昨今の政治家が、議員の報酬だけでは絶対に入手できない土地や美術品などを、後継の二世議員に残す実情とは違うのである。

もちろん、金に汚なかった政治家は、当時でも少くなかった。政商から一万坪の箱根の別荘地をもらった元老もいたし、革命家孫文《そんぶん》に武器を仲介して、何十万円も儲けた悪徳代議士もいた。しかもその約一万挺の小銃は、銃口がふさがっていたり、廃用になっているために弾丸が入手困難だったりの欠陥品だった。それを承知で売りつけたのだから、ひどいものである。

星はそういう醜悪な金集めはしなかった。新聞に叩かれても説明しなかったから、記事は真実であるかのように誤解され、伊庭の凶行を招いた。

原は、それを身近に見ていた。金のことで彼の日常生活が決して楽ではなかったことは、日記でもわかる。明治二十二年に農商務省の参事官になったころ、

「余が財政不如意は今に始りたる事にあらざれども近来殊《こと》に甚《はなはだ》し。両三日前来客ありて鰻《うなぎ》を馳走せし

にその代価八十銭なり、例の通り通帳にて払うつもりなりしに本月より現金の事になしたりとて五度まで取りに来る。やむを得ず友人に借りて支払いたり。貧乏は常の事にかつて日記に記載したる事もなけれどもふと思う所あり、ここに記し置く」（十二月十三日）と書いている。要するに、帳面《つけ》にしようとしたら拒否され、鰻屋は執拗に代金を取り立てた。仕方なく、友人に八十銭を借りて支払った。

それ以前パリ駐在時代の年俸は三千円だった。生活は余裕があった。二十歳になった貞子はパリの外交団の中でも評判の美しさであった。実際そのころの彼女の写真を見ると「目の醒《さ》めるような」という形容がぴったりである。夏休みにスイス旅行を楽しんだときの日記には、その幸福感が滲《にじ》み出ている。在外手当を含めると、彼の収入は月に五十ポンド（当時一ポンドは十円）もあった。

だが、貞子には金がかかった。病気がちだっただけが原因ではない。

黒岩涙香の「萬朝報《よろずちょうほう》」

原が郷里の岩手県盛岡市から衆議院議員に当選したのは、明治三十五年で、政友会の院内総務になったのは明治三十六年である。そして、内相になると、古河などの民間会社の役職は全て退いた。政友会総裁は西園寺だが、次の総裁は、西園寺の古くからの盟友である松田正久《まつだまさひさ》か原か、である。内閣の要《かなめ》の内相になったのだから、原が本命と見るのがふつうだが、それには内相の職務を全《まっと》うするのが条件である。しかるにそれを実現するのは、きわめて困難であった。

原因は内務省を牛耳っている山県にあった。主要なポストに就《つ》いているエリートたちは、全て山県の息のかかったものたちだった。長州の三尊のうち、井上は太政官《だじょうかん》時代に外務卿や大蔵大輔《たいふ》（次官相当）をつとめたが、内務省には関係しなかった。また伊藤は、つねに国政全般を見る立場にあったから、特定の省に人脈を植付けることはしなかった。

山県は、陸軍で参謀本部長や陸軍卿をつとめたが、大山巌《おおやまいわお》や川上操六《かわかみそうろく》という薩摩派の大物がいたから、独裁者にはなれない。しかし明治十六年に内務卿になると、征韓論政変のあとに大久保利通がこの役所を新設し、みずから卿になったのはなぜか、そのわけを理解した。知事と警察のトップを支配できるのである。だから、内閣制になって伊藤が首相になったときも山県は内相に就任し、自分が第一次内閣をつくったときは内相を兼任した。

その次の第一次松方正義内閣では、松陰門下の弟分である品川弥二郎《しながわやじろう》を内相に送りこみ、明治二十五年の総選挙では、警察力を使った空前の選挙干渉を実行させた。山県は、議会におけるいわゆる民党（政府に対して、そのいうなりにならない政党）を嫌悪した。

長い時間をかけて山県が自派の本拠地にした内務省を、原がコントロールすることは容易ではなかった。新しく大臣に就任したものに対しては、局長たちが相ついで大臣室に参上して、祝詞をのべるはずである。

前任の内相は、山県の、有力な子分といわれた芳川顕正《よしかわあきまさ》だった。徳島出身で、もともとは薩摩系だったが、明治十七年に内務省入りしてからは山県に忠勤を励んだ。明治三十七年二月に内相になったが、翌年九月に、日露交渉に不満をもった民衆の焼打ち（日比谷）事件の責任をとって辞任し、清浦奎吾《きようらけいご》農商務相が兼任した。清浦もまた山県の子分である。また、次官の山県伊三郎《いさぶろう》（有朋の養子）は、原が内相になると、逓信相に起用された。

大臣室に入った原のところに顔を出すものはいなかったが、徳島県知事から秋田県知事に転任した床次竹二郎《とこなみたけじろう》が、赴任の途中に新大臣に挨拶するためにやってきた。床次は薩摩出身で、東京帝大を出たあと、はじめは大蔵省に入った。そのあと内務省に移ったが、薩摩出身で内務省には途中から移ってきた身だから、主流ではなかった。床次は原に、いいたいことをいった。岩手出身の原が長続きすることはあるまい、と思っていたのかもしれない。

「自分は十二年も地方回りをやっておりますが、中央との交流は全くないし、人事そのものが活性化していませんよ」

といった。要するに、山県閥支配を暗に批判したのだ。原は秋田に行くのを、少し待てといった。大臣に任命されたのは一月七日、幹部人事は十日以内に定めなければならない。次官、警視総監、筆頭局長の警保局長を誰にするかの問題がある。

原は、地方局長の吉原三郎とは、司法省法学校での級友だった。中退した原と違って、吉原はちゃんと卒業してから衆議院書記官となり、内務省に転じて、埼玉、大阪などの地方勤務をこなした。芳川内相によって本省の地方局長になったのが、官吏として最後の花道だと思われていた。

原は吉原を次官に抜擢し、後任に床次をあて、山県系の警保局長仲小路廉《なかしょうじれん》を山県伊三郎逓信相の下の次官に送りこんだ。そしてその後任に古賀廉造《こがれんぞう》を登用した。古賀も法学校時代の級友だった。どう見ても〝お友達人事〟だが、「萬朝報」のコラム「机の塵」では、

「犬養木堂曰《いぬかいぼくどういわ》く、今の滔々《とうとう》たる俗官社会で、古賀廉造（警保局長）や山座円次郎《やまざえんじろう》（政務局長）などは、後藤新平《ごとうしんぺい》と同じく異彩を放っている」（三月三十一日付）

とほめている。山座の場合は外務省の人事で、加藤高明《かとうたかあき》外相が前任の小村寿太郎《こむらじゅたろう》の推薦を受け入れたのだ。

山座は、日露戦争の前に、ロシアに対する宥和《ゆうわ》路線をすすめようとする伊藤博文を、陸海軍の中堅将校たちといっしょになって批判した。

「ああいう軟弱外交は国を誤まるものだ。伊藤なんかは、ブッタ斬るべきだ」

などと出身の福岡県人会で放言していた。

それが伊藤の耳に入った。伊藤は小村に命じて、いっしょに出頭させ、床の間の日本刀を指《ゆび》さして、

「国家のため、というのであれば、わしを斬るがよい」

といった。山座は蒼白になって一言もなかった。小村が低頭して何とかとりなした。

伊藤の行為は、おとなげないものだが、日本人は全体としてロシアの横暴さには怒っていた。また山座や佐官クラスの軍人たちのみならず、東京帝大の七人の教授らも、

「ロシアを撃つべきである」

と新聞に意見を発表していた。

横暴なロシアに対して自重せよ、という主張は、むろん国民には不人気である。

「断乎として戦え」

という論はやはり威勢がいい。「萬朗報」は、内村鑑三《うちむらかんぞう》や幸徳、堺の筆になる非戦論を掲載したために部数が激減した。太っ腹の社長黒岩涙香《くろいわるいこう》は、かれらの好きなように書かせていたが、主戦論の円城寺天山《えんじょうじてんざん》から、このままでは会社がつぶれます、といわれて主戦論を容認する社説を載せた。そのために三人は退社し、新聞の部数も回復した。伊藤にいわせれば、官吏たるものが、

「ロシアなんか恐れることはない。戦うべきである」

と声高にいうのは、本来なら許し難《がた》い行為なのである。

そんな事件のあった山座を次官につぐポストの政務局長に任用する人事が、伊藤の機嫌を損ずることはわかりきったことである。しかし加藤は、西園寺首相の背後の伊藤を意識してこの人事を断行した。加藤は三菱財閥創始者の岩崎弥太郎《いわさきやたろう》の女婿《じょせい》であり、三菱は大隈重信や改進党を支援していた。犬養は大隈の懐刀《ふところがたな》で、長州閥第一の官界人事に日ごろから不満を抱いていた。異彩を放っている、という彼の評価にはこうした背景があった。

原は、警視総監には薩摩出身の安楽兼道《あんらくかねみち》を起用した。安楽は前にも総監をつとめたことがあって、薩摩出身といっても、派閥色は薄かった。

山県は、原の〝お友達人事〟を冷笑していたが、原は警視庁の改革に手をつけた。日比谷の騒動に

ついて責任のあった麹町や赤坂の署長に辞表を提出させ、宣房主事、第一、第二部長を更迭し、さらに実質は政治警察である高等警察を官制から削除し、官房内に高等課を置くことにした。首相にも指揮権のあった高等警察を縮小して首相の指揮権も取り上げた。首相が政治警察を自由に動かせるならば、政敵を葬るために、あの手この手の非合法すれすれの手段も使いやすい。明治憲法では、首相に各省大臣に対する命令権はなかった。大臣を任免できるのは天皇だけだった。

原内相の改革は内相の権限を強くすることにもなるが、組織として権力の強かった高等警察そのものを縮小した改正だったから、新聞各紙の評判はよかった。

日刊の「平民新聞」が創刊されて、「妖婦下田歌子」が連載されるようになったとき、これを取締るべき警視庁は、原による改革のために、それ以前と比べて弾圧する力が弱まっていた。

現行刑法は、明治四十年四月公布、同四十一年十月一日からの施行で、名誉毀損《きそん》罪は当初からあった。下田歌子に関する記事は、明治四十年二月からだから、それ以前の法律による処理となる。新聞紙条例の掲載禁止条項に触れるか、官吏侮辱罪や罵言嘲弄罪になるかだが、政体を変革しようとする文章ではないし、罵言嘲弄罪に該当するかというと、それも微妙である。また、下田本人の怒りが、どういう形で警視庁に伝えられたか、実は不明である。少なくとも原日記にこの記事に関連した記述は一行もない。

現実にからかわれたのは、伊藤ら三人の元老だけではなく、宮内大臣の土方久元は、「色餓鬼《がき》久元」と描写されたし、貴族院副議長の黒田長成《くろだながしげ》侯爵は、

「黒田は脆《もろ》くも美しき悪魔歌子のためにその心臓を刺されたりき。黒田はついに妖魔の奴隷となりぬ」（第三十六回）

とサカナにされた。黒田については、のちに彼女がお互いの名誉のために、

「其《そ》の関係を断つべきことを乞い其《こ》の手切金五万円を要求したるに黒田は喫驚巴里《びつくりぱり》の女優が三千弗《どる》に接吻を売りしという話はあれど一夕《いっせき》の歓夢《かんむ》五万円に値するとは昔から聞かぬ相場かなと一万円位《くらい》に負けて呉《く》れと頼みしも歌子はイッカナ聞き入れず……」（第三十七回）

そこで最終的には辣腕《らつわん》で知られた萬朗報の悪徳記者と組んでついに五万円をせしめたというのである。

日本のラスプーチン

しかし、発行禁止処分は、この記事のせいではなくて、山口孤剣の危険思想を鼓吹《こすい》する文章が理由となっていた。また「廃刊の辞」とは別に、連載中止の社告も出た。新聞社としては、なお三十回以上の材料を有している「妖婦下田歌子」を中止するのはじつに残念であるというのだ。彼女が飯野吉三郎《いいのきちさぶろう》らと相馴《あいな》れて、醜状を演じつつある旨の文章もある。

この明治四十年の時点では、のちに日本のラスプーチンといわれる飯野は有名人ではなかったが、下田歌子の方は超有名女性だった。明治三十八年二月、陸軍大臣は寺内正毅《てらうちまさたけ》だが、彼の日記（二月三

日）に、「四時過《すぎ》下田歌子女史来訪同氏は時勢の趨勢《すうせい》に鑑《かんが》み我教育界の精神教育に注意すべき要件ある旨を説き飯嶋某に面会すべき旨を依頼せられる。由《よっ》て之《これ》を承諾し置けり」（原文片かな。以下同）とある。飯野の名前を書き違えているが、五日には、

「飯野吉三郎氏来訪経国の議論に就き端緒を聴く」（同）

とあって、さらに五月十三日、明治三十九年一月五日、同四十一年一月二十六日、同二月十八日にも来訪した旨の記述がある。その次の五月十七日には、

「飯野氏来る。撰挙《ママ》の形勢を報告し去る。彼刀剣二口を持て来る。由《よっ》て予亦《よまた》彼に露兵の我に投せし弾丸の鉄を以《もっ》て鍛冶せし刀剣大小二口《ふたくち》を彼に贈る」（同）

すでに通りいっぺんの友人関係以上に深まっているのがわかる。明治四十三年三月十六日の日記では、寺内は第二次桂内閣で再び陸軍大臣になっているが、陸軍省に午後登庁し、

「夕方飯野氏来る。種々現今の政況に就き事情を承知す」

とある文章からすると、友人の域を脱して政治状況について報告する仲になっていたと見てよい。ということは、三年前に「平民新聞」で下田歌子と深い関係にあるかのように書かれた飯野が、その程度ではなく、一部の政界有力者に影響力を持ちはじめてきたことがうかがわれるのだ。

首相の原のところに歌子がたずねてきた大正九年には、彼女は安政元年（一八五四年）生れだから六十六歳になっており、原は二歳年下だから六十四歳である。

この日、原は、週末を過す鎌倉・腰越の別宅から午前中に官邸に戻った。忙しい日で、田中義一《たなかぎいち》陸

相がやってきて上原勇作《うえはらゆうさく》参謀総長との対立をどうするかとか、大隈重信が加藤高明を首相にする気で、宮中を仕切っている皇后に働きかけようとする計画があるとか、そんな話も出た。

原は田中に、

「大隈さんにも困ったものだ」

といった。日記では、こういう田中の話は、田中や山県が原の胸中を探るための小細工ではないか、と疑っている。田中は長州だし、陸軍のつながりからも、山県とほぼ一体と見てもよさそうである。

そのあと、歌子がやってきた。紹介者は飯野だった。

歌子は、まず自分がいかに皇后に信頼されているかの、説明というより講釈をはじめた。

大正天皇のご成婚は明治三十三年五月十日で、そのとき首相は山県だったが、皇太子（大正天皇）のお相手を誰にするかについて伊藤から相談されていたという。皇族や華族の女性たちに関して自分ほどくわしいものは他にいないからであり、そういう身分の適齢期の女性は、華族女学校に在学中かすでに卒業した人だからだというのだ。

はじめは伏見宮《ふしみのみや》家の王女がよい、というものが多かったが、決める前に第一に必要なのは健康か否かの調査になる。

王女の診察を担当したのは、陸軍軍医本部長、貴族院議員、宮中顧問官、男爵（のち軍医総監、子爵）の橋本綱常《はしもとつなつね》だった。越前出身で将軍家の奥医師の松本良順《まつもとりょうじゅん》（のち順）に学び、長崎でオランダ人医師のボードインの下で西洋医学を研修してから、ベルリン、ウィーンの大学に留学した。さらにつけ加えれば、安政の大獄で吉田松陰らといっしょに井伊大老によって死罪になった橋本左内の弟でもある。橋本は明治四十二年に没したが、明治三十年前後では医学の第一人者だった。

「健康上は不適当かと存じます」

と橋本は歌子にいった。この場合の健康には、何か持病があるとか病気がちだということだけではない。皇統を考えると、家系として多産がよいということになり、健康診断にはその条件も含まれる。皇太子（大正天皇）の実母は、柳原二位局《やなぎはらにいのつぼね》である。天皇家に限らず、江戸時代の大名なども、正室との間の男子ではなくても継承の有資格者とされてきたが、やはり正室を母とするのが好ましい。また、天皇家の嫁になる場合は、健康だけではなく、家格にも条件がある。摂政、関白になれる五摂家《ごせっけ》（近衛、九条、二条、一条、鷹司《たかつかさ》）の姫であることで、養女は認められない。

歌子は、公爵九条道孝《くじょうみちたか》の四女節子《さだこ》がふさわしい、と考えて、まず橋本に健康診断をしてもらった。九条道孝は、九条尚忠《ひさただ》の第一子で、尚忠は孝明天皇の信任を得ていたが、将軍の後継や和宮《かずのみや》の降嫁などで幕府寄りになったために尊攘派に憎まれた。ひところ出家して九条村に謹慎したが、明治になって復活した。道孝もひところは参朝停止となったが、戊辰《ぼしん》の役では奥羽総督をつとめて、八百石の賞典禄を下賜《かし》された。

この九条道孝の五歳年上の姉君が、孝明天皇に嫁いだ英照皇太后《えいしょうこうたいごう》なのである。ただし、明治天皇の実母は中山慶子《なかやまよしこ》だが、皇太子（大正天皇）にとって、九条家は祖母の実家という縁がある。血統のつながりがあっては困るが、その点は心配ない。誕生は明治十七年六月、皇太子は同十二年八月。内密に調べがはじまったのは一年以上も前からで、婚約発表は明治三十三年二月十一日、当事の紀元節の日だった。正式発表までは、新聞は勝手に報道することはできないが、九条節子姫の絵が明治三十二年十一月三日の天長節当日に「報知新聞」に掲載されている。

歌子は、婚約発表までには、いろいろと出来ごとがあった、と原に伝えた。

橋本綱常の実兄の橋本左内は、主君の松平春嶽《まつだいらしゅんがく》の命令で京都へ出て、将軍の後継者を一橋慶喜《ひとつばしよしのぶ》とする政治工作を進めた。主として鷹司政通《たかつかさまさみち》に働きかけたのだが、井伊大老の謀臣の長野主膳《ながのしゅぜん》も上京してきて、九条尚忠に接近した。

やがて井伊の弾圧がはじまり、左内は、老中の評議では遠島処分だったのに、井伊が斬首に変えた。吉田松陰と同じであった。左内の刑死に九条家は責任があるわけではないが、井伊・長野の側に立っていたことは事実である。

そういう昔の出来ごとをそれとなく周囲に語るものもいた。何といっても、松陰門下生たちが政治の世界の主流なのだ。ただし、橋本綱常はそういう歴史にこだわらず、節子姫の健康は申し分ない、と診断した。

ご成婚の翌年には裕仁親王（昭和天皇）が誕生し、ついで三人の皇子が誕生したが、皇太子妃としての心労は絶えなかったし、皇后となられてからも、原が日記に書きとめた歌子の言い分は、

「妃殿下より陛下となられたる当時は、如何にも御心労の御様子にて、皇后となられて御喜びかと思えば左《さ》にあらず（中略）最近には天皇陛下の御病気にて如何にも御心痛あり、不幸にして御下問等に

対すべき有力なる老女官もなきに付《つき》、遂に自分を御召《めし》に相成る様の次第なり」

つまり、いま皇后さまにもっとも信頼されているのは、皇太子妃選定の事情もあってわたしですよ、と胸を張らんばかりにいうのである。

原は、明治三十二、三年ごろは、そういう事情に接することのできる地位にはいない。ふむふむ、とうなずいて聞くのみであるが、やがて歌子は飯野吉三郎のことを語りはじめた。

自分と同じ美濃《みの》の岩邑《いわむら》藩の出身で、宗教家として自分は尊敬している。天照皇大神《あまてらすおおみかみ》に祈って下される霊旨にこれまで何回も助けられた。それを迷信という人もいるが、敬神の念の厚い飯野には当てはまらない。自分はその霊旨を陛下に言上してきた。役人たちがいろいろと奏上しているようだが、何が本当なのか判断に苦しむ、という仰《おお》せだった。そんなわけだから、

「不肖ながら国家の為《ため》と思い色々言上し居ると云い、尚《な》お目下内外の事情を聞くに付、余は過日皇后陛下に奏上したる如き趣旨を物語り、彼（下田のこと）の参考になせり」

と原は書いている。

それだけではない。きょうは初対面だが、必要な場合はまたお目にかかろう、と約束した。

「下田は兎角《とかく》の評ある婦人なれども、教育も十分にある人なればにや其云う処《そのいうところ》は誠実にして尤《もっとも》の次第なり。且《か》つ彼の精神も其《その》云う処にては間違いなきものの如し。何《いず》れにしても宮中に賢明なる老女官にてもあらば一層国家の為になるべしと思わざるを得ず」

これがこの日の原の感想である。

原敬が大正時代を代表する政治家であったことは、異論のないところであろう。それほどの人物が、たった一度の会談で、俗な言い方をすれば骨抜き同然になった感じを受けるのだが……。

原は八月五日に日光のご用邸へ行き、天皇、皇后に拝謁《はいえつ》した。表向きの用件は、第一次大戦の講和会議に出席した西園寺公望全権らに対する論功行賞の件についての上奏である。また、病気の天皇に対するご機嫌伺いもある。

それがすむと、侍従から、皇后様がいろいろお話があるそうです、といわれた。こういう場合は、侍従の誰かが侍立《じりつ》する慣例である。どういう会話がかわされたかを立会って聞いておくのだ。その場でメモすることはしないが、あとで報告書を作って宮内大臣あてに出す。

しかし、皇后は侍従を遠ざけ、原に椅子をあたえた。異例の厚遇というべきである。形式ばらずに、ざっくばらんに話をしようというのだ。

まず皇后は、天皇の病気について国民はどう感じているだろうか、と質問した。

原は一般論から入った。世界大戦の影響で国民は外国の短所のみに雷同し、堅実を欠く傾向が出ているので、それを是正する努力をしている。この状況では天皇の病気が人心に影響することを心配したが、二回の病状発表で動揺を防げたと思われる。

すると、皇后は予定されている皇太子の外遊を話題にした。日英同盟で密接なイギリスを中心にヨーロッパのオランダ、ベルギー、イタリアの帝政国家とフランスを見ておくべきだ、という考えで、山県が発案した。イギリスは明治天皇の大葬にコンノート殿下が出席した。その答礼の意味もある。

原も賛成であった。いずれ天皇になる人に、外国をその目で見てもらうことは確かに必要であろう。しかし、皇后は不賛成だった。

天皇がこれまで日本の外へ出たことは一度もない。一度、日清戦争のときに、すでに形勢有利になってからだが、日本軍の士気を昂《たか》めるために、大本営を朝鮮に進めたらどうかという案が出た。しかし、実現しなかった。もしも、反日感情をもっているロシアの東洋艦隊がお召し艦の行手をさまたげたらどうするか、という論が出たからだった。いかにもバカげた想定だが、ロシアのニコライ皇帝は皇太子時代の明治二十四年の来日で、警備中の巡査に斬りつけられて負傷した。それを考えると、あり得ない話ではなかった。

必ず天皇になる皇太子を外国へ出して、万一のことがあったらどうするのか。世界大戦は、オーストリアの皇太子夫妻が爆裂弾などで暗殺されたことが原因だったのである。

皇后と下田歌子

原は、外遊は必要であるが、天皇の病状によっては皇太子が代理をつとめるケースがふえているので、それがいくらか心配だ、と皇后に報告した。皇后は、天皇の代理を無事に果たしているだろうか、と質問した。

英国大使やルーマニア皇太子との謁見《えっけん》で、実に見事におつとめになり、感激致しました、と原は答えた。

皇后は満足そうであった。原は退出してから念のために侍従や宮内大臣にどういう話だったかを伝えておいた。

歌子の二度目の来訪は九月七日である。日光へ行き、皇后にお目にかかって世間話をした。そのとき皇太子の外遊は見合わせた方がよい、と原首相が言上した旨を聞いたが、それは本当ですか、と歌子はいった。

原は驚いて、それは少し違う、と説明した。自分は外遊に不賛成ではない。ただ、天皇の代理行為がふえることについて、考えておく必要がある、という意味なのだ。

「皇后さまは洋行に反対のお考えだから、総理の話をご自分によいようにお聞きになったのでしょうね」

と歌子はいった。原を慰めているかのようだが、本心は、皇后が反対している外遊を中止した方がいいですよ、という意味なのである。

原は歌子が八月十日にたずねてくる前に、飯野と何度か会っていた。六月四日のことだが、官邸で閣議のあと、沼津のご用邸へ向かわれる皇后を新橋駅でお見送りし、それから古河の役員がやってきて、大連支店で約二千万円の損失を出した旨の報告を聞いた。支店社員のミスが原因だという。この時代の二千万円というと、現代ならば二千億円に相当するだろうか。原は退職してからも古河と関係をもっていたことがわかる。原は古河家の当主に爵位を下されるように、支援したこともあったのだ。

飯野の来訪は、そのあと夜になってからで、次のように日記に出てくる。

「飯野吉三郎先達《せんだつて》来訪の時皇后陛下より下田歌子への御内信持参せしが、今夜又々《また》来訪之を内示し且つ其《その》御状には下田より霊旨を申上げたるに因《よ》り御礼の意味並に皇太子殿下御洋行の可否に付《つき》陛下は御長子の事にて何分御案じありて外国に赴《おもむか》る事を好《この》せられざる御趣旨あり、乍去《さりながら》洋行は国民一般の希望なれば之《これ》を容《い》るる事国の為《た》めなり、其辺不明にて御案じあり又《また》霊旨をも聞きたしとの意味御記載あり如何にも恐入りたる事なるが、下田が之《これ》を飯野に内示するも不謹慎の事なるが、飯野と下田と如何なる関係あるや、随分下田の品行に付《つい》ては世評もあり、夫《そ》れは兎《と》に角所謂《いわゆる》霊旨云々《うんぬん》は飯野の神託の事ならん」（以下略、ふりがなは筆者）

原は「先達」と書いているが、常識的には一週間か十日くらい前を意味する表現であるのに、かなり逆上っても、日記には記述がない。しかし、そのときに飯野が、下田にあてた皇后の手紙を持参して原に見せたことがわかる。そして、この夜も持参したのだ。

皇后から手紙を頂いたことは、きわめて信頼されていることの証明である。また、その内容は、下田が飯野の霊旨を奏上したことに対する礼であり、皇太子の外遊には不賛成だとする考えも書いてあった。それだけではない。皇后は、飯野の霊旨なるものをまた聞いてみたい、とも書いているのだ。

皇后の手紙を飯野ごときに見せるのは、実に不謹慎な話である。また、飯野の霊旨なるものを信用なさったらしく、もう一度聞いてみたいとは、本当ならば驚くべきことではないか。

そのあと飯野は、手紙にかこつけて、

「皇太子殿下の外遊について、総理はどうお考えですか」

と原に質問した。

「そのことは山県閣下と話合って賛成したのだが、今の状況では、どういうものですか、陛下のご病気で代理をなさることが多くなってきたから、もしかすると不可能かもしれませんな」

と原は答えた。飯野が、原の本心を探りにきたとわかって、ボカして答えたのだ。

おそらく飯野はこれを下田に伝え、下田は皇后に伝えるはずである。

さらに七月十七日と二十四日に飯野はたずねてきた。こんどは外遊の件を出さずに、東京や近辺にいる無頼の徒をカラフトに送って開拓に役立てたい、首相にも協力してほしい、というのである。原は、結構なプランだと答えておいた。

原のいう「先達」の飯野来訪日は特定できないが、最初の来訪は明治四十五年四月十九日だった。そのとき飯野は故児玉源太郎《こだまげんたろう》大将に信用されていたとか、いろいろ吹聴した。原は「途方もなき馬鹿らしき話なり」と書いている。しかし、飯野は同郷の大島健一《おおしまけんいち》陸軍大将に信用され、寺内正毅とも往来するようになった。また、どうやって金を作ったかは不明だが、渋谷の穏田《おんでん》（現在の神宮前）に三千坪の敷地のある大邸宅を構えて「穏田の行者《ぎょうじゃ》」と呼ばれる存在になった。

明治三十四年に大隈重信の邸宅が火事になったとき、その前に飯野が大隈と親しい代議士に、

「大隈さんのお宅が火事になるから注意しておくように」

といった。それを知らされた大隈はバカらしいとハネつけたが、本当に火事になった、という話が

松村謙三《まつむらけんぞう》（清潔な政治家として定評があった）の「三代回顧録」（昭和三十九年刊）に出ている。また同書に、山本権兵衛《やまもとこんべえ》が首相になったとき、飯野が神様のお告げで会いにきた、と面会を求めたときに、山本は、

「当方にも神様のお告げがあって、飯野に会うなとのことだ」

と追い払ったエピソードも紹介されている。なお、この一件は、大久保利通の次男の牧野伸顕《まきののぶあき》（文相、宮内相、内大臣を歴任）の「回顧録」（昭和二十三年刊）にも出ている。牧野は文相時代に寺内陸相から、飯野に会ってやってくれと頼まれて会っていた。

飯野は、乃木希典《のぎまれすけ》学習院長が下田歌子を退職させようとしているが、これは薩長の協調を妨げようとする手段だから、下田の留任にご配慮をお願いしたいという陳情にきたのである。文相は学習院の人事に権限はないが、数日前に乃木が文相官邸にきて、下田を退任させるつもりだと話した。牧野は、そのこ決意は結構です、と応じた。そして、

「女史（下田のこと）は随分根を張っているので相当の御覚悟が必要でしょう、と注意した所が、それは心得ているから、これから宮内大臣に申し出る積りだ、という返事だった」（回顧録）

そういう乃木の動きを飯野は知っていて、働きかけてきたわけだが、牧野は、

「飯野は或る方面で崇拝者もいて、相当の知慧者のように思っていたが、この話の浅薄なのには驚いた。それで相手になる気もしないので、程《ほど》よくあしらって帰した」（同）

というのである。

飯野が政界の一部に影響力をもっていたことは、大正四年の「樺太事件《からふと》」被告平岡定太郎《ひらおかていたろう》（元樺太庁長官）を弁護した弁護士花井卓蔵《はないたくぞう》の「訟庭論草」（昭和五年）から知ることができる。平岡は漁場管理の手段として漁場を賃貸し、その料金を地元民保護に充当する政策をとった。払うのは内地から進出してきた業者である。平岡はそうやって積み立てられた金の中から約四万六千円を機密費として流用した容疑で警視庁に逮捕され、東京地裁で公判に付された。花井の弁護で平岡は無罪になったが、個人的な用途に流用したのではないことが証明できたからである。

花井論文には、予審判事潮恒太郎の調書が引用されている。潮判事はシーメンス事件などの大事件のほとんどを担当した人だった。また、平岡は三島由紀夫の祖父である。

平岡は、陸軍が作った軽便鉄道の返還を要求されたとき、飯野に働きかけてもらった。その結果、陸軍から無期限貸与の許可を得たので、その尽力費として二万円を渡した、と供述している。飯野が運動費として陸軍の誰に渡したかは、追及されなかった。海軍のシーメンス事件では、四十万円の収賄をした将官たちは軍法会議によって裁かれた。四十万円のうち十万円は海軍大臣に渡されたが、そのときは徹底的に秘匿《ひとく》された。飯野から陸軍の軍人に渡されたとすれば、陸軍の軍法会議になるが、事件にされなかったのだ。海軍も陸軍も、不都合なことは徹底的に秘密にしたのである。

宮中某重大事件

原が山県に会って、皇太子の外遊問題でじかに話合ったのは大正九年十月二十一日だった。山県は西園寺から聞いた話として、皇后は外遊に納得したようだといい、そのあとは歌子の品行談をはじめた。西園寺から、ロシアの怪僧ラスプーチンまがいの男だ、と聞いたともいった。

実はこのとき山県の耳には、前年六月に皇太子妃に内定した久邇宮良子女王に色覚異常の血統が入っている、という情報がすでに入っていたのだが、山県はそれを一言も原に洩らさなかった。皇太子の外遊は、国際関係に影響するから政府の扱う問題だが、天皇家の結婚は、政府と直接に結びつくものではないという考えだった。扱うのは宮内省であり、何か相談するとすれば、首相ではなくて元老たちに対して、である。元老は、明治天皇の相談相手にふさわしい別格の存在といってよく、当初は、伊藤、山県、井上、黒田清隆、松方正義、西郷(従道)、大山巌であった。

全員、維新の風雪をくぐりぬけている。土佐の板垣や肥前の大隈も経歴に大差はないが、二人とも反政府の政党を創立したから除外された。やがて黒田、西郷、伊藤、井上、大山の順で死亡し、残っているのは、山県と松方の二人だけになり、そこで西園寺が加えられたので三人になっている。

原が知ったのは、十二月七日だった。次の日に静岡県興津《おきつ》の別荘に行くことを予定している西園寺をたずねて、宮中の情報を仕入れようとしたのだ。長い間明治天皇の侍従長をつとめた徳大寺実則が実兄だったから、内情についてくわしいのである。西園寺は、皇后様はまだ外遊について最終的な許

諾をなさっていないが、新しく困った問題が生じてきた、といった。その問題というのは、日記では、

「皇太子殿下の皇妃と内定ありし久邇宮王女は色盲（原文のまま引用）の御欠点ありと云う事にて、如此《かくのごとき》御病疾あるを皇妃となす事は不可能に付、御変更相成らざるを得ざることとなり、此事に付《つい》ても色々相談中なりとの物語りあり」

と記述されている。

原は、そういう異常が事実なら、婚約解消はやむを得ない、とそのときは思った。翌日に山県を訪問して、長時間の話をしたが、前半は外遊の一件で、原は、皇后様の承諾は今もってないが、外遊は皇太子の見聞をひろめるだけでなく、国民感情の上でも大切だ、といった。山県は、全く同感だといってから婚約解消に話題を移した。色覚異常は学理上争うべからざるにつき、西園寺から宮家に辞退するように忠告してもらったが、久邇宮家は問題なしと拒否した。また、宮家付きの侍従武官が山県のところにやってきて、

「綸言《りんげん》汗の如し、という諺《ことわざ》のままに、ご内定通りにご成婚を進めて下さい」

と申し入れた。山県が宮内省の官僚たちも支配していることを知っているから、宮家は武官を送ってきたのだ。山県はハネつけた。

「自分は不忠の臣とならぬように今日まで心がけてきた。去年の婚約内定は、両陛下がこの異常をご存知なかったからで、それがわかった以上は解消すべきである」

また、山県は原日記によれば、

「近来何もかも皇后陛下に申上ぐる様になり、斯くては或《あるい》は将来意外の弊《へい》を生ぜずとも限らず甚《はなは》だ憂慮し居れりと」

山県は、下田が飯野の霊旨とやらを皇后に伝え、皇后もまた下田の出入りを許していることに不満を持っていた。しかし、皇后を批判することは忠臣山県有朋としては不可能であるから、とかく悪い評判のある歌子や予言者めいた行為の飯野を認めるな、と暗に原にいったのだ。

徳川幕府から天下の権を奪い、天皇制を確立したのは自分たちなのだ、と山県は思っている。元老として天皇家の問題に関与するのも当然の役目である。怪しげな霊能師やそれを守り立てる女に、宮中のことをかき回されてはならないのである。外遊について、下田が飯野の霊旨なるものを皇后に伝えたらしいことにも、山県は怒っていたし、それを大目に見ている原に対しても、大いに不満であった。

山県は十一日にも原と会談した。主たる議題は外遊の件だが、婚約解消にも言及し、

「万世一系の御血統に如斯《かくのごとき》事ありては、吾々は如何にしても賛成の出来ぬ事なりと繰返したり」（原日記）

というのである。

もう一人の元老の松方も、解消するしかない、と原にいった。ところが、十七日の閣議のあとに中橋徳五郎《なかはしとくごろう》文相から聞いた話では、宮内省からの相談で佐藤進医科大学長に申し入れて、五人の専門医に診断させることになったという。佐藤進は幕末の名医佐藤尚中《しょうちゅう》の養子である。また、この内緒話を小耳にはさんだ田中義一陸相が口を出した。松方元老は、久邇宮妃が旧主の島津家出身であるこ

とに気がつき、山県に同調していた考えをやや変えたという話もある、と伝えた。あらゆる情報がもう抑えられない感じで飛びかっている状況だった。

それ以外にも、多くのものが原のもとにやってきて、真偽不明の情報を伝えた。

皇太子の倫理学進講を担当した杉浦重剛《すぎうらじゅうごう》が、山県のところへ行って、皇太子の成績を報告したときに、

「久邇宮にも困ったものだ」

と山県が呟《つぶや》いた。そのときは何のことかわからなかったが、宮家に何かあったのかと聞いてみると、すでに婚約が決定発表されていたのに、

「急に辞退しろということになった。どういう原因かと聞くと色盲（原文）の血統を入れるのは畏《おそ》れ多いというので、伏見宮から伝達された。が、それは自分の方でもお断《ことわ》り申上げたという事情が明白になった」（古島一雄・一老政治家の回想）

古島は政治記者をしているときに犬養木堂と親しくなり、明治四十四年に代議士に当選してから終始行動を共にした。太平洋戦争のあとは吉田茂の指南役になったことで知られている。若いころ杉浦に師事して日本主義を学んだ。

杉浦は、久邇宮家に辞退を迫る張本人が山県であることを知ると、婚約解消は智仁勇を重んずる皇室の伝統に反することだ、と考え、山県を向うに回しての闘争をはじめた。相手が元老の山県とわかると、たいていのものが杉浦に味方しなかった。

また、久邇宮のほかに賀陽宮《かやのみや》家の王女もひところは皇太子妃の候補だったこともあり、同宮家の事

務官が策士的に活動し、山県から婚約解消の意見書を出してもらったという噂も流れた。しかし、これには裏があって、良子女王に決定したとき、やはり倫理教育をすることになって、下田歌子ともう一人後閑菊野《ごかんきくの》という女性が候補になった。下田は当然自分だと思っていたのに、久邇宮家の官務官が下田を退けて後閑に決定した。

「下田はこのことを恨んで皇后陛下に申上げ、反対運動（皇太子と良子女王との結婚は血統上から問題があるとする理由で、結婚に反対するもの）になったという噂があって……」（古島・前掲書）

という状態になったが、恩師の杉浦のピンチと見た古島が活動を開始した。

原のもとに、こうした動きが田中陸相から入ってきたのは、十二月二十八日だった。

杉浦が山県を非難し、民族主義の領袖《りょうしゅう》である頭山満《とうやまみつる》に相談した。頭山が自分の周囲のものに山県を批判する言葉を語ったので、山県を攻撃しようという企てが生れた。つまり実力行使をしようというのである。そういうことを実行する命知らずが頭山の周りにいる、と思われていたから、原は警視庁に、警戒するようにせよ、と指示した。

年が明けると、怪文書が飛びはじめた。主として山県に対する攻撃である。長い間、絶対的な権力を握っていた彼に対する反感が、いっきょに噴出した感じだった。

二月二日の原の日記に、久邇宮家や杉浦、頭山らの動きは激烈をきわめたとあるが、宮内大臣の中村雄次郎《なかむらゆうじろう》の案で事態は解決する方向へ進み出した。中村は陸軍中将で、山県の子分である。

新聞はこの件について表立っての記事は出せないでいるが、杉浦が皇太子の御学問御用掛（講師）

を何故か辞任した、という形で報じている。

そこで中村宮内大臣が、皇太子の婚約については何ら変更なし、と発表し、この騒ぎを治めたあとに辞任する、という妥協策である。この記述のあと、二月九日の日記では、下田歌子がやってきて、「山県の陰謀によりて御変更の企をなしたるものなりとの誤解は仲々《なかなか》深く入り居れり」と教えた。また、山本権兵衛、大隈重信とふだんは不仲の両者が山県排斥で一致協力しているともいった。下田歌子は十一日にもやってきて、杉浦一派だけではなく、後閑菊野という女も反山県の宣伝に努めたのだ、と話した。

ここまでくると、勝負あったという感じである。結局二月十日に、はじめ内務省、ついで宮内省から、皇太子の婚約につき、世上種々の噂あるも御変更の儀は全然これなしという公式発表があった。一般国民には何のことかわからないが、わかる人にはわかった発表だったのである。

以上が「宮中某重大事件」と呼ばれた騒動のあらましである。色覚の件が押しやられて元老山県を排除する政争めいた展開になったのは、首相の原にとっては迷惑な話だった。天皇家の結婚は、政府の扱うことではなく、内大臣と宮内省が扱うものである。天皇の相談相手になるのは松方正義で、そこに薩長の対立を見る説も生じてくる。ある意味では、維新以来の歴史がからんだ出来ごとだったのだ。幸徳秋水が刑死した「大逆事件」も、平民新聞で「妖婦」にされた下田が復讐のために警察を動かしたのだとする説まであった。彼女にそんな〝力〟はなかった。また原内閣のそのときの命題は、皇太子の外遊を実現することであり、元老の面子《メンツ》の問題ではなかった。

山県はこのあと爵位返上やその他の公職辞退願を出したが、天皇から、それには及ばないというご沙汰が出た。彼の死は一年後の大正十一年二月一日だが、その一年間でかつての重みはなくなっていた。下田歌子も、宮中情報をありがたがる人が減ったせいか、人びとの話題になることが少くなってきた。また、飯野は大正十四年一月に三千円の詐欺で告訴され、前から目をつけていた警視庁の取調べを受けた。「報知新聞」がそれを大々的に報じたが、実体のない事件で免訴になった。

彼の死は昭和十九年二月三日で、主宰していた「大日本精神団」の死亡広告には、頭山満、一条実孝《いちじょうさねたか》公爵、水野錬太郎《みずのれんたろう》元内相、柳川平助《やながわへいすけ》陸軍中将、白鳥敏夫《しらとりとしお》元駐イタリア大使が名をつらねている。霊能師として、それなりの信奉者を持っていたのであろう。

6　オホーツクの海賊

正力松太郎と海賊

警視庁官房主事の正力松太郎が弁護士の布施辰治から電話を受けたのは、大正十一年（一九二二年）十二月十一日だった。重要な用件で会いたい、証人も同行する、――というのである。重要な用件というが、具体的にはどういう内容なのか、たとえば思想関係の事件なのか、それとも全く別の刑事事件なのか、と正力は問いかえしたが、布施は、電話では説明できない、会って話す、時間を作ってくれ、といった。

布施は人道主義の弁護士として高い評判を得ていた。正力が神楽坂署の署長だったころに扱った「島倉事件」の被告島倉儀平の弁護士として、正力と対決した仲でもあった。

それはかなりの難事件で、はじめは聖書の窃盗事件として捜査をはじめたところ、途中から少女の四年前の行方不明が表面化し、さらにその死体が出てきたことから自称宣教師の島倉の犯行ということになったのだ。布施は、拷問による島倉の自白（法廷で島倉は犯行を否定し、警察での自白は拷問に負けたため、と主張した）を問題として、取調べの刑事や、捜査の指揮をとった正力を証人として出廷させた。つまり、仇同士といってもいいが、それは法廷における関係であって、いったん法廷を出てしまえば、互いに相手の力量を評価し合っていた。

そのころの警視庁官房主事というポストは、総監直属で、庁内ではナンバースリーだった。また、思想犯専門の「特高」を指揮するポストなので、多額の機密費を自由に使えたから実質的にはナンバーツーだともいわれていた。それに、正力にしてみれば、島倉事件そのものは控訴審で裁判中であるとはいえ、一審では被告有罪（死刑）の判決が下されており、正力の勝利になっているのだ。

間もなく布施が一人の男を同伴してやってきた。四十歳前後で、職人ふうである。見る限りでは、布施ほどの弁護士がつきそってくるような、大事件を引き起こす犯人のようには見えなかった。

「布施さん、重要な用件といわれたが、まさか強殺とかそういった犯罪ではないでしょうな」

「そういう単純なものではないし、もしかすると、もっと悪質かもしれませんよ」

「もっと悪質？」

「この人が証人であるし、同時にピストルをつきつけられて強制的に手伝いをさせられたらしいが、何十人も殺した殺人幇助《ほうじょ》の疑いがないわけではない」

「何十人も殺したですって？　信じられませんな。そんな多くの人が殺されたのに、死体が一つも出てこないなんてあり得ないことだからね」

正力の口調は強く、かつ怒りと落胆がないまぜになっていた。当然かもしれなかった。警視庁管内はもとより日本のどの地方においても、何十人どころか何人もの殺人死体が発見されたという報告はないのである。

官房主事として多忙を極める彼があえて時間をつくったのも、相手が布施だったからである。それなのに、あり得ない話をもちこまれたことで、正力はかっとなったのだ。ところが、布施は語気を強め、

「正力さん、本当のことをいって、わたしも最初は信じられなかった。この大正の御代《みよ》に海賊が出現しただなんて……」

「海賊というと、海上で金品を強奪するあの海賊のことですか」

「そうです。この人は千葉に住む大工《だいく》さんで田中三木蔵《みきぞう》というのだが、樺太《からふと》の間宮海峡の方で海賊をやった……いや、無理に手伝いをさせられた、そして何十人ものロシア人を殺して海に投げ入れ、積荷を奪い取ったそうです。正確には、実行行為の主犯は別にいて、この人やお友だちは、手伝わないと、わが身が危いものだから、被害者を縛って目かくししたり、射殺された死体を海に投棄したりしたというんですな」

正力は田中というその職人を見据え、

「おいッ、いまの話、本当か」

といった。田中は首をすくめてから、

「へい、本当です」

とおびえたようにいった。

正力は秘書を呼び、刑事課長を呼ぶように命じた。すぐに大久保留次郎課長がやってきた。田中の供述をもとにこの一件を警視庁が取り上げるとすれば、それは官房主事が手がける事件ではなく、刑事課長の方がふさわしいからである。それに、田中の様子や布施の人柄からして、架空のことではないだろうが、いかにも突飛で、心のどこかに、信じ切れないものがあった。

大久保が田中を別室へ連れ去ったあと、正力は布施にいまの男とはどういう関係なのか、とたずねた。布施は、田中とはこの件で初めて会ったもので、自分のところに出入りしている渡辺鉄治という大工の親方が、

「先生、是非とも面倒をみてやって下さい。ちょいといいかげんなところはありますが、決して悪いやつじゃない男で」

と連れてきたもので、話を聞いても半信半疑だった。しかし、そういうことであれば、警視庁の偉い人を知っているから、その人に話を聞いてもらうのがいい、と田中にいったところ、

「悪いことを手伝った以上、罰を下されるのは覚悟しています。その節はお願いします」

と田中は涙を浮かべた。その涙に嘘はない、と布施は感じ、裁判になった場合、弁護することを約束した。海賊の実行場所がどこであろうと、日本人が犯人であれば日本の法律によって日本の裁判所で審理することになる。裁かれるであろう田中にとっても、布施が弁護してくれるなら心強いはずである。

布施は、どうせ田中は今夜は帰宅できないだろうから、よろしく頼む、と正力にいって帰って行った。

夕刻近くになって大久保が報告に現われた。正力は、

「どういう話なんだ?」

「調べはデカ長の遠藤君に任せて、わたしはわきで聞いていたのですが、いや、もう、眉唾ものというべきか半信半疑というべきか、聞いていてもわが耳を疑うような話なんですよ。しかし、海賊をやってロシア人や中国人を殺して船荷を奪ったことに間違いない、と思われます。主犯と覚《おぼ》しき江連《えづれ》力一郎というのは、剣の達人とかで、荒っぽいことはお手のものらしい。その上に、厄介なことですが、この話には陸軍が一枚かんでいるようです」

間宮海峡での海賊行為であれば、シベリアに出兵している陸軍がからんでいるとしても決して不自然ではないが、正力の立場からすると、これは厄介なことだった。警察の力は強いが、軍に対しては通用しない。

「陸軍が一枚かんでいるというのは、あの田中という男がいったのか」

「田中本人は、自分で目撃したわけではないが、江連がそういう自慢をし、現に何十挺もの小銃が揃えてあったそうです。ただし、それは日本軍の制式銃ではなかったようですね」

「どうしてわかる?」

「田中は兵役に服したことがあって、そのときに三八式歩兵銃が支給されていましたから、判別できたわけです」

三八式というのは、明治三十八年に陸軍が採用したことから命名された単発式の小銃である。

「それで、海賊行為という件はどうなんだね？」

「江連という男がよほどこわいらしくて、自分はいやだったけれど、何十人ものロシア人を殺すのを手伝ったといったかと思うと、すぐにそれを否定して、やったのはいっしょに行った矢ヶ崎という若いやつで、自分は見ていただけだったとか、話は首尾一貫しておりません」

「江連という男がどうやらカギを握っているようだが、それについて、田中はどういっている？」

「茨城県の出身で剣術の名人だ、というだけですが、ま、その程度の手がかりでも何とかつきとめられるでしょう」

と大久保は自信ありげにいった。

じっさい、警視庁の照会に対して茨城県の警察部から届いた回答は、正力や大久保をじゅうぶんに満足させるものだった。

第一次大戦と対支要求

江連力一郎は茨城県結城郡江川村で割烹《かっぽう》旅館を経営している長左衛門の長男として、明治二十一年に生れた。小学生のころから乱暴者だったが、学業が悪いというわけではなかった。はじめは結城町の中学、途中で東京の中学に転校してから明治大学に進んだ。柔道部やボート部に属し、選手として対抗試合に出場したが、江連がもっとも精魂こめて打ちこんだのは剣道だった。それも大学の剣道部ではなく、牛込の下宿の近くで天真正伝香取神道流《てんしんしょうでんかとりしんとう》の道場を開いていた金子是政に入門し、徹底的に修行した。

この剣法は、足利義政将軍に教えたといわれる飯篠長威斎を流祖とするもので、有名な塚原卜伝の新当流や上泉信綱の新陰流よりも歴史の古い流派だった。江連は学生剣道には満足せずに日本古来の剣の道を究《きわ》めようとしたのだ。

大学を卒業してから、江連は兵役検査を待たずに一年志願兵の制度を使って入営し、一年間の兵役をすませると、再び金子のもとに戻った。そして、ようやく免許を受けると、郷里に戻って道場を開いた。茨城県は剣の盛んな土地柄だったから、道場は繁盛した。

そのころ道場に近い結城町の茶屋に出ている鈴木お梅という茶屋女がいた。ここでいう茶屋というのは小料理屋のようなもので、酒食を楽しむ客の相手をするのが茶屋女である。お梅は、北海道の北見の生れで、両親は千葉から開拓で入植した。はじめは好調だったが、父親が酒びたりになったために、折角の開拓地も人手に渡さざるを得なくなり、一家は離散した。

彼女は小学校を出るとすぐに奉公に出た。最初のうちは子守や女中をしていたが、

「お前さんの器量なら、もっと給金のもらえる仕事を世話するよ」

といわれて結城町にやってきた。その仕事というのが茶屋女つまり酔っぱらい相手の酌婦だった。しかも仲介した男がワルで、お梅は年季奉公の契約にされていた。

要するに売られていたわけである。法律上は、人身売買は禁止されていたが、現実は、そういう条文があるというだけのことなのである。ことに遊郭では公然と若い女性が売られ、脱走しようものなら、警官が追いかけてきてつかまえ、店に連れ戻した。

お梅は美しかった。それも通りいっぺんの美しさではなく、とびきりの美女だったが、年齢はまだ十代の半ばである。それに、お梅にとって幸運だったのは、茶屋の主人がやさしい男で、彼女の向学心を知ると、女学校へ入れてくれた。おそらくお梅を愛してしまったのであろう。

一方、道場を開いていた江連もこの茶屋に通うようになった。お梅は昼間は女学校へ行ったが、夜になると店に出た。何から何まで面倒をみてもらうのがいやだったから、客からもらうチップを貯めて少しでも借金を減らしたかったのだ。

大正三年（一九一四年）六月、オーストリア・ハンガリー帝国の皇太子フランツとソフィア妃がセルビアのサラエボで暗殺され、第一次世界大戦が勃発した。はじめにオーストリアがセルビアに宣戦布告し、ついでセルビアと同盟しているロシアが総動員令を発した。さらにオーストリアの同盟国ドイツがロシアに宣戦布告すると、ロシアと同盟しているフランスが参戦し、ついでイギリスがドイツに対して宣戦布告した。

日本がドイツに宣戦布告したのは八月二十三日だった。日英同盟に従っての参戦で、九月二日には、ドイツが中国から租借している山東省青島《チンタオ》めざして膠州湾の竜口に上陸した。

イギリスは、日本海軍にダーダネルス海峡に艦隊を派遣するように求め、フランスとロシアは日本陸軍が三個師団をヨーロッパに派遣するように要望してきた。同盟国のイギリスと違って、フランスやロシアは、援兵をお願いするという低姿勢である。しかし、日本はフランス、ロシアの申入れは拒絶した。理由は、日本軍は国防を唯一の目的とするもので、ヨーロッパやダーダネルス海峡へ外征するのは、目的に反することになる、というものだった。また、陸軍の青島攻略や、海軍がドイツの東洋艦隊を追って南洋群島の中のいくつかの島を占領したのは、両方ともあくまでも日本の安全のための行動だ、と説明された。

この方針は、外相の加藤高明が首相の大隈重信と相談して決めたものだった。加藤は、三菱財閥をバックにしており、大隈は明治十五年に改進党を創立したときから、政治資金について三菱の援助を受けていた。首相をつとめるのは二度目だったが、元来が政党政治家であり、むやみに戦争をしたがる軍部出身の政治家とは、基本的な理念を異《こと》にしていた。

加藤は東京帝大法学部をトップで卒業したあと、三菱に入社した。

周囲のものはびっくりした。帝大を出たものは官吏《かんり》になるのがふつうだった。成績がよければ内務省に入るのがお決りのコースである。当時の内務省の権限は強大で、全国の知事と警察を掌握する官庁だった。政府の中の政府ともいわれていた。

そのエリートコースに進まずに、新興の三菱に入ったのだから、周囲のものが驚いたのも当然だったが、加藤には彼なりの考え方があった。彼の生家は尾州藩の下級武士で、万延元年（一八六〇年）に生れた。次男だったので、跡取り息子のない他家（加藤家）に養子として迎えられた。加藤家もやはり下級武士だった。

尾州藩はいわゆる徳川のご三家で、幕末においては長州征討軍の総督をつとめた。藩主だった慶勝《よしかつ》と茂徳《もちなが》の兄弟は、高須藩の松平家から迎えた養子で、会津藩主の松平容保《かたもり》、桑名藩主の松平定敬《さだあき》の二人とも実の兄弟である。会・桑の両藩は、薩長とは徹底的に戦った。尾州藩は鳥羽伏見の戦のあとは新政府軍に参加したので、賊軍のレッテルを貼られずにすんだものの、薩長閥の明治の官界において尾州出身の官吏が出世する確率は、極めて小さい。薩長の生れで、政界の有力者につながりがあれば、能力が低くても出世する。それより、能力があれば重大な仕事を任せるという実業の世界に入った方がいい、と加藤は判断したのだ。

三菱は岩崎弥太郎の独裁によって経営されていた。大学出の加藤も、学歴のない社員と同じく、最初は前垂れの制服で勤務した。加藤は一言も不平をいわなかった。

それを見ていた岩崎は加藤を娘の婿に迎え、イギリスに留学させた。弥太郎は明治十八年（一八八五年）に病死するが、二代目の弥之助（弥太郎の弟）が加藤を外務省に入れた。一時期、大蔵省に出されたが、外務省の政務局長、駐英公使のあと第四次伊藤博文内閣で外相として入閣し、衆議院議員も二期つとめた。

そういう経歴を買われて「東京日日新聞」の社長になったことがあったが、ロンドンに在勤した影響か、日ごろから、

「新聞の理想はロンドン・タイムズである」

と公言するものだから、社員たちから敬遠されたのも当然だった。それだけならまだしも、部数が六万部から二万三千部に激減した。経営者としては失格である。第一次西園寺公望内閣に外相として入閣を求められたのを機に政界に戻り、第二次桂太郎内閣では駐英大使になった。その後、第一次世界大戦が起きたとき、加藤は大隈首相の下で四度目の外相をつとめており、日英同盟にもとづく参戦その他の外交案件の処理は、ほとんど加藤にゆだねられた。

このとき、明治維新を体験した「元老」がまだ四名（山県有朋、井上馨、大山巌、松方正義）健在だった。

もっとも、大隈は天皇から「元老」として指名されていなかったが、その存在感は元老たちに匹敵した。維新後に新政府が成立したとき、もはや伝説的な英雄となっている西郷南洲や、いわゆる維新の三傑と呼ばれる木戸孝允、大久保利通とともに参議に任命されたのである。ただ、明治三十一年に板垣退助とともに隈板内閣を作り、五カ月足らずで総辞職したあとは、政界から退いていた。

海軍の将官連中が軍艦建造に乗じて多額の賄賂《わいろ》をとったシーメンス事件のあと、元老たちは大隈をひっぱり出した。海軍のエリートたちのひどい腐敗ぶりに、民衆の憤慨と怒りの炎は燃え上っている。

「その炎を消せるのは大隈しかいないよ」

と井上馨がいい、大隈のことを嫌っていた山県有朋も同意したので、大隈内閣が誕生した。しかし、大隈は天保九年（一八三八年）の生れで、このとき七十六歳の老齢である。大隈は、

「わが輩は百二十五歳まで生きるだろう」

と日ごろから周囲のものに公言していた。本人は若いつもりだったが、体力はやはり衰《おとろ》えていた。さらに外交に関する事項となると、久しく政治の現場から離れていたために判断に迷うことが多く、加藤や外務省の幹部たちのいうなりになることが多かった。

その最大のミスは、大正四年の対中国二十一カ条要求だった。日中関係がそのあと歪んだ最大の原因は、この無法な外交にあった。加藤はイギリスを軸として欧米に関した問題には強かったが、中国についてはまったく不勉強だった。そのために、実務は政務局長の小池張造にほぼ任せきりであった。

小池は陸軍や中国貿易の関係者と相談して二十一項目の要求を中国につきつけた。

清朝が倒れ、中華民国が成立し、軍閥のボスの袁世凱《えんせいがい》が大総統に就任していた。日本の要求を見て、袁は、

「日本はわれわれを豚狗のごとく奴隷のことくに扱わんとする気か」

と怒った。

二十一の要求は、山東省のドイツの権益の譲渡、満洲と内モンゴルの特殊権益の承認などだが、後半の七項目は「希望条項」という形式にしてある。それでも、中国民族のプライドを踏みにじるものだったことは明らかである。

たとえば、日本人を中国政府の政経、軍事の顧問にせよとか、警察官庁に日本人を採用せよとか、鉄道の敷設権を日本人に付与せよとか、一言でいえば、属国扱いにしたものだった。また、加藤は、この七項目については「希望条項」だからという理由で、イギリスなどの関係国に通知しなかった。

前半の十四項目も、かなりひどい要求ではあったが、他国の理解を得るのは不可能というものではなかった。実は、袁世凱が本当に怒ったのは最後の七項目にあったのだ。

袁世凱は、

「日本の二十一項目の要求は実に無法なものである」

と外国人記者にいった。

イギリスは、日本から十四項目しか知らされていなかったから、

「何かの間違いではないか」

と日本に問い合わせてきた。そのために、外国には伏せておいた七項目について、日本は弁明せざるを得なかった。伏せたのは、要求ではなくて希望だったので、と苦しい弁明をしたわけである。

中国は、イギリスが日本の要求について、イギリス自身の中国における権益を守るために日本にクレームをつけることを期待していた。しかし、日本が〝希望〟の七項目をひっこめると、イギリスはそれ以上は文句をつけなかった。ドイツと戦っていて、何とか日本に陸上部隊や軍艦を出してもらいたいのである。日本の機嫌を損ずるようなことは避けたのだ。

南洋諸島へ進出

中国の山東省への派兵や南洋群島の占領によって、この両地域への関心がにわかに高まった。中国

には、日清戦争や日露戦争に関連して、多くの日本人が渡航していたし、商売で往復するものも多かったが、南洋群島となると、ほとんど知られていなかった。

昔から、戦争が起きてある地域が占領されると、戦争が終ってからも、その地域は占領した国の所有になるか、所有にならないとしても大きな権益を獲得することになる。

日本人の多くは、それまでサイパン、テニヤン、パラオなどの島を知らなかった。

しかし、新聞にそれらの島のことが書き立てられると、未知なるものへの憧れを抱くものがにわかにふえた。人によっては、衆に先んじて乗りこみ、何か利益をつかもうとした場合もあったし、金が目当てではなく、南洋という新天地の開拓に一役買いたいと夢みるものもいた。

天真正伝香取神道流の道場を開いていた江連力一郎もその一人だった。幼いころから、彼が熱心に読んだのは、教科書ではなくて、冒険小説、武侠小説、宮本武蔵などの剣豪を主人公にした小説だった。

もちろん空想と現実との違いは、江連にもわかっている。南洋へ行ったからといって、武侠小説のヒーローのように活躍できるはずのないことも承知だった。しかし、片いなかで剣を教える暮しも夢がないし、味気《あじけ》がない。江連はじっとしていられなくなって、道場は師範代の八雲幸次郎という男に任せて上京した。もしかすると、茶屋の主人の軛《くびき》から逃れられないお梅への思いを断ち切るためだったかもしれないが、江連は南洋をめざした。

これは、考えていたほど簡単ではなかった。つまり、南洋群島のどの島であれ、日本から行くのは大変だったのだ。

日本海軍が作戦を開始したのは、大戦がはじまって二カ月後の十月になってからで、海軍陸戦隊が最初に占領したのは、マーシャル群島のヤルート島だった。ドイツがこのあたりを勢力圏内におさめたのは一八八五年から翌年にかけてのことだった。

十月六日の海軍省の発表では、

「マーシャル群島中のヤルート島に到り、陸戦隊を揚《あ》げて同地諸般の軍事的施設を破壊し、かつ武器弾薬類を押収して、敵官憲の降伏を容《い》れたり」（十月七日付東京朝日）

「島内に拘禁中の同胞一名を救出し」（同）

ともいう。しかし、この島以外にも日本海軍は、カロリン諸島のクサイエ島、ポナペ島、トラック島、パラオ諸島のヤップ島も占領していた。それが明らかになったのは十二月で、海軍の御用船鹿児島丸（四四〇五トン）がドイツ人捕虜十九名と日本女性一名をのせて長崎に入港したからだった。

「日本婦人は横浜根岸生れにて川口たけと称し、右支配人（ドイツ人で南洋燐鉱支配人のリバーホ、五十歳）の妾となりいたるものなり。同人は年齢二十二、三歳。スラリとやせ形の美形にて、薄色ちりめんの紋付羽織を着せり。鹿児島丸は六十三日以前二カ月の糧食を満載し、海軍より監督将校軍医長主計長各一名、以下十数名の下士卒とほかに船員五十二名、人夫五、六十名乗りこみ、南方に向いたるものなりと」（十二月二日付大阪朝日）

また、同日付で次のニュースも掲載されている。

「新占領地南洋東西カロリン、マーシャル、マリアナ、パラオ諸群島の特有物産の豊富にして将来本邦との貿易は好望の見込みあるにより、南洋興業にては物々交換の第一着手を兼ねて将来の経営に対する地盤の選定をなすべく、金華山遠海漁業会社所属船金華山丸を借り受け、一日午後二時神戸を発錨、南洋群島貿易の第一船としてヤルート島に向けて、航程二千五百マイルの初旅に上りたり。同船はトン数わずかに二百四十七トンの補助機関を有する帆船にして、乗組員は四十七名。（中略）同船の航路は神戸出帆後東京湾に向かい、それより針路を東南にとりてヤルート島に直行するはず。（中略）同船は日独国交断絶以前、南洋に向かいしまま今なお行方不明なる同社船南進丸の所在捜索の任務をも帯びおれりと」（大阪朝日）

ドイツ人の愛人になっていた女性は別として、小さな帆船で二千五百マイル南の島に行く船員たちの、海外進出に賭《か》ける熱情をこの記事から汲みとることは可能だが、それにしても、大正時代によくぞそんな遠くへ行くものだ、という気がする。

マーシャル群島の島で、現時点でもっとも有名なのはビキニである。アメリカの原水爆実験に使われたし、日本の漁民が死の灰をかぶったことで知られている。

トラック島は、太平洋戦争時に日本の連合艦隊の基地だったことがある。いまでは、東方のポナペ島などとミクロネシア連邦を形成している。また、その西のパラオはダイバーにはよく知られているが、いずれも広大な海域に散在しているのだ。

この時代には、もちろん日本からの航路があるわけがない。しかし、マーシャル群島でもっとも大きい島はヤルート島だが、人口の多いのは、

「マイエル島という。千六百の住民がいる。土人はもちろん一般異《ママ》教徒だけれど、ローマ教の教会もあって米国のミッションが土人の牧師を使って布教をさせている。私設会社の汽航がシドニー（オーストラリア）へ通うし、各方面交通の途はかなり整っている。輸出物産のおもなる物には、ベッコウ、真珠貝、鮫のひれ、なまこなどがある」（十月七日付東京朝日）

こういう紹介記事も当時の新聞に出ている。この記事でシドニーとの間に私設の航路が通じていたとわかるが、日本からシドニーに行くこと自体が容易ではなかったろう。記事には、西南太平洋海域の略図もそえられているが、現実の地理とは似て非なるものである。

政府は日本海軍が進出した地区について、赤道以北のドイツ領、とあっさりした言い方をしたが、これを補足した新聞の解説にしても、日本からいかに遠く離れた地域なのかは、書く方もはっきり理解していなかったのだ。

「元来マーシャル群島というのは、お隣りのカロリン、ギルバートなどの諸群島と共に地理学上同一の扱いを受くべき珊瑚礁《さんごしょう》島の長く連続したもので、北緯四度から十五度、東経百六十一度から百七十四度の間に、西北から東南へ総数三十二の群島が長く二列に連なっている。これらの島嶼《とうしょ》(大小の島々の意）はただちょっと海面に顔を出しているというだけで、一番高いところでも海抜三十三呎《フィート》に過ぎぬという」（十月七日付東京朝日）

お隣りのカロリン、とあるから、伊豆の大島から三宅島のような感じにさせられるが、ヤルート島からトラック島までは、ほぼ千五百キロメートルである。また、日本では使われていないフィートを用いて高さを説明しているが、おそらく外国の百科事典の中から拾い出し、締切りに間に合わせて急いで訳したからだろう。三十三フィートと書く代りに、日本の読者向けに約十メートルと直すゆとりがなかったのに違いない。

日本海軍が占領した島をめざすとして、金華山丸のような船をチャーターするなら別だが、個人で何とかして行こうとするなら、現実に可能性のあるのはパラオ諸島だろう。

フィリピンのミンダナオ島から東へ約八百キロメートルのところに位置している。ミンダナオ島のバギオにはすでにかなりの日本人が移住していた。したがって台湾から何とかそこまでは行ける。ただし、そこから先は船と船員をチャーターして危険を覚悟の航海ということになる。江連は日本を出発してから、大正五年の中ごろに帰国した。多くを語らなかったが、どこかの島へ到達することさえも難しかったのだ。

そのあと、彼はお梅を連れて東京へ出てきた。彼女の年季契約は終っていたし、茶屋の主人も江連のような男を相手に女を取りあうことを避けたのだろう。

新居は向島だった。江連の実家は、彼を東京の大学に行かせたり道場を作ったりする財力があった。しかし、お梅には、夫の江連の収入がどこから入ってくるのか、まったくわからなかったが、あるときふと思いついて、

「飛行機というのは、女のわたしでも乗れるかしら?」

といった。

シベリア出兵

ライト兄弟の初飛行は一九〇三年（明治三十六年）十二月で、この時点からすると、わずか十二、三年前のことなのだが、ヨーロッパ戦線はもとより、日本軍の青島攻略でも航空機が使われた。

海軍陸戦隊の山東半島上陸は九月二日だったが、九月五日に二機のモリス・ファルマン式水上飛行機を使って、青島のドイツ軍基地を偵察し、ついでに爆弾も投下した。

「わが海軍飛行隊は本月初めより膠州湾外にあって準備を整えたるも、天候険悪のため飛行を実行する能《あた》わざりしが、五日に至り天候俄《にわ》かに晴れたれば命令一下直ちに任務につきたり。金子、和田、武部三氏の乗れる飛行機は陸上を、藤瀬、大崎両氏の乗れる飛行機は湾内を偵察せしが、金子少佐の方は青島市街はもとより各兵営砲台を手にとるごとく偵察し、まず海軍兵営の上に爆弾を見舞い、続いて無線電信に投下せるも、無線電信の方は多少はずれたり。（中略）湾内を偵察せる藤瀬、大島（前出は大崎）両中尉の任務は、敵艦の模様とその防備を偵察するにありて、行方不明のエムデン号は確かに湾内に見えず、他の軍艦はいずれも桟橋に横付けし、ただ一軍艦の港口《こうこう》にあり煙を挙げおるを見たり」（九月十一日付東京日日）

海軍に続いて陸軍も飛ばしたが、悪天候のために戦果はほとんどなかった。当時から航空隊の技術は海軍が陸軍よりも上だったのだ。陸軍はそれを公表しなかったが、飛行将校が仲間に書き送った通信を紹介した記事が載った。

「飛行の高さは千米《メートル》内外、時には八百米に降り候。敵の前線にていずれも盛んなる射撃を受け、二十四日（九月）長沢中尉の一複葉（機）は機関銃の猛射にあい、七発の敵弾中央部に命中せしも、推進機の力は銃弾をはねとばすことあらざるやとまで頼み甲斐あるを覚え候由に御座候」（十月六日付東京朝日）

空を飛ぶというのは、人間の夢だったわけだから、これが戦争に登場してくると、否応《いやおう》なく人びとの注目を集めるようになったのだ。

さらに、最初は偵察が主で、爆弾投下はほんのつけたしだったが、実戦はつねに兵器の能力をびっくりするくらい進歩させるから、すぐに戦闘機同士の空中戦が展開されるようになった。

陸上の戦闘も人びとの予想を超えた。九月初めのマルヌの会戦で、ドイツ、フランス両軍の発射した弾丸の量は、戦闘期間が一年半だった日露戦争の発射全量よりも多かった。

そういう報道が人びとを興奮させたことはいうまでもないが、日本軍の場合、青島攻略にせよ南洋進出にせよ、一方的な勝利だったから、ある面においては、スポーツの試合を観戦しているようなところがあった。ただし、それは男の世界のことで、女性が新しい兵器である飛行機に興味をもつことなど、常識的には考えられないことだった。

女でも飛行機に乗れるだろうかというお梅のとつぜんの言葉に、江連は度胆をぬかれたが、

「そうだな。宙を飛ぶ軽わざなどは、男よりうまくできる女が多いものな。だから訓練をつめば飛べるだろう」

「それなら、わたしは女の飛行家になりたいわ」

とお梅がいった。

飛行機に乗るのは、日本では最初の徳川好敏大尉以来、軍人に限られていた。まず、飛行機の発着には滑走路を必要とする。フロートつきの水上機の場合には、陸上の滑走路を必要としないが、いずれにしても民間人や民間企業では手に負えない問題を含んでいる。そして、女性は軍人になれないから、お梅の望みは叶《かな》えられないことになる。

だが、江連はそういう現実を無視して、

「女の飛行家になりたいというなら応援してやるぞ」

といった。するとお梅が、

「嬉しいけれど、本当は難しいわね。それじゃ、もう一つ、お願いがあるの」

「何だ?」

「刺青《いれずみ》をしてもいいかしら」

「おい、本気でいっているのか」

と江連は問い返した。どうやら女性飛行家は不可能を承知で、刺青の前にもち出したのだ。この時代、男の刺青は珍しくはなかった。やくざものに限らず、刺青をする職人は多かった。しかし、女性となると、いわゆる堅気《かたぎ》の女で刺青をするものは皆無といってよい。江連が、お梅に本気かどうかをたずねたのも当然だった。

「ええ、本気よ」

とお梅はうなずいた。

「一つだけ聞いておこう。どうして刺青をする気になったんだ？」

「あなただけの女でいたいからよ。あなたなら、わたしがどんな刺青をしても驚かないもの」

とお梅はいい、にこりとした。

江連は、そうなれば承諾するしかなかったが、間もなくじっさいにお梅の背中にほどこされた刺青を目にして、しばし絶句した。

結綿《ゆいわた》まげの女が目をつむり、口に匕首《あいくち》をくわえている図柄である。しかも、首から上だけなので、一見したところ、背中に女の生首を背負ったような感じがする。

ただ、左の腕に「八州命」の字もほってあった。その少し前から、江連が用いている雅号だった。

お梅が銭湯に行くと、女性たちは、凄い絵柄に目をみはった。そして、誰がいい出したのか、生首のお梅さんという呼称が人びとの間でひろまった。

そのころ、ロシアから大きなニュースが入ってきた。ロシア皇帝が退位し、ケレンスキー内閣が成立したが、十一月には社会主義政権が実権を握ったのだ。

明治の末期に、幸徳秋水らによる天皇暗殺未遂、いわゆる「大逆事件」から、日本の官憲は社会主義運動に対して、強圧的になっていた。ただし、大逆事件そのものは、十二名の刑死者を出すほどの内容があったわけではなかった。天皇制を絶対に護持するぞという強い意志を国民に示威するための裁判だった。

その結果、社会主義運動にとって〝冬の時代〟と命名された状態になった。ところが、皇帝の力がもっとも強いとされていたロシアにおいて、レーニン主導の政権ができたのである。日本政府がうろたえたのも無理からぬことだった。

ドイツと戦っている連合国にとっても、困った状況が生じていた。というのは、ソビエト新政権が革命達成の翌年三月に、ドイツと講和したため、ドイツは、ロシア帝国に備えていた東部方面の兵力を、イギリス、フランス、アメリカの連合軍と対している西部戦線に回すことが可能になったのだ。じじつ、ドイツは三月下旬から西部方面で大攻勢を開始した。

この間、ロシア国内では、反革命派の抵抗がはじまり、海軍のコルチャックやコサック出身のセミヨウノフらの臨時政府の勢いは強く、革命政権との間で激しい戦闘が起きた。連合国側としては、レーニン政権が倒れ、皇帝が復活し、ドイツと再び戦いはじめてほしいわけである。

第三者的な立場の日本としては、コルチャックやセミョウノフを支援したいところだが、それは内政干渉になる恐れがあるから、公然と支援することはできない。

その上に、事態をややこしくしたのは、ロシア国内にあったチェコ軍団の存在だった。チェコ民族は、オーストリア・ハンガリー帝国に併呑《へいどん》されてから、たえず独立を企てていたが、弾圧されて失敗続きだった。しかし、ドイツと同盟したオーストリア・ハンガリー帝国が負ければ、チェコは独立することができる。

ロシア領内のチェコ人約五万人によるチェコ軍団は、ロシア帝国軍に編入されてドイツ軍部隊と戦っていた。そのチェコ軍団が、革命によって、浮き上ってしまったのである。

しかし、チェコ人たちは、革命政権の指揮下に入った旧ロシア帝国軍から分離して、あくまでもドイツと戦うことを望んだ。そこでシベリアを横断してウラジオストックまで行き、次に船でヨーロッパに移動し、そこから西部戦線に加わるという話が生れ、革命政権もそれを認めた。

五万人のチェコ軍団は、反革命派にしてみれば大きな魅力だった。何も大迂回して西部戦線に参加することはない。反革命派といっしょになって革命政権と戦い、これに勝って帝政を復活するのがよい。そしてドイツを東西から挟撃すれば、念願のチェコ独立を実現できる。

連合国、とくにイギリスとフランスは、東部戦線での戦闘が再び火をふくことを望み、チェコ軍を支援することを名目に、シベリア出兵を日本に提案してきた。

陸軍はこの提案に賛成だった。どういう名目であろうと、シベリアに兵を出しておくことは、国防戦略上、願ってもないチャンスなのである。また、反革命軍を支援する軍事行動は内政干渉になるから国際的に容認されないとしても、革命政権も認めるチェコ軍の支援のために日本軍がシベリアに入るのは、どの国からも文句をいわれることはないはずである。

だが、日本政府は陸軍の望んだ出兵に同意せず、居留民保護を名目に、軍艦二隻をウラジオストックに送るにとどめた。

イギリスは、前年に参戦していたアメリカに共同出兵を提案した。大統領ウィルソンは賛成しなかったが、フランスの特使としてやってきた哲学者ベルグソンに説得され、任務はチェコ軍の救援、派遣地域はウラジオストック周辺に限定することを条件に、出兵に同意した。だが、単独出兵は望まず、関係国の協力を求めた。

日本は、アメリカの申し入れに応じて、七千名の兵を出すことに同意した。日、米、英、仏の共同出兵である。アメリカはフィリピンから、イギリスはホンコンから、フランスはインドシナ（ベトナム）から送ることになるが、もっとも近いのは日本である。そして日本軍は、北清事変のときに国際協力で評価された実績がある。

大正七年八月二日、日本はシベリア出兵を宣言した。その翌日にイギリス軍、八月十六日にアメリカ軍がウラジオストックに上陸し、中国もまた八月二十四日に出兵宣言に加わった。

石光真清《いしみつまきよ》

これより先、大正六年十二月に、遼東半島の錦州で満蒙貿易公司を開業していた石光真清は、旅順に駐在している陸軍の高山公通少将から、

「用談アリ、至急出頭サレタシ」

という電報を受けとった。

石光は陸軍幼年学校、さらに士官学校を卒業したエリート将校だったが、日露戦争前に大尉だった

とき、ロシア軍の動静を探る命令でシベリアに潜入した。そのさい陸軍は非情にも石光を現役から予備役にした。もしロシア軍につかまったとき、現役の士官であると判明すると、日本にとって不都合だからである。

石光は憂国心のために軍での栄達を犠牲にして任務を果たした。また日露戦争が終ってからも何かにつけて陸軍に呼び出されたが、明治末期に世田谷村三宿（当時）で三等郵便局を営み、平和な小市民の生活にひたっていた。だが、弟の真臣が陸軍におり、真清も軍の応援で錦州での仕事を勧告された。弟は陸軍のエリートコースを歩み、このときは大佐になっていた。

石光は迷った末に、かつての上司だった田中義一中将に相談した。田中は参謀本部次長に出世していた。次長の上の参謀総長は退役前の老人であることが多いから、次長は事実上のトップといっていい。田中のすすめで、石光は錦州にやってきた。大正五年十月のことで、商売は順調そのものだった。毛皮や薬草を扱い、かなりの利益があった。そこへ高山少将からの電報なのである。高山は、陸幼、陸士の同期生だった。石光が陸軍に残っていたら、同じように少将になっていたはずである。

どういう用件かわからなかったが、石光は指示された旅順へ行った。高山は、

「じつは田中義一閣下からのご指名で、きみにロシア潜入を頼みたいのだ。貿易の仕事が好調なのはわかっているが、ロシアの情勢はそのままわが国の運命に直結する。是非ともきみに一肌ぬいでもらいたいのだ」

「高山君、ぼくはもう五十歳になるし、最近のロシア事情にもうとい。おまけにロシア語も忘れてい

るんだ。田中閣下には、もっと若い適任者を見つけるようにとりなしてくれ」

と石光はことわった。

高山は引き退らなかった。田中は長州出身で、日露戦争前にロシア駐在武官となった。彼はロシア貴族の令嬢と仲よくなり、陸軍大臣のクロパトキンのホームパーティにも招待され、ロシア陸軍の隊付き勤務となることに成功した。この体験を基にして書いた長文の意見書は、対ロシア戦遂行に当って役に立ち、満州軍の総参謀長になった児玉源太郎が田中を主任参謀に起用した。その後も田中は順調に昇進し、いずれ陸軍を背負って立つだろうと見られている。

石光は田中に多少の恩義がある。結局はことわりきれずに、

「わかった。やるよ」

と答えた。高山は、石光の承諾を見こしてあったらしく、その場ですでに用意してあった「命令書」を手渡した。

陸軍部嘱託・石光真清あての関東都督中村雄次郎の命令書で、

「なるべく速かに黒竜州《アムール》アレキセーフスクに至り、同地付近に駐在し、諜報勤務に従事すべし」

とあり、

「シベリア内部の動静、各地のドイツ、オーストリアの捕虜の挙動、欧露方面よりウラジオストックに大砲その他の兵器、潜水艇の輸送の有無、その他必要と認むる事項について偵知せよ」

という指示だった。また、石光は予備役に編入されたさいに大尉から少佐になっていた。このスパ

イの任務につき、

「経費は月額千円。ただし、その中から少佐の俸給百二十九円を除く」

とも書いてあった。千円の中に少佐の月給も含まれるから、じっさいに経費として使えるのは、八百七十一円だ、という通告だった。むろん任務につく方としては、経費や報酬が目当てではないが、それにしても、陸軍はシブいというか、セコイというか、石光としては、愉快ではなかったろう。錦州での商売の利益は、もっとあったのだ。

石光は一月四日に満洲里から列車に乗ってシベリア中部のチタに向った。途中のピッシャンカという駅で、武装した約五十人の一団が乗り込んできて、乗客の現金や貴金属を奪った。しかし、石光には手を出さなかった。日本人であることがわかっているようであった。

石光はチタで二泊し、次に東方向へ行く列車に乗った。目的地はブラゴベシチェンスクだった。旧満州の黒河市と黒竜江（アムール河）をへだてて対岸にある都会で、シベリア鉄道の重要拠点である。日露戦争前に石光が士官の軍服をぬいで初めて潜入した街でもあった。

到着したのは一月十五日だった。前に宿泊したことのあるコンドラショウフというホテルに行き、部屋をとった。内部は荒れ果てていた。部屋の電灯も点灯しなかった。支配人にいうと、修理工はすでに頼んである、ということだった。

間もなく、修理工が現われ、何か工具を使っていじっていると、電灯が点《とも》った。

修理工は石光を一瞥《いちべつ》してから、

「大佐よ、視察にきたのか」

といった。石光は前にきたとき、大佐と呼ばれていたことがある。石光はどきりとして修理工を見た。会った記憶はなかった。すると相手は、

「あなたはわたしを知らんでしょうな。じつは、わたしもあなたに会うのは今夜が初めてでね」

といい、静かな微笑をうかべて帰って行った。

あとで判明したが、修理工はアムール州のボリシェビキ（多数派の意味で、ソ連共産党の母体となった）のリーダーであるムーヒンであった。帝政時代は投獄されていた革命の闘士で、このときはブラゴベシチェンスク市の電灯会社で働いていた。実は、日本軍のスパイとして、かつて大佐と呼ばれていた男が潜入してきたらしい、という情報が革命委員会に届いたので、ムーヒンは首実検にやってきたのである。

これによってわかることは、日本軍が予想していた以上に、革命派の情報網がしっかりしていたことである。日本軍がどういう行動をとる気か、およその見当がついていたのだ。もっとも、帝政時代にムーヒンたちは秘密警察と暗闘をくりひろげていた。それを考えなかった日本軍の方が相手よりも幼稚だったといっていい。

石光がそのあといかなる行動をとったのか、どれほど苦労したか、セミョウノフとどういう関係をもったか、それらの物語は彼の手記である「誰のために」にくわしいが、印象に残るのは、治安が悪化したときの描写である。残留している日本人で、義勇軍（自警団）を作ったわけだが、

「在留日本人はこのように善良で、しかも勇敢な人びとが多かった。この頃には、日本の右翼団体の英雄豪傑を自負する連中は、シベリアから姿を消していた。平和時代の英雄豪傑は、危機に面すると、すばやく姿を消すものらしい」

と石光は皮肉をこめて書くのである。

この義勇軍を組織したとき、石光は、毛皮のコートを着たブロンドの美人に、

「ヤポンスキー（日本人）よ、わたしを助けて下さいませんか」

と声をかけられた。

「喜んで」

「わたしは政庁の近くに住んでいるものですが、忘れ物を取りに戻りたい。でも、危険なので一人では行けません」

「わたしは政庁に行くところです。送ってあげましょう」

と石光はうなずいた。

歩きながら、美人が質問した。

「日本は本気でコザックを援助するつもりなのでしょうか」

コザックとはセミョウノフ軍のことで、反革命派である。

「難しい質問ですね」

と石光は、はぐらかした。

後日に判明したことだが、この美人は、メリカジイナといい、ムーヒンの秘書だった。そのときムーヒンはコザックに捕えられ、銃殺されるか否かの瀬戸ぎわに立たされていた。メリカジイナは、もしムーヒンが銃殺されるなら、それは石光の策謀によるものだと確信し、様子をさぐるために石光に接触してきたのだった。

石光手記でも明らかだが、日本陸軍は、正式出兵の前に、すでに事実上の出兵工作をしていたのだ。しかも、それは革命派にほとんど筒抜けになっていた。また、日本軍の兵力は当初の七千名の兵力ではなく、最終的に約七万三千名を送りこみ、結果的に約五千名の死傷者を出した。意味のない死であり、その挙句に、もう一つの悲劇をも惹《ひ》き起こした。尼港事件がそれである。

尼港事件の惨劇

尼港とは、黒竜江の河口から約八十キロメートル上流の北岸にあるニコライエフスク市のことである。一六八九年にロシア軍が占拠し、皇帝ニコライの名をとって命名された。

日本人が初めてこの町に入ったのは、箱館（函館）奉行に属する武田斐三郎で、文久元年（一八六一年）の六月だったという。

そのあと、明治二十年代に鮭の買付けで商人たちが押しかけた。一尾四銭の大型ものが日本に持って帰ると、十倍の値で売れたという。日清、日露の戦争を経て、この騒ぎも落ち着き、記録によると大正七年一月には、日本人居留民は百四戸、千二百十四名だった。
それがシベリア出兵後の大正八年になると、夏の出かせぎシーズンにはロシア人中国人日本人が約一万二千人ほどくるようになった。日本人の居留民の数も倍くらいになり、日本人向けの料理飲食店や遊郭までできた。また、小樽に本店のある島田商会は銀行を経営し、独自に発行するシマダ円札は立派に通用した。
日本軍は、チェコ軍を収容して輸送する鉄道を守ることを名目に、バイカル湖畔まで進出した。本当はの狙いコルチャック軍を支援するためでもあった。
だが、日本軍はこれまで経験したことのない戦闘をしなければならなかった。
「日本軍の一将校は、あれだけ討伐しても、まだ過激派は少しも減らない、といって驚いていたが、過激派を討伐すれば減ると思うのは、とんでもない間違いである。減るどころか、かえって増加する。飢餓に脅やかされれば、過激派でなかった平和な農民まで過激派にならざるを得ない」（シベリア秘史・山内封介）
「過激派という大暴風雪は、猛烈な勢いで東進し来たり、常に過激派の先駆を承る社会革命党は、速くもイルクーツクにおいてコルチャック政府を倒し、コルチャックとその二、三の大臣等を捕えてこれを惨殺した。ことにコルチャックは、まっ裸にされ、そりに縛されて、零下三十度の酷寒の市街をひきずり回されて、嬲《なぶ》り殺しにされたそうである」（同）
ニコライエフスクの日本人居留民のために、陸軍は歩兵第二連隊（水戸）石川正雅少佐指揮の約三百三十名の兵を駐屯させていた。日本の居留民は約四百四十名である。

状況が切迫してきたのは、ハバロフスクと連絡するロシアの電線が切断されたころだったが、日本軍（海軍）は無線をもっているので、連絡は保つことができた。

大正九年一月十日、石川少佐は布告を発した。夜間の外出禁止、市内の市民の集合は許可を得ること、日本軍の軍事行動中は市民も日本軍の命令に服すること、などである。

一月二十三日ごろから、パルチザンと称する革命派の軍が結氷した川を渡って攻めてきたが、日本軍の砲撃ですぐに退却した。日本軍の司令部はウラジオストックにあって、大井成元大将の第十三師団約二万の兵力があり、ハバロフスク（ニコライエフスクから約八百八十キロメートル）にも約千五百名が駐屯していた。

また、海軍の方は石川光儀少佐ら約四十名が市街を見下ろす丘に無線電信設備を据え、兵営もあって起居していた。陸軍の本営と離れているのが欠点だが、何もない平時であれば、その欠点も目立たなかった。

二月四日、ハバロフスクの司令部から、

「彼にして我に危害を与えざる限り、我より進んで攻撃する必要なし」

という指令が届いた。陸軍の無線は幼稚で、海軍のものが用いられた。陸軍としても、自前の設備ではないために、最小限の文章で連絡することになる。そのために徹底を欠くことになり、それが事件の被害を大きくしたかもしれなかった。

この指令にしても、進んで攻撃しなくてもよい、としたことで、守備隊の戦意を鈍くしてしまった。パルチザンは強い日本軍を攻めることはしないだろう、という油断も生じていた。『西伯利出兵史要』の著者菅原佐賀衛陸軍少将は、この指令が悪いときに発せられたと思う、といい、全ての原因がここに由来しているように思えてならない、といいきっている。

余談だが、日本陸軍はこのころには人員の数や質においては先進国並みになっていた。だが、装備の質では、日露戦争当時からほとんど進歩していなかった。さらに、約二十年後、中国、アメリカと戦争になったとき、陸軍歩兵の小銃は明治三十八年開発の三八式単発歩兵銃が大半だったのである。

尼港事件に戻すと、二月四日、パルチザンは、コルチャック残党軍のこもる旧要塞を襲った。指揮しているのはトリヤピーチンという男で、作戦を立てる参謀役はニーナという女だった。大柄な女でトリヤピーチンとは愛人関係にあったといわれている。

残党軍はちょっと戦って、すぐに降伏した。日本軍は、救援に出動しなかった。もし出動していれば、コルチャック残党軍も奮戦したはずである。だが、日本軍が救援にこなかったので、あっさり手を挙げてしまった。

トリヤピーチンとニーナの目的は、残党軍のもっていた大砲を手に入れることだった。

翌日、その大砲の砲口が海軍の電信所と兵営に向けられた。海軍の石川少佐はウラジオストックに停泊中の「三笠」に打電した。

「敵は砲台の修理を完了し、わが無線電信所に向って砲撃を開始、命中頗《すこぶ》る良好なり。午後五時ごろ兵舎六棟焼却す。また周囲より約百名の過激派小銃射撃を行う。我四十三名近く、枕を並べて潔《いさぎよ》く死せん。本電は最後のものならん。死後よろしく占領頼む」

海軍は陸軍に、

「三笠などで陸兵をニコライエフスクまで運ぶから、至急編制してもらいたい」

と申し入れた。

陸軍は冷淡だった。

「わが方も撤兵を円滑にするために手一杯である。増援は参謀本部に要求しておく」

海軍がパルチザンに襲われたのに、いわば知らん顔をしたのだ。海軍の無電隊は、設備をこわしてから、市内に入った。そのとき、まだ降伏していなかったコルチャック残党軍が、敵と誤認して撃ってきたため、二名が死亡し、三名が負傷した。そこで、近くの日本領事館に入った。

陸軍の石川少佐は、副領事石田虎松とともにトリヤピーチンと交渉した。だが、相手は言を左右にして明確な回答をよこさない。そのうち三月十三日に日本軍に向けて総攻撃がはじまるらしい、という噂《うわさ》が立った。

石川は先制攻撃を決心した。そうするしかなかった、といっていい。

三月十二日未明、日本軍はトリヤピーチンとニーナのこもる商社の建物に攻撃をしかけた。トリヤピーチンは軽傷を負って逃亡し、日本軍は有利に戦を進めたが、パルチザン軍は約二千の兵力であり、時間がたつにつれて形勢は逆転した。

まず、陸軍の石川少佐が戦死した。程なく領事館にこもっていた海軍の石川少佐も戦死し、石田副領事は妻子を殺してから自決した。のちに同日付で副領事から領事に昇格する辞令が発せられたが、どうしてこういう惨事が起きたのか、後世の日本人は考えなければならないであろう。そして、そのあと押し寄せた暴徒によって無為に殺されたのは日本人居留民たちであった。約四百人のうち、かろうじて逃れたのはわずか十三人だった。

陸軍の守備隊は、軽傷の河本中尉が指揮をとり、兵営内に立てこもった。残りの兵力は負傷を含めて約百名だった。機関銃はあったが、大砲はなかった。

パルチザンの攻撃は三月十六日まで続いたが、日本軍はよく守り、敵の一兵も兵営内に入れなかった。すると十七日の午後五時、パルチザン軍から軍使がやってきた。ハバロフスク駐在の杉野領事、同市駐在の日本軍旅団長山田少将の連名による電信で、

「日露両軍の無益なる戦闘を中止されたい。両軍間にはすでに平和の関係成立せり。全ての戦闘を中止することを勧告す。両軍代表の使節団がハバロフスクより貴地に送られるはず」

というもので、日本軍のみならずパルチザン軍司令官あてにもなっているのだ。

河本中尉は、この電信は敵の謀略ではないか、と思った。だが、謀略ではなく、じっさいに十五日にパルチザン軍の指揮官のブルガコフと外交部長ディッマン、日本の山田少将と杉野領事とが会談し、打電したのだった。

ただし、日本軍は受信設備を破壊してしまっていた。そこでパルチザン軍に、ロシア文と日本文で

打電した。たまたま領事館の河村通訳が入院中に捕虜となって、パルチザン軍にいた。それを軍使に同行させてきたので、真物であることが河本中尉にもわかった。

河本は悩んだが、山田少将の名がある以上は、受け入れるしかなかった。

三月十八日、日本軍は戦闘中止を受け入れた。

乗りこんできたパルチザン軍は、日本軍の武装を解除してしまった。戦闘中止と武装解除とは同じではないのに、気力が萎《な》えてしまったのだ。

河本らは兵営からロシアの監獄に移され、着ていたコートや毛皮も奪われた。ハバロフスクの日本軍や海軍が異変に気がつき、五月下旬に部隊を送った。

それが到着する一週間前、残っていた陸軍百八名、海軍二名、居留民十二名はパルチザン軍によって殺された。

血の復讐

これが報道されると、日本の世論はたぎり立った。

モスクワの革命政権は、すぐさまトリヤピーチンとニーナを処刑した。

日本軍は、この問題の決着がつくまで、サハリンを占領した。日本の主張が通らない限り、占領を続けるというのである。

そういう政府の外交的な解決法とは別に、この惨劇は日本国内にさまざまな波紋を巻き起こした。たとえば、与謝野晶子は次のようなエッセイを書いている。

「直接の下手人《げしゅにん》がパルチザンであることは明白ですが、六百人の同胞を、パルチザンの毒手に恨を呑んで殪《たお》れねばならないような窮地にわざわざ陥《おとし》いれて、それを全く見殺しにした、間接の無情極まる下手人がありはしないか、私達日本人は最も明白に此事を認識せねばなりません」

彼女は、日本軍が無用のシベリア出兵をしたことで、ロシア人の敵愾《てきがい》心を駆り立て、惨劇の遠因になった、といいたいのである。そしてこの文章の末尾に、

「私は、国民が異邦の却《こう》盗団であるパルチザンを憎む以上に、我国の軍事当局者に対して問責の義憤を発しつつある最近の現象を、日本人の文明思想の一大進歩と見て喜びます」（横浜貿易新報）

としめくくっている。

しかし、彼女のような人ばかりではなかった。江連は、仲間を集めて、血の復讐に乗り出した。田中三木蔵の自首をつかんだ「朝日の記者」は、田中の妻のなを（四十歳）をインタビュウし、たまたま、まだ逮捕されていなかった共犯の矢ヶ崎徳宝から話を聞くことができた。矢ヶ崎は江連から、「多額納税者の中村万之助という人がオホーツク近海の砂金の採掘権をもっているが、赤軍や白軍（コルチャックら反革命軍のこと）の軍資金として持ち去られている。日本のために残念ではないか。これを日本のものとして労働者の救済に使ったらどうか」

と話をもちかけられ、それに賛同して九月十七日に日本を出港した。大輝丸という船で、田中もい

っしょだった。

「一行中には学生が五、六名、人夫が三十余名あった。十月五、六日ごろ亜港（サハリンのアレクサンドル）に着いたが、内地を離れると、江連氏の配下は態度がにわかに変って、私どもにつねにピストルをつきつけ『内地を離れれば、おれたちのいう通りに神妙にしろ』と脅《おど》し続けたので、亜港着と同時に、乗組六十三名中の四十五名は団結して江連氏に最後の談判をこころみ、返答如何《いかん》によっては同地で上陸し、露国義勇艦隊に依頼して帰国しようと決心しました。（中略）九日に尼港に着し、八日間同港に停泊しました。ところが、何ら得るところなく、黒竜江の河口に引返して停泊しました。すると、江連氏の部下は又もや手に手に短銃をつきつけて虐殺行為に加担するよう強要し、万一拒めば射殺すると恐喝した。私たちは今さらどうすることもできず、やむなく虐殺行為に同意し、二十五日まで停泊中、露国帆船を襲撃し、乗組員全部を虐殺しました」（大正十一年十二月十三日東京朝日）

この間、警視庁の正力は検事総長の小原直と相談して捜査を進めていた。本当に陸軍がこの企てをバックアップしているなら、警視庁独力では摘発するのは難しい。

とはいえ、陸軍に対して、

「大輝丸の一件に何か関係があるのか」

と問うことはできない。問うたとしても、まともに回答してくれそうにない。

そこで一策を考え出した。新聞に書かせて、陸軍の反応を見ることにした。

陸軍からは何も反応はなかった。そうなれば江連を遠慮なく逮捕できる。

「虐殺事件の団長江連力一郎（三五）妻うめ（二五）同類の本所区押上町四九石川房吉（四八）の三名は、札幌郡下手稲村唐川温泉光風館に潜伏中を、警視庁の依頼により極力行方捜索中の札幌署が探知し、刑事数十名現場に出張、逮捕の上十三日午後七時五十七分札幌着列車で護送してきた。同類の乾《いぬい》某は十三日午前十時小樽で逮捕された。江連は、日本の国策に殉じたものであると豪語している。妻のうめは頗るハイカラの美人である。（札幌特電）」（十二月十四日付東京朝日）

江連が逮捕されたとき、お梅はいっしょにいたのだ。もちろん彼女はこの犯罪とは無関係であるが、新聞記者が書き加えたほどの美人だったわけである。普通なら、原稿をチェックする上司《デスク》がばっさり削るところだが、なぜか残ったのだ。

現実の事件は、実に陰惨なものだった。

大輝丸（七百四十トン）に積まれた糧食は、白米五十俵、みそ十五樽、醤油二十樽、砂糖五俵、ビール、日本酒、ウイスキーのほか、ピストル十挺、騎兵銃八十挺だった。

はじめサハリン北部のアレクサンドルに寄港したあと、大輝丸はニコライエフスクに行き、そこで船名をタールで塗りつぶしてしまった。

そのあと河口に出たとき、アンナ号という発動機船に出会うと、

「エンジン不調で困っている。金を出すから曳航《えいこう》してくれ」

と乗組のロシア人にもちかけた。

ロシア人は承知した。そして河口から沖へ出たとき、江連たちは四人のロシア人を縛りあげ、積荷

を奪った。

その五日後、オホーツク海に出た大輝丸はロシア帆船ウェガ号を襲い、乗員十六人を射殺して積荷を奪った。鮭八十三樽、バラの鮭約三千尾、桜桃八十三樽。そして船は底に穴をあけて沈め、アンナ号の四人も殺した。そのとき、

「ニコライエフスクのことを思い知れ！」

と叫んだ。

自首してきた田中やその隣家の矢ヶ崎は、人夫としてコキ使われただけだった。

殺害に使われたのはピストルだったが、江連が日本刀で斬ったこともあった。

江連の逮捕を皮切りに一味三十四名は全てつかまったが、警視庁の調べ室で刑事たちと肩を並べている写真が、十二月二十日の朝日に大きく出ている。

江連一人に刑事は四人。机上に湯のみ茶わんがある。刑事たちはおだやかな表情で、江連はカメラの方を向いて微笑している。どうやら、刑事たちは、尼港事件の仇を討った男として江連を見ているのかもしれなかった。

大輝丸は十一月六日に小樽に戻った。二度の略奪で入手した鮭などを処分すると、約七万円になった。だが、田中や矢ヶ崎がもらった金は百五十円だった。

田中の妻なをは、朝日の記者に、

「夫の不在中に生活費として百五十円の借金ができました」

とくやしそうにいった、という記事が載っている。

起訴された三十四名の裁判は、三年後の大正十四年に結審した。

「安倍検事は二時から四時まで総論を続け、最後に『江連一味が莫大な物資を投じた最初の計画目的が何ら得るところなく、手を空しく引き揚げねばならぬ精神上の苦悶と尼港の惨状に、国民的の義憤からとはいえ、かかる暴虐をあえて行ったことは、国際的に見て重大なことであると共に、国威発揚の上にも一大汚点を印したもので、罪科は決して軽くない。ことに江連が国士をもってみずから任じて、かかる結果を招来しながら、法廷で罪を部下に嫁せんとするは何事か。みずから省《かえり》みて恥じないか。江連の無謀なる計画の犠牲となって三ヶ年の未決に呻吟《しんぎん》する他の被告を思うとき、痛ましい人生の極みである』と悲痛の面持ちで結論し、求刑した」(大正十四年一月二十八日読売新聞)

求刑は江連に対して死刑。

他に無期二名、懲役十五年一名、同十年六名。軽いのは矢ヶ崎で一年半。田中は二年半だった。

法廷の江連の写真も掲載されているが、和服を着用し、にっこり笑っている。何となく、国士の扱いである。

判決は二月二十七日だった。

「仙台平の袴《はかま》に威儀《いぎ》を正した団長江連を先頭に三十四名の被告は入廷する。やがて久保裁判長をはじめ安倍検事も着席して『江連力一郎ほか三十三名の判決を言い渡す』とりんとした裁判長の声」(二月二十八日東京朝日)

江連に対する判決は懲役十二年だった。求刑（死刑）に比べて明らかに軽い。また無期求刑の二名は懲役八年。田中は二年（執行猶予つき）、矢ヶ崎一年半（同）の判決である。このとき、

「名判決！」

と叫ぶ声が法廷にひびいた。

ふつうは退廷処分になるが、裁判長はあえて処分をしなかった。

検察側はさすがに控訴した。死刑求刑が十二年では、どう見ても甘いし、求刑とバランスがとれないのである。それに江連の犯罪は明らかに海賊行為であり、国際的にも注目されていた。

その年の十一月、江連に対して十日間の責付出獄の許可が出た。弁護士が責任をもつ拘留停止である。

江連が市ヶ谷刑務所を出ると、各新聞社のカメラマンがいっせいにフラッシュをたいた。江連は表情をひきしめ、四谷の友人宅に車で向った。そこには、お梅の遺骸が安置されていた。

お梅は肺結核で亡くなった。息をひきとる前に、それまで眠っていたのに、ぱっちりと目をあけ、江連の友人の杉村に、

「あの人によろしくいって下さいな」

といい、それから静かに目をとざした。

江連が逮捕されたとき、お梅は一日おきに未決に夫をたずねていた。

ところが、酒井伯爵の家令とお梅とが親密になり、家令が妻と離婚したがっている旨の記事が出たものだから、とんでもない女だ、毒婦だ、顔に似あわねェ妻だ、と世間の評判はさんざんなものであ

った。

しかし、江連はそういう記事をまったく信じなかった。

家令が彼女に惚《ほ》れたのは事実かもしれないが、あの背中の刺青を目にしたら、とうてい抱く気にはならないだろう。お梅が生首の刺青にしたのは、江連の女として一生を送る覚悟をあらわしたものだった。そしてその言葉に嘘はない、と江連は思い続けているのだ。

その江連の心と、無慈悲な海賊行為とが、一人の人間の中にあってどのように結びつくのか、いくら考えても納得できる答えは出てきそうにないのである。

7　朴烈《ぼくれつ》・文子《ふみこ》の怪写真

奇怪な写真と怪文書

目にしたものがどきッとするような写真と、それを説明する怪文書が、新聞社や各政党に配布されたのは、大正十五年（一九二六年）七月二十九日の午後であった。

写真にうつっているのは和服姿の一対の若い男女であった。男は椅子に腰をかけ、右肘を側の机にのせて手を耳のあたりに伸ばしている。そして左手は、膝の上に男と重なるように腰をかけ、カメラに向っている女性の左肩から胸のあたりに垂れている。男の視線はカメラの方を向いているが、彼の膝に後向きに腰をかけている女性は、本か分厚い書類のようなものを両手で持ち、それを読んでいるかのようである。

このころは、男女七歳ニシテ席ヲ同ジクセズという道徳観が半《なか》ば強制的に社会全体を支配していたから、写真の男女のポーズは、刺激的であり反道徳的であった。

といっても、一枚の写真だけであれば、何か問題があるわけではなかった。だが、写真にそえられた約二千五百字の説明文によると、この写真は市ヶ谷刑務所の一室で撮影されたもので、男は朴烈、女は内妻の金子文子だ、というのである。

二人はこの年の三月二十五日、大審院特別法廷で、刑法第七十三条に該当する犯罪を実行したという罪で死刑の判決を受けたが、四月五日に恩赦を受けて無期懲役に減刑されていた。この第七十三条というのは、俗にいう大逆罪で、天皇、皇后、皇太子などに危害を加えるか、あるいは危害を加えようとしたものは死刑に処すという条文である。

こういう重大事件の犯人たちに刑務所当局は特別待遇をあたえている、この写真が何よりの証拠である、じつに怪《け》しからん話で、司法省はむろんのこと若槻礼次郎内閣の大失態である、これを見過してよいものか――という告発の文書だった。

全くの偶然なのか、あるいは何者かの作為があってのことなのか、この怪文書の配布よりも一、二時間前、各新聞社には、金子文子が宇都宮刑務所栃木支所の独房で覚悟の自殺をしたようだ、という情報が入っていた。それも一週間くらい前のことで、七月二十二日か二十三日の朝に看守が発見したらしい、というのだ。偶然か故意かはわからないが、新聞社としては、金子文子の死が本当かどうか、まず確認する必要があり、もし死亡が事実なら、それがトップニュースになる。

また、写真の方は、うつっている二人が本当に朴と金子であれば、怪文書の告発するように失態といえるが、それが本物かどうかははっきりしない。というのは、各新聞社とも一人だけこの事件の法廷取材を認められたが、開廷してすぐの人定尋問が終わると非公開となり、求刑や判決のときに両名を見ることはできたものの、開廷時間のほとんどは背中を見ていただけだった。また写真撮影が許されたのは、両名が着席した後姿だけで、顔を撮影することは許可されなかった。逮捕される前の両名と個人的に面識を持っていた記者は一人もいなかった。それに、両名に似た者を使ったり、合成したりすることも可能だから、新聞社をだまして大恥をかかせる陰謀かもしれない。

これに対して、金子の自死の方は、それが事実であれば、当局の失態は明白である。受刑者にそのようなことの起きないようにする管理責任があるわけだし、場合によっては、自死ではなくて、刑務所当局の暴行による死亡かもしれない。

こういう判断に従って、大半の新聞社は怪文書や写真を紙面に扱わず、とりあえず金子の自死を取材した。

翌三十日、たとえば「東京朝日新聞」は四段抜きで次のような大見出しで報じている。

朴烈の妻金子文子
突如刑務所内で自殺す
聖恩に浴して死刑を免
栃木の女囚収容所に服役中

本文は、去る二十三日看守の隙をうかがい、何故か覚悟の自殺をとげていたのを看守が発見して大騒ぎとなり、手当を加えたが効なく、当局はこれを秘密にしていた、というのである。
現場が東京から遠かったことや、当局が公式に認めなかったせいもあって、未確認情報として書いた新聞もあったが、翌日の朝刊になると、どの新聞も大々的に紙面をさいて報道した。「朝日」は「京城特電」で、金子の恩師だった女性のところへきた手紙の一部を紹介し、「東京日日新聞」は、

改悛の色濃き
彼女の獄中生活

の見出しで〝彼女の服役ぶりがよかったことや、吉川所長の、「こちらでは警戒に警戒をし、できるだけの優遇をなしていたのであるが、自分たちの失策については如何なる責めも受くるが、社会に対しては申訳ない」という談話をのせた。彼女の健康に少しでも異状あり、と認めたときは、タマゴや牛乳もあたえたし、彼女の方も獄則に違反したときはひじょうに恐縮していた、とも報じている。だが、「読売新聞」はまったく逆の紙面になっている。

書き遺された手帳が
抹殺され引き破られて

――ただ一通の遺書すらない
　当局の失態は免れぬ

の大見出しで、当局の取扱いは、言葉では温情をいいながら〝女だてらの大逆〟ということできびしくなり、

「午前四時半の起床から夜の九時半の就寝時までその一挙一動も見逃しはしなかった。外部との連絡が全く絶たれて、文子は昂奮の極、憤死したという事が明らかになりかかった。（中略）文子は収容のとき九百枚の原稿用紙、二本の万年筆、二個のインキ壺、七十五銭分の切手を携えながら、一回の文通も許されなかった。彼女には一通の遺書もなく、余白なきまでに書き綴られた三冊の手帳は当局が黒で抹殺し、引き破っている」

また、別項で彼女の死因に謎が残る、として、母親や同志たちに同行した医師の馬島僩（弁護士の布施辰治らとともにヒューマニズムの立場から救援活動をした人）が、彼女を検死した刑務所嘱託医の粟田口富蔵に対して、

「会見を申込んだが、何故か逃げ回ることなど、ついに謎は解くべくもない」

と報じている。この時代、五月一日の第七回メーデーに、参加した労働者七千人に対して、出動した警官は三千名。検束されたもの二百三十四名という状況だったのだ。「読売」の記事の方が正しかったのはいうまでもない。彼女が受刑中に優遇されていたという事実はなかった。権利として認めら

れていた手紙を出すことさえ許されなかった。彼女の方は出したのかもしれないが、当局が押収していた可能性がある。

当局は三十日になって、公式に金子の自死を認め、死亡時刻は二十三日午前六時四十分ごろで、獄中の作業の材料だった麻縄を用いたものである、と発表した。また、遺体はすでに共同墓地に葬られていた。布施、馬島らは遺族を代理して引渡しを求め、三十日の夜十一時四十分から発掘にとりかかったが、遺体はすでに腐敗が進行していて、彼女の弁護に当った布施でさえも、本人のものだと断言できない状態だった。ただし、布施は、遺体が本人以外のものではないか、という疑いは持っていないという。

とはいえ、その死について、当局の発表した通りに受けとっていいか否かは別問題である。まず、日にちについていうと、発表は二十三日になっているが、はじめに二十三日と報じた「朝日」は三十一日には、二十二日午前六時半に看守が巡回したときには、朝日のさしたる窓の下に座って彼女がマニラ麻つなぎの作業をしているのを見たが、同四十分に窓の鉄棒に麻縄をかけて自殺しているめを発見した、と書いている。また「大阪毎日」も二十二日午前六時半から同四十分までの間、と報じている。公式発表は二十三日であるが、彼女の死から半世紀以上たって、二十二日が正しいと思われる証言が出た。

朴、金子の両名を調べた予審判事は立松懐清《かねきよ》というが、立松の次男和博のことを書いた作品『不当逮捕』（本田靖春）に次のような事実が書かれている。

立松判事は本郷区（当時）の駒込林町に住んでいた。妻の房子は府立第一高女を卒業してから上野の東京音楽学校声楽科を出たソプラノ歌手で、十月に独唱会を開くことになっていた。

七月二十二日の午前二時ごろだった。誰か人が訪れてきた気配がして房子は目をさました。すると、隣りで眠っているはずの夫が、誰かきたような気がする、と声をかけてきたので、房子は、自分もそんな気がしていると答え、夫に調べてほしいと頼んだ。

立松は起きて調べた。しかし、誰もいなかった。

ところが、朝になって、栃木支所の次長をしている西茂から電話があった。西は立松のいとこである。西は立松に、金子文子が死んだことを告げた。立松が時刻を問うと、朝の見回りで発見されたこと、首を吊っていたことを教えた。

立松は房子に、すぐ仕度するようにいい、いっしょに車で現地へ行った。房子は午前二時ごろの不思議な出来ごとを思い、

「死ぬ前にお別れにきたのかしら」

といったが、立松は無言を守った。

房子は現地へ着くと、西の許可を得て、彼女の独房を清掃し、途中で買ってきた花束をそなえ、線香を手向《たむ》けた。それから、西が栃木に勤務していた間は、毎月二十二日に赴《おもむ》いて供養した。

報知新聞の野村胡堂

立松が妻をわざわざ連れて行った行為は、第三者には不可解だが、それには理由があった。

立松本人は、職務として、朴と金子をはじめとしてこの事件の関係者を取調べ、二人に極刑を科す公判の調書を作成したのである。

当時は現在と違って、刑事事件では予審制度が採用されていた。つまり、容疑者を公判に付す前に、予審判事が取調べに当り、有罪か否かについて、意見を出すことになっていた。この予審判事の意見が全て採用されるわけではなかったが、不採用となるのはごく少数であった。ある意味では、予審判事の心証が被告の運命を決するようなところもあった。

立松が両名をどのように取調べたかは後述するが、彼が妻を同伴した理由を推測できるエピソードが、死刑判決前の三月三日の「東日」に出ている。

朴烈すら心動かした
　涙の調べ、愛の裁き
　　……立松判事の人間愛

という大見出しの記事で、

「反抗性の朴をなだめてその本心を聞かんとするには人間愛によるほかはなかった。朴に反省を求めたことも一再ではなかったが、遂に心を翻《ひるが》えすことができなかったとて、さすがの立松氏も泣いたという。かくて予審もすんで特別公判に移される段取りになると、金子ふみ《ママ》は晴れの公判に出るためにとて、立松氏の夫人、楽壇でソプラノの名手として鳴る房子さんのお振袖を下さいと申し出で、朴は立松氏の立会いで刑場の露と消えて行きたいとせがんだ。これには立松も大分《だいぶ》弱ったと見え、然るべく慰めておいたが……」(以下略)

とあり、末尾は、

「罪を憎んで人を憎まぬ立松氏の心ゆかしさ」

でしめくくられている。『不当逮捕』によると、房子が立松から、金子のために振袖を提供してほしいといわれたのは、三月二十五日の判決が近づいた日だったという。房子が振袖と帯に小物一式や履《は》きものも揃えて立松に持たせたが、立松はその日の夕刻に持ち帰り、憮然とした表情で許可されなかったことを告げた。

朴は第二次大戦後、占領軍によって解放されたが、立松は昭和十三年（一九三八年）六月三十日に病死していた。解放された朴は布施弁護士に連れられて、祐天寺に移っていた立松家をたずね、その霊前に朝鮮の礼法に従って拝礼し、以後も母国に帰る昭和二十四年まで、毎月三十日に弔問にきたという。おそらく、立松夫人が二十二日には栃木まで出向いて金子文子の霊を弔《とむら》ったことを知ったからであろう。こうしてみると、彼女の死亡の日を二十三日とした当局の発表は、やはり作為があったと見てよい。立松夫人がそのような日を間違えるはずがないからである。

ところで、怪写真の一件に話を戻すと、一紙だけ、彼女の死に劣らぬくらいの紙面をさいた新聞があった。「報知新聞」である。

現在のスポーツ紙と違い、第二次大戦中に当局の命令で「読売新聞」と合併するまでの「報知」は、関西系の「朝日」「毎日」に対抗する関東の有力紙であった。

他紙が怪文書や写真を取り上げなかったのは、すでに述べたように、その真実性に疑問があったからである。もし偽ものだったり合成だったりしたら、大恥をかく。といって、何も取材しないわけではなかった。

朴と金子は、判決後に恩赦を受けると、朴は千葉へ、金子は栃木へ送致された。従って両者が写真のように会えたのは、市ヶ谷にいたころの話に限られる。

そこで各社の記者は、市ヶ谷刑務所の秋山要所長のもとへ走った。

秋山は写真を見せられると、

「バカらしい。これは偽ものだな」

と笑った。

どうしてかというと、朴と金子は判決後にいったん市ヶ谷へ戻ったとき、秋山の温情で二人を接見所で会わせたが、それは二分か三分のことで、こんなことのあろうはずがないし、二人の着衣を見ても、大芝居のようなものだとわかる。両者の着衣には襟《えり》番号がついていないし、履いている草履《ぞうり》の鼻緒《はなお》は白と黒のだんだらになっているが、これは刑務所では絶対に使用されていない品である。また、金子文子は近眼で、眼鏡なしには字を読めない。しかるに、このインチキ写真の女は、眼鏡なしに本らしきものを読んでいるではないか。

要するに、秋山は一笑に付したのだ。

だが、この報告を受けた「報知」の社会部長は、しばらく考えた末に、

「写真を掲載するのは拙《まず》いが、こういう内容の怪文書が配られたことは書いてもいいだろう」

と決断した。

インチキ写真だったらどういうことになるか。写真を掲載しないとしても、文章の方を要約紹介した場合、ガセネタと思わずに掲載したことになってしまう。それでは新聞としての信用に関《かか》わってくるのだ。

そういう部員もいたが、社会部長は自分の直感を信じた。この写真はインチキではなくて、うつっているのは、本ものの朴と金子に違いない、と確信したのだ。

この社会部長の名は野村長一《おさかず》という。岩手出身、筆名が野村胡堂、つまり「銭形平次」の作者である。筆者は新聞記者をしていたころにインタビュウしたことがある。そのとき、中学時代の同級生だった石川啄木のことを聞いた。

「頭のいい男でしたな」

といい、若くして病死した友の思い出を語ってくれた。啄木は、幸徳秋水の大逆事件のときに、心

情的に秋水を理解している短歌を作っている。このころはすでに病死していたが、その歌集がじつは金子の愛読書だった。そして彼女は逮捕されてから独学で短歌を作りはじめた。

その一作にこうある。

我が好きな歌人を若し探しなば
夭《わか》くて逝きし石川啄木

夭折した啄木に彼女が心を惹《ひ》かれたのは、才能がありながら不遇な人生を送った彼に、おのれを重ねるところがあったからだろう。胡堂はその作品でわかるように、つねに庶民の立場でものを見る人だった。音楽評論のときに用いたペンネームは「あらえびす」で、「胡堂」の「胡」にしろ「えびす」にしろ、生れ故郷とのつながりを大切にした。

彼はまた社会部長であると同時に、学芸部長を兼任し、そのペンネームで連載小説を書き、雑誌や本に目を通すことを怠《おこた》らなかった。

この時点で、金子の作品のいくつかは「婦人公論」五月号に、同志の栗原一男（のち一夫）によって『獄中雑詠・金子ふみ』として紹介されていたから、単に大逆事件の犯人だからということではなく、友人だった啄木に心を惹かれて歌作をはじめた彼女に、野村社会部長は人なみ以上の関心をもっていたものと思われる。

「何だ、インチキか」

といって、屑箱に捨てられないものが胡堂にはあったのではないだろうか。

それから、これが大事なことだが、胡堂には俗世的な欲がきわめて薄かった。名利や栄達に対して執着をもたなかった。明治十五年（一八八二年）生れの胡堂は、昭和三十八年（一九六三年）に亡くなるが、その少し前に私財一億円を出して恵まれない若者のための奨学資金財団を作った。筆者はそのことも取材したが、そのころの一億円は途方もない大金だった。自分たち夫婦がこの世に在るのはあと僅かで、それくらいは持っているし、それ以上は必要ないからというわけなのである。勤めていた「報知」に小説を書きはじめたのも、原稿料が目的ではなく、読者を熱狂させる小説を書く作家がいないから、それなら自分が書いてみようということだったそうである。

胡堂は公平な判断力をもっていたから、この怪文書のうさんくささと、それでもなおかつ写真から滲《にじ》み出てくる真実の香りとを正確に感じとった。もし、秋山所長のいうように、これがインチキ写真であって、それにだまされるのであれば、責任をとって退社すればいいのである。

朴烈と金子文子の奇怪な写真

　配布さる刑務所内で同居の

　　事実ならば当局の重大な失態

　　　偽造ならば組織的犯行

という三段抜きの大見出しは、ややセンセイショナルだが、本文の方は至って冷静である。匿名で奇々怪々な写真を配布したものがいるが、と前置きして、

「あまりにも奇怪な写真であるため、あるいは為《ため》にせんとする者の巧妙な偽造かとも思われる。万一、これが本物としたならばこの大逆犯人を刑務所内において一室に同居せしめ、見るに忍びない姿態を許し、さらに写真まで撮影したというに至っては、司法当局空前の大失態で、当局の責任は到底軽微ではすまざるべく、必ずや重大な結果をもたらすであろう」

と書き、写真は醜怪なので、

「公けにするに忍びず、あえて掲載はしない」

とした。また、秋山の、偽写真だという談話もきちんと載せた。

立松予審判事

いったい、どんな写真なのか、固いことをいわずに掲載せよ、という読者の声が殺到した。むろん当の「報知」ばかりではなく、見送った他の新聞社に対しても、実物を見たいという要求があった。他紙は「報知」の第一報が結果的に特ダネとなったことに、歯ぎしりする思いをしていたはずだが、その実物を掲載するという手で、先行した「報知」に追いつくことができる。それどころか、上品ぶった「報知」の鼻をあかすこともできるだろう。

しかし、他紙のそのもくろみは実現しなかった。内務省が先手をうって、この写真に関して報道を禁止したのである。当時の内務省の権限は絶大で、法律もまたそれを認めていた。もし違反すれば、発売禁止どころか、発行停止にすることもできた。

むろん、それで一件落着ということにはならなかった。当局としては、この写真がいつどこで誰によって撮影されたものか、さらには、それがどうして怪文書の作成者の手に渡ったか、いったい何が犯人の狙いなのか、それらの点をはっきりさせなければならなかった。

ただし、何が狙いかという疑問については、およその見当はつく。大衆にこの写真をさらすことによって、司法当局、つまり政府の失策を咎《とが》めて、退陣に追いこもうとするのであろう。

首相は若槻礼次郎、法相は江木翼。少数与党の憲政会の内閣である。

対立勢力は、政友会と政友本党だった。

もともとは一つの政党だったが、若槻の前任の加藤高明内閣のときに、分裂してしまった。加藤に協力しようとした高橋是清総裁に不満を抱いた床次《とこなみ》竹二郎らが政友本党を創立したのだ。議席も本党が多かった。

第一次加藤内閣は、政友会から高橋総裁や横田千之助を入閣させて出発した。ところが、高橋が引退し、そのあとに岡崎邦輔が入り、横田が病死して小川平吉が法相として入閣したころから、閣内不統一が目立ち、ついには、岡崎や小川らの政友会出身が閣議をボイコットしたために、加藤は総辞職せざるを得なかった。

後継首相は、政友会や政友本党の期待に反して、再び加藤だった。天皇が元老の西園寺公望の進言を採用して指名するのだから、反加藤派の代議士がいくら集ったところで、どうにもならないのである。そこで両党は協力して第二次加藤内閣をいたぶりはじめた。

ところが、加藤は半年足らずで急死した。

若槻に組閣命令が下り、若槻内閣は閣僚をそのままにして発足した。若槻としては、議会を安定させるために、床次に連立を提案した。政友会と協力はしているものの、床次の本心が政権入りにあることを若槻は見抜いていた。

床次は、安定政権を作ることに異存はないが、条件がある、といった。

若槻は、どういう条件か、とたずねた。

「わたしが首相になることだ」

と床次は答えた。

首相を任命するのは天皇の権限であり、天皇に、首相にふさわしいと信ずる人を推薦するのは西園寺だから、若槻が辞職しても、床次が首相になれるとは限らない。それを考えると、床次の真意は、大臣の椅子をたくさんよこせ、ということだったろうが、若槻としては受け入れることはできなかった。

それが、この年の五月から六月にかけてのことで、両野党にしてみれば、司法当局の大失態は、政府に対する絶好の攻撃材料となるわけだった。

要するに、こういう怪写真と怪文書が、右のような政治情勢と目に見えないつながりを持っていることは、誰にも想像できることなのだ。それ故に、司法省は江木翼法相が陣頭指揮で、事件の究明にとりかかった。

まず、写真の朴と金子が、よく似た替え玉ではないかどうか、この点については、両名をよく知る看守たちが、替え玉とは考えられない、と証言した。

では、いつ撮影されたか。

秋山所長の話でもわかるように、判決があったあとでは、獄衣になって襟に番号がつくから、判決以前のことになる。朴に質問すればわかるはずだが、朴は、面会にきた布施から金子の死を知らされて、ほとんど半狂乱といっていい状態にある。まして、日本の官憲に対しては徹底的に反抗してきた以上、協力は期待できない。

そうなると、未決だったころに両名を取調べた立松判事なら、何か知っているのではないか。

司法省の幹部たちを驚かせたのは、立松が写真を見せられると、

「これはわたしが撮ったものです」

とあっさり認めたことだった。

では、いつ、どこで撮ったのか。

立松の記憶では、前年の四月末ごろ、場所は予審判事調室の中において、だったという。

この立松の答えに誰もが疑問を抱くだろう。どうして、そのような写真を撮ったのか。単に二人が並んで座っている写真ならまだしも、膝の上に乗せて重なるようにしている姿勢は、どう見ても、み

だらではないか。

この追求に対する立松の答えは後述するとして、江木たちがほっとしたのは、前年の四月ごろの撮影だったことだった。そのときは連立内閣で、首相は加藤だが、法相は政友会の小川だった。つまり、当時の監督責任は、この一件を政争の具にしようとする野党政友会の幹部である小川が負うべきものなのである。

といって、安心できるわけではない。小川は七月に閣外に去っているから、憲政会の単独内閣となったわけで、それ以後に写真が流出したのであれば、そのときから法相をつとめている江木の責任は避けられない。

立松は、この写真はこれ一枚を撮ったのではなくて何枚か撮ったなかの一枚だ、と証言した。また、フイルムの現像とプリントを頼んだ相手は、大正十二年九月に検束した両名を取調べた警視庁内鮮係長で、いまは西神田署長となっている立山合戦だということもわかった。ということは、現像プリントの過程で外部へ流出したことはない、と見てよい。

それらの謎はともかく、立松としては、こういう事件になった原因は、自分の撮った写真からであり、その責任をとるのはやむを得ないと判断した。彼は八月九日に始末書とともに辞表を出して、十一日に発令された。

そのことは官報で公示される。依願免官ではあっても、もし注意深いものがいれば、辞めるいわれのない、また大逆事件の審理に功のあった判事が退官したことに、何があったのか、と不審の念を抱くはずである。

しかるに、そういう不安を感じなかったのか、司法省は報道禁止を解除した。ただし、写真の掲載は不許可である。文書の件に限定するのであれば、すでに「報知」が先行している以上、ある程度の対処はできるし、政友会も小川にとばっちりがかかることを思えば、大げさな攻撃はしないだろう、という計算だったのだ。

その見通しは甘かったのだ。八月二十四日の「国民新聞」が、怪写真と怪文書が流布しており、その撮影者は、事件を担当した立松だったことや場所が裁判所の調室だったことがわかった、と大きく報道したのである。

江木は二十五日の閣議に概略のことを報告した。

当然のことながら、記者団から質問が出るだろうから、法相や書記官長（いまの官房長官）が弁明することになる。

それを記事にした一例を紹介すると、

「朴烈、文子の写真を撮影したのは、司法当局の調査の結果、立松予審判事であることが判明した。これを撮影したのは昨年四月中旬（小川法相時代）にして……」

とあるのだ。読み方によっては、小川に責任があるかのようである。

小川は激怒して、二十六日に声明文を発表した。

「このような事件を党派的に利用すべきではない。写真の撮影その他について政府はもっとくわしく調べて公表すべきである。もし自分に責任があるとわかれば男らしく責任をとるが、政府が責任を負うべきものとわかれば責任をとらねばならない。政府はどうして大逆犯人を優遇しているのか。また、改悛の情のない犯人たちのために、どうして減刑を奏請したのか、その理由を国民に公表すべきである」というものだった。前半はつけ足しみたいなもので、眼目は後半にある。

政友会も小川を援護する声明を出した。

その要旨は、未決監房で重大犯人に異例の優遇をしたのは、法の下の平等に反した不当なものであること、当局は最初は偽作写真と断言していたが、偽作ではなかったと判明したからには、これを許した当局の責任はどうするのか、前法相在任中のことだという責任逃れの弁解は卑劣であり、すでに一年以上もその職にある江木現法相の監督責任を見逃すことはできない、などというものである。

だが、小川個人の声明の激しさに比べ、政友会の声明は、ありきたりの文章が多くて、どこか迫力に欠けていた。

また、関係者の身分や職務がいわば身内であるため、怪写真流出の究明は警視庁ではなく、司法省や検事局が担当した。いまの検察庁と違って、検事局は裁判所に属していた。

政友会の声明が、表向きは威勢がいいとしても、どこか迫力に乏《とぼ》しいのはどうしてなのか、その事情について、政府側にもこのころには見当がついていた。非協力的と思われた朴烈が、予想に反して、流出経路を告白していたからだった。

日本官憲に対しては徹底的に反抗を続けてきた朴烈が、この一件に関しては例外的に口を開いた理由は、おそらく本人と立松判事との間に生じてきた人間的なぬくもりにあった、と思われる。朴は、自分と金子の写真のことで立松が窮地に陥り、退官せざるを得なかったことを知らされて、立松の責任を少しでも軽くする気で、調べにきた検事に話したのであろう。

朴は立松が持参したカメラで撮影した日や場所について、

「去年のメーデーか、その翌日で、刑務所の調室だった」

と供述した。

朴と金子の取調べは、地方裁判所か市ヶ谷刑務所のどちらかだったが、この日は市ヶ谷だった。むろん調室への出入りについて、すべて記録が残っている。五月一日に朴は立松の取調べを受けているが、金子は受けていない。五月二日の記録は、朴は午前十一時二十分入室、午後三時十分退室、金子は午後二時四十分入室午後三時十分退室となっていた。立松は、はじめは四月下旬だったといっていたが、それが記憶違いだったことが明白になった。

さらに、立松はこの日には、金子の調書を作成しなかったこともわかってきた。もちろん調べたから必ず作成する、というものではないが、金子の在室時間がわずか三十分間だったことからすれば、作成する時間の余裕はなかったとわかる。

朴の調書は一日の分も二日の分もちゃんと作成されていた。それも重い内容である。

まず一日の分についていうと、立松がこれまでの訊問調書を念のために読んで聞かせようかというと、朴は、そんな必要はない、と答え、さらにこうつけ加えている。

日本の官憲とのやりとりを経験している自分から見れば、

「君ハ比較的敵ヲ正シク理解センコトニ努メ敵ヲ又《また》侮辱セヌ人デアッタ。日本ノ古歌ニ『知り分ける心の中の誠こそ教えによらぬ悟りなりけり』トカ云ウノガアルソウダガ、君ハ誠ニ其《その》『知り分ける心の中の誠』ヲ持ツテ居ル人デアル様ニ思ウ。俺ハコレ迄大ナル侮辱ヲ以テ日本ノ司法官憲ニ対シテ来タガ、君ハ一寸侮蔑スルコトが出来ナカッタ」（原文は旧かな。以下同じ）

この種の調書には、一定の型があり、多くはその型にはめて作成される。

ふつう、一人称について、供述する本人が「俺」を用いても、作成する側は「私」「自分」に置き換える。容疑者でも、あるいは参考人の場合でも、官憲とつまらぬことで争っても得はないから、事実の認定に間違いがなければ、人称が「俺」でも「私」でもあえて争うことはしない。朴の警察における供述調書が残っていないので不明だが、おそらく警察なら、こういう調書は作成されなかったろう。署名押印しなかったら、当時のことだから拷問される可能性もある。

判事は、さすがに警官のような暴力を用いることはしなかったろうが、この調書の作成が大正十四年だったことを考えると、やはり現代では考えられない状況下にあったといってよい。

逆に、立松の側からすると、朴の個人的な感情（立松に対しての）は、事件の本筋とはまつたく無関係なものだから、こういう形で調書を作成するのは、これまた普通ではないことになる。国権主義者から見れば、大逆犯人のご機嫌とりの調書を作るとは怪しからんやつだ、と怒るだろう。

この型破りの調書や二人の写真を撮影した立松の心境は誰にもわからない。そういう特別扱いによって朴や金子の信頼を獲ち《か》取り、両者が警察につかまった段階ではまったく問題にされていなかった大逆罪を引き出すことに成功した――つまり予審判事としての功名心によるものだったとする見方があるそうだが、筆者にはそうは思えない。なぜなら、このときよりも一年以上も前に、作成されている供述調書の印象では、立松が問いつめたわけでもないのに、朴の方から進んで供述したように思われるからである。

つぎに五月二日の調書だが、その内容も重要である。

立松ははじめに朴に対して、これまでの供述を綜合すると、刑法第七十三条に定められている行為になり、それは死刑だが、

「それに相違ないか」

と念を押すように訊問している。朴はそれに答える前に、

「一応聞いておかねばならんことがある」

と前置きして、金子や爆弾の入手を依頼した（のちにことわっている）金重漢が、どういっているか、と反問した。立松は、

「金子ハ要スルニ、皇太子殿下ヲ爆弾投擲《とうてき》ノ対象トシテ居タト申述ベテ居り、金重漢ハ只今読聞ケ

ル通リニ申述ベテ居ル。念ノ為ニ……」

と両名の訊問調書を読んで聞かせた。これに対して朴は、こんな調書なんて、どうにでも作れるものだから俺は信用していないが、きのうもいったように、立松が自分の考えを人に強制する人ではないと信ずるから、と前置きしてこういった。

「俺ハ日本ノ皇帝皇太子ヲ爆弾投擲ノ最モ主要ナル対象物トシテ居タノダ。ソレカラ爆弾が手ニ入ッタ（ら）何時デモ宜《よ》イ機会ニソレヲ使用スルト以前申述ベテ置イタンダ。又ソレニ相違ナインダガ、出来ル限リハ日本ノ皇太子ノ結婚期迄《まで》ニ総《すべ》テが間ニ合ウ様ニ計画ヲ進メテ居タンダ」

そして最後の方で、これまでは金子文子が共犯者かどうかを言明するのを避けてきたけれど、金子本人が共犯だといっているなら、

「俺ハ金子ノ言ヲ明ニ肯定スル」

といった。

朴に対する取調べは、三日も行われた。

はじめのうちは、金重漢との関係についての訊問だったが、朴の方からそれを離れて、自分を死刑に追いやるようなことを供述しはじめた。

「俺ノ奥様（金子のこと）ト俺トハ、ソン中ノ最モ困難ナル、ソシテ最モ主要ナル目的ノ日本ノ皇帝皇太子ニ当ル筈《はず》デアツタノダ」

そのあと立松は、

「被告ハ何トカシテソノ心持ヲ反省スルコトが出来ヌカ」

と聞いた。確信犯の朴に対して、この無用と思える質問をした理由は何だったのだろうか。

前記の、立松には功名心があったと見る某作家は、立松は被告両名の心理を利用して、上司の命令に忠実に大逆罪へもっていった、とし、

「立松は戦後ひとに『朴烈事件はでっち上げではないか』ときかれると、『もう、そのことはいってくれるな』と顔をしかめていたという」

と結論めいて書いている。しかし、立松は昭和十三年に死んでいるのだ。〝戦後〟にそんなことをいうはずもなかった。立松がなかば強引に大逆罪へもっていったと想定して書くから、太平洋戦争のあとに、でっち上げだったのではないか、と質問されたら、その話はいってくれるな、と顔をしかめたことになる。いわゆるデーターマン任せで集めた材料を丸のみした結果なのだ。

筆者が考えたいのは、資料をどう読むか、その時の心構えなのである。大逆罪へもっていこうとしたとする立場に立って書くなら、立松の「反省」を求める言葉が、朴に、

「恐れ入りました。じつに恐しい企《たくら》みをしたわけで、申訳ないことです」

といわせたことになり、お上《かみ》の威光を示そうとした、と見ることも可能となるのだ。

これに対して、このやりとりは、朴の情状酌量のためにあえていったのだ、と見ることもできる。大逆罪には死刑しかない。実行行為がなくても、予備行為だけで死刑の要件をみたすのだ。「危害を加えようとした」者は死刑なのである。朴の供述でいうと、爆弾が手に入ったら、機会を見て使うつ

もりだった、とした点である。朴は、以前に金重漢という友人に爆弾の調達を頼んだことがあった。しかし、金が入手する前に、朴はこの依頼を取り消した。あるいは外国航路の船員に、爆弾が手に入らないか、といったりしたが、その話はそれきりになっている。

現実には、朴が爆弾を入手するために外国へ行ったり、金重漢に購入資金を渡したりしたという事実はなかった。

朴や金子が（危害を加えたい）と思っていたことは確かだが、予備行為の実行においては不十分だった。しいていえば、予備の予備という程度である。しかし、当時の状況では当局がその気になれば、この程度でも強引に大逆罪へもっていけた。立松にしてみれば、この大正十四年五月の時点での朴や金子の供述では、大逆罪の適用を回避することは、もう不可能になっている。ただし公判で死刑の判決は免れないとしても、判決即執行というわけではない。

明治末期の幸徳秋水らの大逆事件では、二十四人に死刑判決が下されたが、翌日十二人が恩赦を受けて無期に減刑された。朴や金子に対しても、その可能性はある。そのためにも、少しでも有利な情状を記録に留めておきたい、と立松が考えた可能性はある。

秘密結社禁止条項

関東大震災のあと、朴は九月三日、金子は同四日に警察に「公安を害する」危険性のあるものとし

て、行政執行法によって検束された。二人は代々木富ヶ谷の借家で同棲していたが、警察は家主のところへ行き、

「朴はもう戻ってこない」

といい、家財道具まで勝手に処分させてしまった。ひどい話だが、行政執行法では身柄を抑えておけるのは二十四時間なので、これを長期間勾留《こうりゅう》できる警察犯処罰令に切りかえるため、二人を住所不定にしてしまったわけである。

二人とも、特に朴は、前から目をつけられていた。四月ごろから「不逞社《ふていしゃ》」という、名称からして当局の神経を逆なでする組織を作り、機関誌も出していた。大震災の混乱に乗じて、警察や軍隊は、朝鮮人や共産主義者、アナキストらに大弾圧を加えたが、これもその一つだった。二人に続いて不逞社の同人たちをつぎつぎに逮捕し、十月二十日に、治安警察法第十四条の秘密結社禁止条項の違反として朴ら十六名を起訴した。

この同人のなかに、新山初代という女性がいた。新山は九月下旬に逮捕され、警察に取調べられたあと、十月八日、十日、十四日に東京地裁検事局黒川渉検事の取調べを受けた。十月二十七日にも、立松予審判事の訊問を受けているが、黒川の方が重要である。

新山は府立第一高女を出てから事務員になり、正則英語学校の夜間部に通った。金子と知合ったのはそのときだが、三ヵ月くらいで金子は退学した。

しばらくして、金子から新しい生活をはじめたからきてくれ、と手紙がきた。行ってみると、金子

は朴といっしょに暮しており、同棲をはじめたのは、朴の思想に共鳴したからであって、恋愛からではない、といった。

そのときはそれで終わり、一年間は文通もしなかったが、震災前の五月ごろに急に会いたくなって、新山は金子をたずね、結局は不逞社同人になった。

そこで新山は、朴を兄のように慕っている金重漢と知合った。金は彼女に好意をもったとみえ、さして用もないのに訪ねてきて、はじめは電車がなくなったことを理由に泊めてくれ、といった。その夜、金は関係をもつことを迫った。新山は拒否したが、間もなく金と恋仲になった。

そのころ朴は、水道や電源に爆弾を投じて革命を起こすことができるといっていた。朴とは別に金もそんな話をしたことがある。

間もなく、金が帰郷するついでに上海《シャンハイ》へ行って朴の用を足してくる、といった。新山が何の用かと聞くと、上海の団体と連絡するためだ、行けば爆弾も資金もある、と金が答えた。

朴烈は金のことを良い人だといっていたのに、途中から悪口をいいはじめた。八月十一日にそのことで朴と金が喧嘩し、自分や金は、朴とは別れることにした。新山の見るところでは、

「朴烈ト云ウ人ハ日頃主張スルガ如キ直接行動ヲ実行シ得ル人物デハアリマセヌ。金重漢ニ上海へ行ッテ爆弾ヲ取ッテ来テクレト頼ンダトシテモ、ソレハ実行スルノ意思アッテ依頼シタコトデナク、自己ノ立場ヲ擁護スル目的ヲ以テ売名的ニナサレタ事ト私ハ考エマス」（十月十四日の供述）

というのである。立松は十月二十七日に彼女を訊問するのだが、経歴や不逞社の入会時期などを問

うだけで、本題には入らなかった。

新山は肺を病んでいたが、このころから悪化し、十一月二十七日、緊急入院した協調会臨時病院で、腎盂炎《じんうえん》を併発して死亡した。

当然のことながら、新山の供述をもとに、爆弾を入手しようとした容疑で、朴と金、また朴をよく知る金子にしぼって、取調べがはじまった。

朴に対しては十月二十四日の午前と午後の二回だが、この調書を作成したのが立松ではなかったことは、その書き方でわかる。なぜかというと、朴や金子の調書は『金子文子朴烈裁判記録』（最高裁判所蔵・九一年黒色戦線社発行）から引用しているのだが、朴の第一回から第十一回（大正十三年五月二十日）までと金子の第一回から第十三回（同二十一日）までは、作成者の名前が省略されている。

しかし、その調書の本文を見ると、朴は、訊問に対して、

「日本語ハ好ク判りマス」

「私ハ充分了解ヲ得様ト思ツテコレ迄警視庁ノ役人ヤ検事ニ何モカモ話シテ終ツタノデス。私が反逆的気分ヲ持ツテ居タ事ヤ不逞社ヲ組織シタ事、金重漢ニ爆弾ノ入手ヲ頼ンダ事ヲ喋《しやべ》ツテ了《しま》イマシタ。警視庁ノ役人ハソノ事ヲ二、三ヵ月モ以前カラ承知シテ居タノデ有リマス」

などと答えているが、この書き方は立松のものではない。

朴の答え方が「私」から「俺」になって作成されているのは、第三回（大正十三年一月三十日）からである。

「前回俺ハ何モ喋ラヌ勝手ニドウトモ認定セヨト言ウテ置イタガ、（中略）喋ラナイ為ニ会員諸君ニ迷惑ヲカケテハナラヌカラ今度ハ自分カラ進ンデ色々ノ事ヲ言ウ気ニナッタ」

という文章になっている。

こうしてみると、朴はわりあい早い段階で、使用目的は明らかにしないとしても、爆弾の入手を計っていたことを供述したのだ。

では、金子はどうか。

彼女は一回目の取調べのあと、ほぼ三ヵ月後の翌年一月十七日に、二回目の調書が作成されている。この間、追いつめる狙いで当局が心理的にわざと放っておいたのだ、とする説があるが、それは間違っている。

二回目に、彼女は生い立ちから虚無主義の思想を抱くまでの年月をこまかく語っているが、その分量は、とうてい五時間や六時間で語れるものではない。また、作成する側の筆記能力からしても、一日では無理である。つまり、何日間もかけて語ったことを、この十七日までにようやくまとめ、それを読み聞かせて署名押印させたのだ。

第三回の一月二十二日の調書も、その長さからすると、この日一日のものではない。しかし、四回目の一月二十三日、五回目の一月二十四日のものは、その文章の記録された分量からみて確かにその日のものである。

ところが、六回目（一月二十五日午前）七回目（同午後）の分量は、きわめて重大な内容を含んでいるが、それぞれ半日で作成できたものとは思えない。

まず午前中、彼女は朴と相談の上、金に上海で爆弾を入手するように頼んだことをいい、それを何に使用するというのか、と立松から質問されると、

「私ノ所謂《いわゆる》第一階級第二階級ヲ合セテ爆滅サセル為ニ、私ト朴トハ金ニソノ爆弾ノ入手方ヲ頼ンダノデアリマス」

と答えた。第一階級は皇族で、第二階級は大臣などであることは、第三回目に説明してあった。

「被告ラハ日本ノ皇族ニ対シテ日頃尊称ヲ用イテ居タカ」

「イイエ、天皇陛下ノ事ヲ病人ト呼ンデ居リマシタ」

「摂政宮殿下ノ事ハ」

「坊チヤント呼ンデ居リマシタ」

そして、他の皇族のことは眼中になかったし、大臣たちは「有象無象《うぞうむぞう》」、警官は、ブルジョアの番犬だから「ブルドッグ」とか「犬コロ」と呼んでいた、という。

こうした答を忠実に記録した調書は、めったにあるものではないであろう。もしかすると、空前絶後だったかもしれない。同じような質問をした判事はいたとしても、これを調書の中に入れることはしなかったはずである。確かに、立松はいっぷう変った判事だったのだ。

金子は午後になって、爆弾入手について金から一千円必要だといわれたことを語り、しかしながら、

「金ノ様子ヲ視ルニドウモ売名的ノ嫌《きらい》ガアル様ニ見受ケラレ、発覚ノ虞《おそ》レガアル様ニ懸念サレマシ

タノデ、私ト朴トハ相談ノ上金ニ対スルソノ依頼ヲ一応断ル事ニ決シマシタ」

しかし、金の方は、朴がその気もないのに爆弾入手を依頼したと誤解し、喧嘩《けんか》をふっかけてきた。

朴や金子は本気だった。朴は日本人の人種差別や非道な統治に憎しみを抱いており、金子は虚無的思想を抱いていたから、

「爆弾ヲ投ゲテ皇太子ニソレが当レバ結構ダト思ツテ居リマシタ」

というのである。そして、立松から、そのような考えをもつことを止めることはできないか、といわれても、

「今ノ考エヲ変エル気ニハナレマセヌ」

といい切るのだ。

四日後の第八回（一月二十九日）の調書は短い。

「前回ノ申立ニ相違ナイカ」

「相違アリマセヌ」

「被告ハ女トシテ身体ノ都合上昂奮シテ前回ノ様ナ事ヲ申シタノデハナイカ」

「ソンナ事ハアリマセヌ」

「被告ハ衒《てら》ツテ前回ノ様ナ事ヲ申シタノデハナイカ」

「冗談デハアリマセヌ。衒ツテアノ様ナ事ヲ申スモノデスカ」

「被告ノ家系ニ精神病者ハナイカ」

「精神病者ハアリマセヌガ、私ノ母方ノ祖父ハ癲癇《てんかん》ガ持病デアリ、一昨年中癲癇ヲ起シテ死亡シマシタ」

これが全部なのである。立松の訊問のやり方は、金子に対して、前回は生理中だったので、つい心にもない供述をしたものです、とか、俗にいう〝ええかっこしい〟で大それたことをいったものです、と供述を変えたらどうか、とそれとなく勧めているかのようだ。

これは、何とかして朴の調書に情状をもりこもうとした一年四ヶ月後の態度と一致している。爆弾を投げてそれが皇太子に当ればいい、という供述をそのまま調書に残してしまえば、もはや救いようがない。四日前はちょうど生理中だったので、としておけば、供述内容の変更も決して不可能ではない。そう考えると、重大な供述をしたにもかかわらず、あえて四日の間隔をとったのは、もし変更した場合に合理性をもたせるための苦心の策だったのかもしれない。ふつうは、重大な供述をした被疑者に対して、その気持の変らないうちに補強の供述をとろうとするものなのだが、立松はその逆である。

しかし、金子はさしのべる立松の手をはらいのけた。

〝反省〟を求められた朴も同じであった。

「反省ト云ウコトハドンナ意味ノモノカ知ラヌガ、反省ガ所謂改悛《かいしゅん》ヲ意味スルナラバソレハ俺ニ対スル大ナル侮辱デアレル」

と朴はやり返し、きみたちが勝手に作った刑法第七十三条などはどうでもいい、自分は死を怖れていない、といい、

「俺ニハ反省スルトカ改悛スルトカノ余地ハナイノダ」

といい切った。

文子の数奇な生涯

朴の右の供述は大正十四年五月三日で、写真撮影の翌日である。そして、五月四日には金子の調書(第十五回)が作成された。その前の第十四回は三月五日の日付である。二ヶ月も空白があるが、その間、取調べがなかったというわけではない。じつは、その前の第十三回は、大正十三年五月二十一日の日付になっている。つまり第十四回の取調べまで約十ヶ月の空白がある。

この第十三回までに、金子はすでに重大な供述をしている。その日(五月二十一日)は、前に自分は〝坊チヤン一匹ヲヤツ付ケレバ〟という表現を用いたが、敬語を用いる必要はないとしても、この表現はかえって自分を醜《みにく》くすることに気がついたので〝皇太子一人ヲ殺セバ〟と訂正する、という調書である。そして十ヶ月後の第十四回は、いきなり立松のこういう問いからはじまっている。

「被告ハ前回金輪ガ義烈団ニ加入シテ居ルト申シタデハナイカ」

「左様デス」

第十三回には、関係者の一人である金輪の名はまったく出てこないから、立松のいう前回とは、第十三回のことではない。従って、金子の第十四回(三月五日)と写真撮影までの間にも、何回かの取調べがあったとみてよい。さて、この撮影二日後の訊問で、立松はこれまでの供述を確認したのち、有期刑もある爆発物取締罰則とは違い、このままでは第七十三条違反で、一、二審のない大審院扱いとなる、と告げた。

金子は、何条に該当しようと知ったことではない、生死は問題ではない、と応じた。立松はなおもいった。

「被告ハ何トカシテ反省スル訳ニハ行カヌカ」

もちろん金子は拒否した。

翌日（五月五日）も立松は、朴烈のように民族的思想からはじまったことではないのだから、何とか反省するわけにはいかないか、と重ねていった。ある意味では、驚くべきねばりである。

金子は、うんざりしたように、

「到底反省ノ余地ハアリマセヌ」

といった。

金子は五月十一日に、自分から立松に取調べを求め、金重漢に関する供述を少し変更した。金の関与をかばう内容だった。

五月三十日、予審判事は立松から沼義雄に変った。これは朴も同じである。朴は五月九日に立松から、爆発物取締罰則の調べはこれで終わると告げられ、二十九日に沼判事から、立松に供述した皇太子への爆弾計画は、本当なのか、と確認を求められた。

朴は間違いない、と答えた。翌日の金子も同じである。この両日に、立松ではなく、沼が訊問に当ったのは、両名の重大な供述に第三者による確認を求めたわけであろう。

立松は六月六日から、朴と金子に、これまでの供述の確認と、またもや何度目かの反省を求めた。むろん両者とも〝反省〟を拒否した。

七月七日、立松は、

「本件ハ当裁判所ノ管轄ニ属セズ」

と予審決定し、これに基いて、七月十七日に事件は大審院に移された。

大審院は、立松を東京地裁から東京控訴院に移して、引き続き担当させた。

取調べは七月十八日からで九月二十二日終わり、十月二十八日に公判開始が決定した。

報道が解禁されたのは十一月二十四日であった。警察が両者を強引につかまえ、さらには新山初代から供述を引き出してから、二年以上もたっている。

立松ではないらしい予審判事の、第一回の人定訊問だけの取調べは、朴が十月二十四日で、金子がその翌日。それから年を越えた一月十七日の立松が尋問し作成したと思われる金子の調書まで、どういう取調べがあったのだろうか。すでに書いたように、十七日の調書はとうてい一日で訊問のすむ分量ではないが、そこに述べられているのは、金子文子という若い女性の、生い立ちからこの時点までの人生である。

司直の側の関係者で、彼女のことについて何が書いているのは、検事として大審院公判やその前の準備訊問に当った小原直だけで、もっとも縁のあった立松は何も書き遺していない。立松は昭和六年七月に『何が私をかうさせたか・金子ふみ子獄中手記』の編者栗原一男あての短い手紙を書いているが、事件そのものには触れず、

「法律が国民の意思である以上、裁判はその国の道徳、常識、宗教であり、なお芸術、歴史であると存じ申し候、従って裁判官は学者である前に、まず徳操の人たることを要し、その裁断はよく実相を捉え、しかも世相を観《み》、人生を理解したる倫理たるべく、社会はその裁断に親和、信頼する次第に御座候」

という当り障《さわ》りのない一般論を展開しているだけである。

金子の手記は、立松が彼女に万年筆をあたえて書くように勧めた、という説があり、それ故に栗原が寄稿を求めたのかもしれないが、その立場上、立松は何かいいたくてもいえなかった。しかし、小原はその回顧録（一九六六年出版）でこう一書く。

「金子文子は、朴烈以上に文字通り数奇の行路をたどった、世にも不幸きわまる婦人である。人の世の中が彼女にとっていかにも酷薄、苛酷であるかに見えた」

そして、あまりも虚無主義的であり、エキセントリックだった、ともいって、彼女の人生をかなりくわしく記述しているが、不幸きわまるとか酷薄苛酷とかの形容では、本当のことを伝えるのは不可能に近い。以下、彼女の供述をもとに要約してみよう。

金子文子は明治三十五年（一九〇二年）一月二十五日、広島出身の佐伯文一と山梨県出身の金子き

り、通称きくのとの間に生れた。しかし、文子はこの事件で逮捕されるまで、自分の本当の年齢を知らなかった。なぜなら、佐伯が無責任な男で、出生届を出さなかったからである。きりを入籍していなかったせいもあったかもしれないが、佐伯は鉱山師のまねごとをしていて山梨へ行き、きりと仲良くなると横浜へ連れ出し、そこで文子が生れた。母親の方は入籍してもらう気で役場から謄本をとって出したが、その謄本が本人のものではなく、母の「せひ」のものだったために受付けてもらえなかった（きりの供述）という。だから、文子は無戸籍のまま育ち、小学校にも入れなかった。のちに大正元年に、きりの子としてではなく、きりの父金子富士太郎の五女としてようやく届が出た。

文子がもの心づいた四歳ごろ、佐伯は巡査をしていたが、若い女を家に連れこみ、文句をいうきりをなぐりつけ、遊廓に入り浸るようになった。文子がきりに手を引かれて迎えに行くと、佐伯はなぐって追い出した。そんな生活では巡査はつとまらず、ごろつき新聞の記者をしたり氷店を開いたりした。

文子六歳のころ、きりの妹のたかのが病気治療でやってきた。佐伯はすぐさま彼女に手を出し、別に一軒を構えてそこに住んだ。米びつが空になったので、きりと文子がそこへ行くと、

「ソノ時父ハ飲友達ト花札ヲ引イテ居リマシタガ、ソレヲ聞イテ立上リ、母ヲ縁《えん》ノ外ニ突キ落シテ殴《なぐ》リ懸《かか》リマシタノデ、私等ハ空腹ヲ抱エナガラ暮レタ夜道ヲ自宅ニ帰リ懸ケマシタ処、父ハ後カラ私等ヲ追ツテ来テ、母ニ向イ、他人ノ前デ米無イ事ヲ云ウテ恥ヲカカセタカラ……」

といって、またもや下駄でなぐりつけるありさまだった。ところが、そんな状態でも、弟の賢俊が生れる。そのくせ、佐伯は母子三人を棄てて、たかのを連れて出奔した。母親はつぎつぎに男を変え、

文子はどの男からも虐待された。小学校に入れなかったが、近くの学校の校長の好意で、何とか授業を受けられるようになった。

母親は文子を三島の遊廓に売ろうとしたこともあったが、男と別れて山梨に戻り、製糸工場で働きはじめた。ほどなく世話する人があって、母親は嫁ぐことになった。

このころ佐伯は浜松にいて、たかのを入籍し、賢俊も引き取っていたが、さすがに気が咎めたか、朝鮮の芙江にいる妹の岩下ヒサシに話をつけて、文子を預かってもらうことになった。入籍したのはこのときで、文子は海を渡ったが、学校の女教師がやさしかっただけで、岩下家ではひどい扱いを受けた。

「ツマラヌ事カラ私ニ学校ヲ休マセ、零度以下ノ朝鮮ノ冬ノ夜ニ食事ヲ与エナイデ私ヲ戸外ニ立タセ、私ヲ責メタ事モ」

あった。もちろん安住の地ではなく、七年後には山梨へ追い帰された。母親は最初の結婚につまずき、別の男といっしょになっていた。佐伯は文子の帰国を知ると、山梨へやってきて、母の弟の金子元栄に預けた。すでに文子は充分に成長していた。身長は小柄だったが、かわいい顔立ちだった。

佐伯は、元栄に文子を家に入れたらどうかと勧めた。元栄は望月庵という寺の住職だったが、望月庵は、米六十俵のほかに小作料が二百円も入る金持の寺だった。戸籍上は二人は兄妹になるのだから、むろん結婚などできるはずもないが、家に入れろという勧めは実質的な妻にしたらどうかということである。

文子はいったん浜松の佐伯のもとに戻って裁縫学校に入った。そのあと山梨へ行くと、元栄は、

「別ニ愛人ガアリナガラ私ノ処女性ヲ破ツタ上、私ノ父ニ対シテ、私ガオ転婆《てんば》デアルガ為ニ寺ニ向カナイ事、他ノ男カラ私ニアテテ手紙ガ来タ等ノ事ヲ口実ニ……」

破談にしてしまった。佐伯もひどいが、この叔父もひどい。かつては母に売られかけ、父に棄てられ、叔父に追い出され、大正九年四月に彼女は古梱《こおり》一つで上京し、苦学しながらでも自分の人生を何とかして切りひらこうとした。

独立運動

洋服屋、新聞店、行商、印刷工場などで働きながら、彼女は正則で英語を学び、堺利彦や大杉栄などの本を読むようになった。救世軍の斎藤音松という青年とも知り合い、一度だけ斎藤と関係をもった。また、社会主義者堀清俊のところで働いたこともあったが、堀は愛人に子供を生ませており、また堀の同志の九津見房子は、文子の衣類を無断で質に入れて流してしまい、しかもそのことに責任を感じていない様子《ようす》を見て、社会主義者にも愛想をつかした。

朴と会ったのは、大正十一年二月ごろだった。そして、四月にはいっしょに暮しはじめたのだが、朴には、

「同志トシテ同棲スル事。運動ノ方面ニ於テハ私ガ女性デアルト云ウ観念ヲ除去スベキ事。一方ガ

思想的ニ堕落シテ権力者ト握手スル事ガ出来タ場合ニハ直チニ共同生活ヲ解ク事」を宣言した。相手の朴はむろん承諾した。

朴は明治三十五年二月三日慶尚北道に生れた。生家は両班といわれる上流階級で、京城高等普通学校（日本の中等学校と同じ）まで進んだが、日本人や日本政府が政治、経済その他の全ての面で、

「朝鮮人ノ手カラ実権ヲ奪イ取ッテ朝鮮民族ノ滅亡ヲ計リッツ虐ゲテ居ル」

ありさまを見て、独立運動をひろめるためには、取締りのきびしい朝鮮よりも日本の方がいいと考えて東京へ出た。さまざまな下積みの仕事をしながら、社会主義や無政府主義の本を読んだが、それを唱導するものの大半が空理空論にすぎないこともわかってきた。

日本政府の虐政に対する怒り、それに屈従している朝鮮民族に対する呪わしい気持、さらには権力階級だけではなく、

「万物ノ存在ヲ否定シ……」

宇宙の滅亡をも考える虚無主義になった、と朴はいうのである。そういう朴と金子とが互いに相手の中に自分の分身を見るように感じたのも当然の成行だった。

金重漢は平安商道の出身でやはり両班に属し、年齢は同じである。朴と同じ京城の高等普通学校に学んで中退し、東京へ出てきた。不逞社の同人になって間もなく、爆弾入手のことを相談された。前に金が、

「在学中に独立党の運動に関係していて、日本人警官のピストルで撃たれたこともあった。そのほか

日本人警官に、独立党の作った電気仕掛けの爆弾の扱いを間違えさせて爆発させたこともあるんだ」

とほらをふいたのを、本当のことと思ったためらしかった。金は、あれはほらだったとはいえず、上海にいる独立党の仲間に連絡をとるしかないが、じっさいに日本へ持ちこむのは日本人でなければダメだろう、といった。

「その仲間と連絡をとるとして、どれくらいの金がかかるだろう?」

「千円か二千円か……ぼくが上海へ行き、仲間を日本に連れてきて会ってもらうつもりだが、スパイの目をくぐってやるのだから時間もかかる」

朴はわかった、と答えたが、そんな資金を調達できるはずもなく、結果的には、金にこの話をなかったことにしてくれ、といった。そのことで両者は喧嘩になったが、朴が金子にいったように、どうしても金という男を信用しきれなかったのだ。

立松が、こうした供述を調書に作りながらも、そうならざるを得なかった両者、ことに金子に同情をもったとしても不思議はない。だが、両者ともそれを拒否した。立松の人間性は理解したかもしれないが、彼が国家権力の代理人であることも確かなのである。それをハネつけて死刑台に上ることこそ、自分たちの人生を全うする唯一の道だ、と確信していたに違いない。

朴烈と金子文子は、獄中にあって正式に結婚した。当時の状況からすると、スムースに事が運んだとは考えられないが、やはり協力した官憲があったのであろう。

立松は、いわゆる怪写真が流出してから、しばらくは姿を隠していた。

妻の房子は記者のインタビュウに応じ、

「世間が静かにならない間は、私どもの家庭では立松を頼りにはできません。私の腕ひとつで子供を育て、家計を立てねばならないのです。私としては今までよりも働かなくてはならないじゃありませんか。それを謹慎しろとおっしゃる。では生活はどうしろとおっしゃるのでしょう」(朝日・十月四日)

と気丈に語っている。

政府はその前に九月一日、調査結果を発表した。それによると、撮影した理由は、こういう希有の事件の真相究明を終えたので、

「回想の資として自らこれを後日に残さんがため、監督官その他に何ら諮ることなく独自の思料により」

撮影することにした。そして、はじめは二人を並べて座らせ、焦点距離を合わせていたら文子が朴の椅子に移り、朴が肩に手をかけたので、

「これを制止したるも、同人らはこれに応ぜざるに、不用意にそのまま撮影した」

のだという。そして現像の上で保管しておいたが、朴が隙をうかがって入手してしまった。そのあと、隣りの房にいた被告人(石黒鋭一郎という)に渡し、その男が保釈出所のときに持ち出してもらった。二人を優遇した事実は、

「絶対に存在せず」

ともいう。この発表では、被告人の名は伏せているが、すでにつきとめてあり、八月には検事が調べていた。そして、北一輝の手に渡っていることもわかっていたが、石黒が取調中に検事の隙をみて逃走したため、ぼかして発表した。

北はこれを政友会幹事の森恪《かく》のもとに持ちこんだ。森は、憲政会に揺さぶりをかけるために、院外団を使って怪文書にしてバラまいた。北は逮捕されたが、罪にはならなかった。

立松は、政争が一段落した十月二十四日、房子の父の園部久五郎愛宕《あたご》署長の家で記者会見に応じ、説明書を渡した。司法省の発表とは違い、撮影については、

「朴は最後の願いとして『母の自分を見ざること久し。自分たち夫妻の並列せる写真を撮ってこれを判事の手より在朝鮮の母、その他二、三の士に送り、暗に訣別の意を表したき旨』を申し出た」

それに感動し、朴の願いを入れることにした。そして撮影のときに、二人を制止したが、二人は笑って応じなかった。立松は、

「朴の性格を知っておりますので、到底その主張を曲げざるべきを察し、この分の写真は秘することに決してそのまま撮影し終り、さらに席を移して」

両名を撮影した。何枚か撮ったわけで、プリントしてから、それを朴と金子に見せてやった。しかし、それを返してもらうときに、枚数を調べなかったのはうかつだった。朴の母に送る写真は、

「しばらく保留するに決し、そのまま奥山書記に託しておきましたが、当時私は病を押して勤務しており、九月中同事件の終了を告ぐる間もなく慶応大学病院に入院し、治療半年余りにわたりまし

たのでそのままとなり」（朝日十月二十五日）

治って出勤してきたら間もなくこの騒ぎになった、というのである。記事には、立松が長女と二人の息子を抱くようにしたポーズ写真が載っている。

これ以後、この件のニュースは、ほとんど新聞に出ていない。政友会も森恪が黒幕であることを表沙汰にされては困るので、政府攻撃の手をゆるめたのだ。

年末には「大正」が終わり「昭和」になった。そして翌年には、政友本党は憲政会と合同して民政党となった。三月には、片岡蔵相の失言でパニックがはじまり、若槻は退陣して、政友会の田中義一内閣が成立した。

こうしてみると、若槻内閣を倒そうとした怪写真も怪文書も、そのことには全く効果のなかったことがわかる。むしろ、それをバラまいた当事者たちの意に反して、金子文子と朴烈という二人の強烈な個性をもったカップルの存在とさらにはそれを世間にひろくアピールする結果になった。

写真も解禁になった。「婦人公論」（昭和二年五月号）に女性名士たちの感想が特集されている。

「あどけない写真でありました。かわいそうに」高群逸枝。

「不愉快なものでした。ああいう姿態は不謹慎以上に、何かためにする倨傲《きよごう》な態度が見えすいていて、ひどく誤った浅はかな感じがしました」鷹野つぎ。

「こんなものを政治問題にして塊《は》じぬ既成政党の腐敗堕落を今さらのように感じたばかりです」山川菊栄。

「なあんだ、こんなのだったか、と思いました」網野菊。

そのほかにもあるが、奥むめお女史の、

「ちよっとくすぐったい気が致しました。が、これが、例のバカバカしい政争の具に供せられたものかと思うと、いろんな事を考えさせられないでもありませんでした」

という感想がもっともマトを射ているように思えるのである。

朴烈は戦後に釈放された後韓国に戻り、朝鮮戦争のときに北へ移り、一九七四年一月十七日に病死した。文子が重大な供述をした大正十三年一月十七日から、ちょうど半世紀五十年という歳月が流れていた。

8　消された国際記者

乃木希典の信頼

乃木希典《のぎまれすけ》は太平洋戦争が終るまでは、海軍の東郷平八郎《とうごうへいはちろう》と並んで、明治期を代表する陸軍の将軍だった。

東郷の場合は、日本海海戦でロシアのバルチック艦隊を完膚《かんぷ》なきまでに叩きのめした実績があったが、乃木は第三軍司令官として旅順《りょじゅん》を攻略したとはいえ、日本軍の損害は甚大だった。戦後の明治三十八年（一九〇五年）十一月に、軍医総監小池正直《こいけまさなお》の東京医師報告会における演説によると、対ロシア戦における日本軍の戦死傷者数は二十一万八千四百二十九人である。そして旅順戦での戦死傷者数は五万九千四百余名。つまり四分の一以上が旅順の攻略戦で死ぬか負傷するかで倒れたのだ。

乃木自身も勝典《かつすけ》、保典《やすすけ》の二子を失ったが、正面攻撃を担当した第十一師団の大隊長だった志岐守治《しきもりはる》は、乃木兄弟の戦死について、

「第一線者の志気を鼓舞したように云い伝えられているが、全く虚像である。第一師団方面は知らぬ

こと、第十一師団方面では当然くらいに考えたにすぎなかった」(『機密日露戦史』谷寿夫)という。谷はのちに中将まで昇進し、太平洋戦争後に戦犯として処刑されたが、陸軍大学の教官時代にこの本を執筆した。ロシア軍の弾雨を浴びている最前線の兵士たちには、司令官の愛息二名の戦死の報に、同情したり発奮したりするゆとりはなかったというのだ。

開戦したとき、乃木は休職の身で、那須野の別宅で農作業と読書に明け暮れしていた。軍人としてはもう終っていたのだが、それを強引に引っぱり出したのが長州閥のドンの山県有朋《やまがたありとも》で、山県は参謀総長の職にあった。十年前の日清戦争では、旅順はわずか二日の攻撃で占領できた。乃木を起用したのは、彼に手柄を立てさせようと考えたからだが、それが山県の計算違いであった。ロシア軍は旅順を要塞化して、日本軍を待ち受けていた。また、山県が乃木につけた参謀長の伊地知幸介《いぢちこうすけ》が自信過剰で研究不足だったことも、乃木や第三軍の将兵にとっては不運だった。もともと旅順は日本軍にとって、第一の攻略目標ではなかった。ロシア軍の作戦構想は奉天《ほうてん》(瀋陽《しんよう》)まで日本軍を呼び寄せてこれを迎え撃つことだった。日本軍は鴨緑江《おうりよつこう》を渡河してから奉天までたどりつくまでに消耗するはずだから、待ち受けるロシア軍は有利である。

日本軍もそれを承知だったが、不利とわかっていても、奉天まで兵を北上させるしかない。ただし、北上中に西南に位置する旅順からロシア軍が出てきて日本軍の側面を攻撃すると、大いに困る。満州軍総参謀長の児玉源太郎《こだまげんたろう》は、

「旅順は竹矢来《たけやらい》で囲っておくくらいでいい」

といった。おもしろい言い方だが、北上する日本軍の邪魔にならなければいい、という意味である。だが、陸軍はそれでいいとしても、ロシアの旅順艦隊を撃滅しない限りは、日本海軍は、やがて到着するはずのバルチック艦隊との決戦に著しく不利である。前方と背面の双方から攻撃されたら必敗といっていい。だから海軍は、竹矢来で囲うだけでは困るので、占領してほしい、と陸軍に求めてきた。

それ以前、開戦後間もない二月二十七日(明治三十七年)に大本営の若い参謀たちが児玉に次のような作戦を提案した。

鴨緑江から北上する作戦とは別に、旅順の兵備がまだ強固ではない現在、いっきよに遼東《りょうとう》半島の一角に三個師団を上陸させて大連《だいれん》と旅順を制圧すべきである。それだけの兵力を輸送する船舶が不足するなら、海軍の軍艦に乗せてもらってもよい。

若い参謀たちというのは少佐の田中義一《たなかぎいち》(のち陸軍大臣から首相)、大庭二郎《おおばじろう》ら四名である。この作戦構想は、実は、ベルリンにいるドイツ陸軍のメッケル少将から駐在武官の大井中佐が教えられたアイデアを基にしていた。メッケルは明治十八年に来日して参謀の何たるかを教えた男である。メッケルのアイデアは、奉天をめざすなら遼東半島上陸ではなくて、遼東湾をへだててさらに北方の満州本土の錦州《きんしゅう》に上陸するのがよい、というものだった。

大本営、というのはこの場合は山県有朋のことだが、彼は相手を軽く見ていたから、田中少佐らの提案を採用しなかった。そして、第三軍は八月十九日から正面攻撃を開始した。だが、東鶏冠山《ひがしけいかんざん》、二龍山《にりゅうざん》、松樹山《しょうじゅざん》の正面要塞の防備は、日本軍の予想よりもはるかに強固で、小銃弾二百六十八万発、砲弾十一万三千五百発を費やしたにもかかわらず、一万五千八百余名の死傷者を出した。第三軍の総兵力は約五万一千名だったから、いっきょに三割を失ったのである。

損害が過大になった主たる原因は、山県の兵器や防備設備などの知識が全く古くなっていたことにあるのだが、そのほか前線に出た師団参謀たちの偵察の不十分さや戦況判断の甘さも損害を大きくした理由であった。大本営から第三軍の参謀副長になった大庭は、出征前に研究を命令されていた。そしてロシア軍がセメント二十万樽以上を使って堅固な防御陣地を構築したことを知り、正面強攻策を避けて、手薄と思われる西方からの奇襲策を上申していた。だが、これも乃木軍の参謀たちに採用されなかった。

実は、第一回攻撃の失敗のあと八月三十日に第三軍司令部は、各師団の参謀たちや砲兵指揮官を召集した。なぜか歩兵の指揮官は呼ばれなかった。

会議のポイントは、正面攻撃を続行するか否か、である。伊地知の問いに、

「続行すべきです」

と賛成したのは一人だけで、他のものは沈黙していた。伊地知が強攻策にこだわっているのを知っていたからである。だが、もし何人かの歩兵指揮官が出ていれば、その一人の賛成者も発言しなかっただろう。

すると乃木がいった。

「敵は兵員や武器弾薬を補充できない。一発発射すれば一発なくなるわけで、そのぶん寿命を縮める

ようなものだが、わが軍はたとえ弾薬が減っても補充できる。故《ゆえ》に、正攻の確実なるに若《し》かず」

この発言で、強攻策の続行が決定した。

結局、第二回（九月十九日から）第三回（十一月二十六日から）攻撃ののち、海軍提供の二十八サンチ巨砲を用いて二〇三高地を攻略した。満州軍総司令部から旅順へ出張してきた児玉の指導がモノをいったのだ。

乃木はそのあとの水師営《すいしえい》におけるロシア軍ステッセル司令官との会見などで、外国の記者団を感心させたが、日本軍に甚大な被害をもたらした事情を知る日本の報道陣には、どちらかといえば不評だった。乃木が強攻策に固執した伊地知をかばったために、多くの将兵が戦死した。一人を除いて賛成者のいなかった会議で乃木が中止を決断すれば、もっと少い死傷者で攻略できたはずだった。また、歩兵指揮官たちを召集しなかったのは誰の発案か不明だが、出てくれば伊地知に反対するのがわかっていたからであろう。

乃木が圧倒的な名声を受けるようになったのは、明治天皇の大葬当日に夫人ともども殉死したからだが、実は、そのことが明かになった時点では、別な意見もあった。

当時「東京朝日新聞」の記者だった生方敏郎《うぶかたとしろう》の「乃木大将の忠魂」という文章がそれを伝えている。生方によると、記者たちの大半が、乃木の自決に対してバカなこととしたものだ、といった。すると主筆が、

「聞き苦しいぞ」

とたしなめた。乃木を批判した記者は、

「思っていることをいったまでです。こんな忙しい晩に死ぬなんて記者泣かせじゃありませんか」

と応じた。そこへ社長が入ってきた。

「乃木が死んだってのう。バカなやつだ」

といった。記者の中には、社長は偉い、主筆とは人間が違う、というものもいた。

また「大阪毎日新聞」では、京都帝国大学教授谷本富《たにもととめり》のコメントを掲載した。乃木が愛息二名を失っても哀悼しなかったのは、武士気質をあらわしたつもりだろうが、何となく奇矯であり、殉死はほめられることではない、というのである。

むろん、谷本に反論する人も多かった。三宅雪嶺《みやけせつれい》や幸田露伴《こうだろはん》が谷本を批判し、「萬朝報」は、谷本を「腐儒曲学の徒」と決めつけた。

こういう両論は当時も現在も変らないマスコミの常套《じょうとう》手法というべきもので、乃木自身も、旅順の一件に限らずにそれを体験していたから、新聞や雑誌の記者を好まなかった。明治天皇にいわれて、明治四十年一月に学習院長に就任したが、取材にくる記者たちに対して全く無愛想だった。

たった一人だけ、乃木が出入りを許して、何であれ心境を率直に語った記者がいた。例えば、伊藤博文《いとうひろぶみ》がハルビンで安重根に暗殺されたときに、

「イヤ、どうしてエライ男だ」

と安重根の志をほめ、

「大きい声ではいわれんが、(伊藤公は) イイ死処《しにどころ》を得られたものだ。わたしどももドウかマア好い死処を得たいと思うているが、ナントモ羨しいことだ」

といった。また、乃木だけではなくて、静子《しずこ》夫人もその記者を信用していた。戦後のことだが、次男の保典について、

「何時《いつ》でしたか、保典がわたしに将来の志望を話したことがありましたが、その時なども、お母さん、私は永く軍人などしていませんヨ、一ツ南洋の方へでも押し渡って、大仕事をします、などと申しましたが、だいぶ兄(勝典)とは性分が違いました」

と語った。

よほど夫妻の信頼を得ていたとわかるが、この記者は大庭景秋《おおばかげあき》、号を柯公《かこう》といい、乃木と同郷の長府の出身である。乃木が自決したときは「東京日日新聞」の記者であった。

大庭は乃木の死のあと九月二十一日に、右のようなエピソードをまじえた夫妻を偲ぶ文章を書いた。発表場所は、「日本及日本人」という雑誌(月二回発行)の十月一日号である。安重根についての評価や伊藤博文の死に関しての感想などは、おそらく読者の多くをびっくりさせたに違いない。だが、これこそ大庭でなければ書けなかったオマージュであった。

大庭がこうした秘話を活字にできたのは、乃木との交情が深かったからである。それも単に深いだけではなく、あえていえば特別なものだったのだ。第三軍の参謀副長だった大庭二郎はのちに大将に昇進するが、大庭柯公の親戚だった。乃木の長男の勝典戦死のあと、つぎに次男保典の戦死が知らさ

れたとき、大庭二郎は乃木の、

「そうか」

といった短い一言を聞いた。それ以上は何もいわなかったが、子息二名の戦死によって乃木家は、養子を迎えない限りは断絶することになる。

その二、三日後に乃木は夕食のとき同席した二郎に、

「後継者のことも考えようか」

とぽつんと洩《も》らした。乃木が二郎には、生身の自分をさらけ出していたことがわかるエピソードである。ただし、乃木は自決に際して乃木家を自分一代とするように、と遺言している。元治元年（一八六四年）生れの二郎は長州藩の出身だが、柯公は支藩の長府藩士、大庭景明《かげあき》の三男で、明治五年（一八七二年）の生れである。二郎の父は干城《かんじょう》隊頭取助役をつとめた大庭此面《このも》で、『防長回天史』（末松謙澄編）によると、元治元年に長州藩が京都で会津・薩摩連合軍に敗北したあと、藩主父子の書簡を持って使者をつとめたり、維新後の明治三年四月に毛利元徳《もとのり》が東上する際に、高杉小忠太《たかすぎこちゅうた》（晋作の父）らとともに随行を命ぜられている。

二葉亭四迷とロシア語と

大庭此面がそれなりに働いたことは明らかだが、柯公の父も「大庭伝七」の名で『回天史』に出て

いる。幕末に京都で敗北した後に長州藩はいわゆる俗論党（幕府に恭順《きょうじゅん》せよと主張する派）が実権を握り、三家老を切腹させた。高杉は自分にも弾圧が及ぶことを察知して萩《はぎ》を脱出し、十月二十九日に馬関《ばかん》の白石正一郎《しらいししょういちろう》の家に入った。

白石家は馬関の豪商で、正一郎は高杉が奇兵隊を創設したときに弟の廉作《れんさく》といっしょに入隊し、資金の大半を援助した。そのために維新が実現したときには、白石家は文無しになっていた。また、廉作は、生野《いくの》の義挙に参加して自決している。

高杉は、十一月二日に、福岡脱藩の中村円太と相談の上で、

「長府藩士大庭伝七、正一郎実弟を随《したが》え、中村と共に舟馬関を発し博多に向う」（『防長回天史』）

そのあと十二月に戻ってきて功山寺決起、つまり俗論党打倒の兵を挙げたのだ。討幕派が復活する決定的な場に伝七は居合わせたことになる。「白石家文書」（下関市教育委員会編）では、白石家の祖先は藤原鎌足《かまたり》になっている。そのことはひとまず措《お》くとして、廉作は文政十一年（一八二八年）生れ、伝七は天保三年（一八三二年）生れと記されている。伝七の長男の景一は自分（柯公）より十五歳年上だったという文章から計算すると、安政四年（一八五七年）に生れていたことになる。だから、伝七が高杉に同行して脱藩した元治元年には、景一より二歳年下の次男の景陽もすでに生れていた。

当時、高杉といっしょに脱藩するのは、藩政府の方針に逆らうことだから、きわめて危険な行動だった。伝七の実家の白石家と養子に入った大庭家との関係は「白石家文書」からはわからないが、白石家当主の正一郎と廉作の兄弟が長州藩から士分に取り立てられたのは文久三年（一八六三年）七月。

伝七が大庭家に入って士分となったのは、それより六年前の安政四年である。白石家は豪商で財産はあっても、士分ではなかった。長州藩では、士分と士分でないものとの身分格差は、薩摩や土佐ほどにひどくはなかった。

松下村塾の門弟たちにしても、高杉は上士の子だが、伊藤は足軽の奉公人の子、山県は槍持中間《やりもちちゅうげん》の子である。いずれも士分ではなかったが、吉田松陰《よしだしょういん》に身分差別の偏見がなかったせいもあって、平等に扱われた。つまり、他藩よりは、〝民主的〟な藩だったのだ。

とはいえ、士分とそうでないものとの身分差は存在した。伊藤は文久三年二月に、それまでの働きを認められて士分になるが、その辞令は、桂小五郎《かつらこごろう》（木戸孝允《きどたかよし》）の従者の「春輔《しゅんすけ》」に下されたものだった。藩庁の登録では、伊藤は苗字のない従卒でしかなかった。

白石家が末弟の伝七を長府藩士の養子に出したのは、一人くらいは士分にしておきたかったからであろう。そして、士分になったからには、藩政府に睨《にら》まれたら厄介なことになるとわかっていても、高杉から同行を求められれば、承諾することになる。また、高杉の次に奇兵隊総督をつとめた河上弥市《かわかみやいち》が廉作に生野の挙兵に加わることを求めたのも、廉作が士分を許されたからである。

三兄弟は、こういう形で維新のために働き、莫大な資産も費消したのだが、明治政府はかれらに報いるところが薄かった。正一郎と廉作に正五位が贈られたが、明治維新という革命のおいしい果実は、白石家のものは食べさせてもらえなかった。

そういう不公平は、正一郎や伝七だけではなかった。長州藩では維新後の報償に、木戸孝允と広沢真臣《さねおみ》が永世禄千八百石。

桂小五郎だったころからの木戸の働きは、文句のつけようがない。だが、広沢は何をしたというのか。藩内での身分は高かったが、俗論党によって野山獄に三カ月ほど入れられたことがあったくらいで、命がけの志士活動はしていない。それに比べ、井上馨《いのうえかおる》や伊藤博文は同志といっしょに命がけの志士活動をした。井上は反対党に襲われて瀕死の重傷を負ったし、伊藤は京都へ出るときは、のちに正妻になる馬関芸妓の梅子が着物の襟にかなりの量のモルヒネを縫いこんだ。拷問されたり斬首される前に服用すれば死ねるからで、のちに梅子は、あんなつらかったことはなかった、と回想している。

しかるに、井上も伊藤も一石も貰えなかった。

それを思えば白石家のものが不平をいっても意味のないことがわかる。また、正一郎は文句をいう人柄ではなかった。

大庭伝七は、明治五年の戸籍法施行を機に景明と改名した。実家の白石家の家産は傾いていたが、それを知りながら山県らは援助の手を差しのべることはしなかった。

景明は詩文をよくし、書画にも才能があったが、むろんそれでは一家を支えることはできないから、大阪へ出て府庁の学務課につとめた。柯公の随筆によると、酒を飲むと、

「高杉や山県が奇兵隊を編成したのも、馬関の実家の一室だった。伊藤のお梅さんは、いっこうに売れない芸妓で、実家の台所にいつも手伝いにきていたものだ」

などと話していた。論功行賞が正しく行われていれば、奇兵隊や志士活動を財政的に支援したのだ

から、多少の褒賞《ほうしょう》が下されるべきだったのだ。しかし、不平をいったところで何にもならない。世話してくれる人があったので、地方官庁の役人になったのであろう。たまたま上役が日柳燕石《くさなぎえんせき》の息子だったので、景明とはウマがあった。日柳は高杉晋作が捕吏に追われて四国へ亡命したときにかくまってくれた勤王家である。また、大阪鎮台《ちんだい》の司令官が奇兵隊出身の三好重臣《みよししげおみ》で、秋畝《しゅうほ》の雅号で詩作をよくしたから、景明に教えをこうことがあった。

日本じゅう、どこへ行っても、薩長の藩閥の力が強かった時代だった。論功行賞では不遇だったとしても、それなりの余禄はあったのだ。

また、長男の景一は陸軍士官学校に入り、次男の景陽は、親譲りの詩文の才を山県に認められて書生となった。ある面で山県は面倒見のよい男だったから、若い時分に遊興の後始末をしてもらった白石家の子どもの世話をしたのだろう。景陽が徴兵年齢に達したとき、山県は参謀本部の雇員とし、兵隊にならずにすむように処置したという。なお景一は第二師団の大隊長として遼陽東南の分水嶺で戦死した。階級は少佐で、彼より六歳若い二郎も開戦時は少佐だったが、六月に中佐に進級していた。

景一の進級遅れには理由があった。失敗があって二度の休職を余儀なくされていたからだった。退官せずにすんだのは、山県の庇護《ひご》があったものと思われるが、退官していれば戦死することはなかったのだ。運命の皮肉といってもいいかもしれない。

それ以前、明治十三年に景明は東京にいる息子二人の勧めで上京し、太政官（政府）に出仕することになった。柯公は、この父親について、

「太政官の腰弁《こしべん》階級の役人になりました」

と書き、次兄は俗物で露骨に長閥を利用したが、父親には山県を利用しようなどというさもしい気持はなかった、という。

明治十七年、景明は急死した。柯公が小学校を卒業した年で、上の学校へは進学できなくなり、太政官の給仕に採用してもらったが、それからは苦労の連続だった。生母は大阪時代に別居し、山口県に戻って死没していた。

運が開けてきたのは、明治二十年に給仕から内閣記録局の筆生に任命されてからだった。筆生というのは、文書記録を書きうつす仕事で、現在ならコピー機ですむが、当時は保存用に文書を写しておく係が必要だった。仕事としては、およそ平凡なものだったが、上司や先輩に恵まれた点で、のちの人生に大きく影響した。

まず課長に陸実《くがみのる》(雅号羯南《かつなん》)がいて、人間的にも思想的にも教えられることが多かった。陸は津軽藩の出身で、太政官文書局の下級官吏になったのは明治十四年十二月、内閣制度が発足すると、官報局の編集課長をつとめた。若いころから漢詩の才能を認められており、官報の編集をさせておくのはもったいない、と見る人が多かった。いろいろ経過はあるが、結局、明治二十二年に谷干城《たにたてき》、三浦梧楼《みうらごろう》らが支援して創刊した新聞「日本」の主筆となった。

陸のあとに大庭の上司となったのが古川常一郎という人物だった。東京外国語学校の教授から官報局の翻訳課長に就任し、陸が去ったあと編集課長となった。そして明治二十二年に教え子だった長谷川辰之助《はせがわたつのすけ》を採用し、ロシア語関係の翻訳を担当させた。長谷川は二葉亭四迷《ふたばていしめい》の本名である。すでに「浮雲」を発表しており、ツルゲネフの作品も訳して日本の読者に紹介していた。だが、彼の主張した言文一致体の作品はまだ世間的に容認されておらず、文筆ではとうてい生活できなかった。

下級であっても官吏になっている以上は、学歴のあるなしで待遇に大きな差が生じてくる。大庭は小学校を出ただけだった。夜学で英語を勉強したりしたが、それだけではどうにもならない。だが、古川と四迷を通じてロシアについて多くのことを学ぶうちに、それまで気がつかなかった新しい道のあることを見出した。

来日したロシアの皇太子ニコライが巡査津田三蔵《つださんぞう》によって斬りつけられた大津事件は、明治二十四年五月十一日。大庭がロシア語を学びはじめたころで、日本じゅうがひっくり返るような大事件であった。

幕末から外交関係の深かったアメリカ、イギリス、フランスおよび、陸軍が戦術や編制などの参考にしたドイツに比べると、ロシアは大国でありながら、日本人から敬遠されてきた。

理由はある。ロシアの人は、ひとりひとり個人としてつきあうと不快になることはほとんどないのだが、国家ないしは集団になった場合、なぜか手に負えないわからず屋となる。それは帝政時代も現代においても、一貫して伝承されてきている、といってもいい。

しかし、大津事件のときは、多くの日本人の予想に反して、ロシアは無理難題を吹っかけてこなかった。それもあって、ロシアという国や民族に対して好感度が増してきた。それに、かれらを知るためにはロシア語や文学作品などに接するのが近道である。

大庭のロシアに対する関心は、四迷に影響されるところが大きかったのだが、思想的にも、四迷の考え方に近かった。ということは、民族主義の立場からのロシア観である。四迷は若いころ明治十年代に、陸軍士官学校（陸士）を三度受験している。軍人になりたかった、と解説する評論家もいるが、そでは勉強不足だろう。このころは、大学へ進む学資のないものが、官立でしかも学費を援助してくれる学校を受けることが多かった。陸士なら、そのほか衣食住に給料もくれる。

ロシア語の通訳官

大庭は明治二十九年にウラジオストックの商館に就職した。出入口やトイレットまで差別される下級官吏の暮しにうんざりしていたし、ロシア語、ことに会話に磨きをかけるためには、日常的にロシア人と接触できる土地へ行って暮す必要があった。ウラジオストックは、日本にもっとも近いロシア人の都市だったし、日本人居住者もかなり多かった。なかには僧侶になっている海軍軍人もいた。むろん、本当の任務はロシア軍の偵察である。

大庭は長兄が陸軍の将校だし、次兄は山県有朋の子分同然である。そのルートでロシアを偵察する仕事を頼まれた可能性はゼロではない。彼はのちに思想的には左になるが、このころは右だった。のちに長谷川如是閑《はせがわにょぜかん》は「柯公追悼文集」（大正十四年）の中で、明治三十年代の大庭は、

「国家主義的色彩に富んでいて、その理想もその趣味も頗《すこぶ》る国家的であった」と書いている。だからウラジオストックに初めて入った時点でいえば、ロシア側が、大庭を日本のスパイではないか、という疑いを抱いても不思議はない。

大庭がロシアで消息を絶つのは大正十一年（一九二二年）で、レーニンの率いる革命政権が全土を支配するようになっていたが、ロシアに入ってくる外国人の動向に神経をとがらすことにおいては、帝政時代と変りなかった。大庭にその気はなかったとしても、ロシア側にとっては、要注意人物だったのである。

大庭は二年後に帰国して、福岡の炭鉱でロシア語の通訳として働いたのち、香川県の善通寺に新設された第十一師団のロシア語教師となった。師団長は乃木希典。乃木と大庭の結びつきはこの明治三十一年（一八九八年）からだが、大庭の乃木を偲ぶ文章の冒頭に、父親の景明が維新当時に奇兵隊など同格の報国隊にいたころからの「別懇《べっこん》」、また長兄が軍人だったので、自分は乃木や夫人に特別の知遇を辱《かたじけの》うした、と書く。「別懇」は特別に懇意であることをいう。

乃木は嘉永二年（一八四九年）の生れで、同じ長州の軍人でいうと、桂太郎《かつらたろう》の二年後輩、児玉源太郎の三年先輩になる。桂はその「自伝」によると、万延元年（一八六〇年）、年十四で「西洋式銃陣を学ぶ」とあるが、じっさいに軍人らしくなったのは、文久三年十二月に長州藩大組隊の歩兵小隊長として馬関に駐屯したときだった。だから、桂太郎の名は「防長回天史」にしばしば登場するが、乃木や児玉は出てこない。

維新後、乃木は軍制が整備されたときに陸軍少佐に任官するが、児玉は、最初は下士官だった。そのあと半年で少尉に昇進したが、それでもいきなり少佐をあたえられた乃木に比べると、相当の差である。

だが、西南戦争が運命の岐路だった。明治十年三月二十三日、小倉第十四連隊長心得だった乃木は、連隊旗手が戦死したときに連隊旗を薩軍に奪われた。連隊旗は、天皇から下賜《かし》されたもので、それが敵軍の手に落ちたことは、この上ない恥辱である。乃木は自決しようとしたが、部下たちが乃木の刀を奪って阻止した。乃木はこの軍旗事件を終生の恨事とし、殉死したときの遺書でも触れている。

戦後、乃木はドイツに留学し、帰国してから東京や名古屋の旅団長をつとめたものの明治二十三年に休職、だが、日清戦争が起きたことで現役に復帰して歩兵第一旅団長を拝命し、旅順を攻略した。清国軍の兵備が劣悪で兵員にも戦意がなかったからだが、日露戦争では、この経験が過大に評価されて第三軍司令官に任命されたのだ。

実はその前、日清戦争後の明治二十九年、乃木は台湾総督となったのに、三十一年十一月に善通寺の第十一師団長となって赴任した。台湾総督から師団長になるのはひどい降格である。そして、明治三十四年にまたもや休職。

乃木と大庭との仲は、善通寺にはじまっている。大庭はその当時のことをエッセイにしているが、乃木と気があったのは、亡父と乃木が幕末期に奇兵隊でいっしょだったことよりも、大庭の抱いていた維新についての見方に共感するところがあったからであろう。

長州において、明治維新の基盤をなすものは吉田松陰の志であるが、それを忘れて地位や権力に惑溺し、さらには派閥作りに熱心なものがいる。それに批判的だった前原一誠《まえばらいっせい》のような志士の心を持ち続けた人は、挑発されて挙兵してしまい、無残な刑死に追い込まれたのは実に残念ではないか。

右のような大庭の語る明治維新についての論評に、乃木は黙って耳を傾けた。乃木の実弟の真人は玉木文之進《たまきぶんのしん》の養子になった。玉木は吉田松陰の師として松陰を徹底的に鍛えた人である。維新後に松下村塾を再開して子弟の教育につとめたが、前原一誠の乱に参加した真人が戦死したことで、玉木は自決した。

乃木は若いころ玉木の家に寄宿し、じかに教えを受けたことがあった。乃木兄弟にとって、玉木は伯父になる。前原の反乱は、乃木にも痛恨事だったし、大庭が批判する長州閥の頭目に対しても、内心では嫌悪感を抱いていた。

大庭は乃木が善通寺を去ったあと、東京へ戻って参謀本部の通訳官となった。だが、翌年四月に外務省の海外練習生としてウラジオストックに渡り、十一月に大連に移って家具店を開店した。

通訳官時代の明治三十五年二月二十五日に、大庭は二葉亭四迷に頼まれて乃木を紹介した。この日付は四迷の日記を根拠にしているが、大庭の回想録では「晩秋の夜」となっている。初対面だったのに一時間以上も接待してくれただけではなく、若い四迷に対して乃木は「先生」という敬称を使ったという。

家具店は一年で閉店し、大庭は東京へ戻った。日露開戦はその翌年二月である。大庭が大連に家具店を開いた行為は唐突であり、不自然でもあるから、ロシアを偵察するための家具店だった、と推測できる。そのあと大庭は参謀本部に復帰し、通訳官として満州軍で働いた。捕虜になったロシア兵は多かったから、仕事は多忙だった。

奉天会戦のあと、大庭は内地勤務を命ぜられた。静岡の捕虜収容所は士官級のみを収容しており、そこでロシア軍の人的構成の二大分布（ロシア人とポーランド人）の対立をかれらと交わって調査せよ、という指示だった。ポーランドはロシアに併合されており、ポーランド人たちは独立を念じているが、もちろんロシア側の圧力が強くて、思うに任せない。日本としては、将来のためにも、研究しておく必要があったのだ。

大庭は捕虜の士官たちを四グループに分類している。ウォッカ党、読書派、コサック軍団、ポーランド人グループである。読書派の士官の一人は、日本人から初めて聞いたロシア人の名前がトルストイだったことで、日本文学の研究をはじめたという。

講和が成立して捕虜たちが本国へ帰還すると、大庭の仕事はなくなったが、収容所に教戒師の肩書できていたラッセル博士に依頼された用件があって、それを果たすために、明治三十九年四月にウラジオストックへ渡った。本国へ帰る兵士たちに配るパンフレットをひそかに持ちこんでほしい、というのである。社会民主党の宣伝用だった。

ところが上陸して半日もたたないうちに大庭は監獄に収容され、十九日後に追放処分となった。帝政ロシアの秘密警察の情報能力に大庭は感心しているが、同時に獄舎内のルーズさにも呆れている。

看守に十カペイク（一ルーブルの十分の一）も渡すと、夕方までに市中で入手できるもの（タバコなど）を買ってきてくれる。思想的な監視は実にきびしいのに、獄内では驚くほど杜撰《ずさん》だった。

新聞各社を転々と

この奇妙な体験が、もしかすると、大庭の運命に悪影響を及ぼしたかもしれないが、むろん本人にはわかっていない。

大庭は釈放されたあと、小樽行きの貨物船で帰国し、友人に送金してもらって上京したが、生活をどうするかの計画は全く立っていなかった。

成算があったわけではないが、大庭は「大阪毎日新聞」の編集幹部あてに手紙を出した。前にウラジオストックに駐在していたころ同紙に投稿したことがあった。それが採用されて、稿料も送られてきた。そのことを思い出して、記者として働きたい、という文章である。

驚いたことに、すぐに回答がきた。採用するから大阪へくるように、給料は月五十円程度だ、とあった。大庭は知人から二、三十円の金を借りて大阪へ行った。半信半疑だったが、編集局へ通された。

「活力で張り切っているといった風な渡辺主幹が、旧知己にでも話すような言葉遣いで極《ご》く簡単に仕事振りの話をされて、あたりの四、五の人びとに紹介のようなことをしたかと思うと、マー此の辺の椅子にかけていたまえと、万事無造作千万なもので、ものの十分と経たぬ中に、自分は『新聞記者』

というものにされてしまった。何しろ気持の可《い》い会社だと思った」(「十五年の新聞記者生活」大正十年二月)

この渡辺は巳之次郎《みのじろう》といい、明治三十六年十一月十日に社長に就任した本山彦一《もとやまひこいち》が、翌十一日に東京支局主任だった渡辺を編集主幹に起用した。

「渡辺は編集を指揮しながら、その後ながく一人でほとんど毎日、社説を執筆した」(毎日新聞百年史)

独断で大庭を採用するような権限をあたえられていたと想像できるが、「百年史」によると、日露戦争中に従軍した記者は計四十一名。第一軍には奥村信太郎ら十一名で、そのなかに「大庭景秋(柯公)」の名が出ている。このとき大庭は満州軍の通訳として司令部の勤務だったから、新聞社の従軍特派員になるのは不可能だった。ただし、四十一名の中に、志賀重昂《しがしげたか》、小杉放庵《こすぎほうあん》の名前もあることから推測すると、社員でない人に依頼して、戦地通信を執筆してもらったのかもしれない。

そうだとすれば、大庭が採用されたのは戦時中の戦地通信の実績があったからだろう。ウラジオストック駐在は、商社時代の明治二十九年から三十一年までと、外務省練習生としての明治三十五年の四月から十一月までの二回である。何か書き送ったとすれば、後者の時期だと思われるが、大庭が事実をあえて無視した理由は見当がつく。新聞社の編集局の空気や記者たちの言動が、彼の文章によると、「万事が官僚式なこの島国の中での、大きな自由の天気であるような気がした」ものだから、それを読者に伝えたかったわけである。

大庭は入社翌年の八月にオーストラリア、明治四十一年三月にフィリピン、同四十二年に満州経由でシベリア、同四十三年に軍艦「生駒」に乗って各国を回り、通信を送った。シンガポール、モーリシャス、ケープタウン、ブエノスアイレス、モンテビデオ、リオ。そのあと「生駒」を離れてヨーロッパに渡り、ロンドン、ローマ、ベニス、ベルリン、パリ、さらにロシアのペテルブルクからバクーを経てテヘランまで足をのばした。その紀行文を読むと、彼の観察眼の鋭さに感心するが、自由に書けたのは、やはり渡辺の理解があったからであろう。

大庭は明治四十四年に「東京日日新聞」に移った。明治の初めに福地桜痴《ふくちおうち》が主筆兼社長になった歴史のある新聞だったが、経営不振になり、「大阪毎日」に買収された。紙名は違うが、記事の多くは共通である。大庭としては東京で働くことを望んで「東京日日」にトレードしてもらったのだ。しかるに、半年くらいで大庭は退社した。「ふとしたことから喧嘩して」と本人は書いている。そして「外交時報」を創刊したものの、大正三年六月に「東京朝日」に入社した。

どういう巡り合せなのか、六月二十八日にサラエボでオーストリア皇太子夫妻が暗殺され、一ヵ月後に第一次世界大戦がはじまった。大庭はロシアに特派され、東部戦線を視察し、通信を送った。編集局長の松山忠二郎が大庭の筆力を評価していたから、途中入社でも優遇された。ところが、大正七年八月に起きた「大阪朝日」の「白虹《はくこう》事件」によって、大庭は十二月に退社した。米の値段が暴騰したために各地で騒動が発生し、むやみに警官を動員するだけの政府のやり方を各新聞が批判的に報道した。そのさい、一人の記者が、始皇帝の暗殺失敗の故事を連想させる詩句の「白虹日ヲ貫《つらぬ》ク」という文章を使用したために、その記者が新聞紙法違反で裁判にかけられた。最悪の場合、新聞が廃刊になる恐れもあり、編集局長鳥居素川《とりいそせん》、社会部長長谷川如是閑らが退社し、さらに東京の松山忠二郎編集局長も退社に追いこまれた。

「これとともに、政治経済部員伊藤義蔵、大庭景秋（柯公）ら九人も同日、たもとをつらねて退社」（「朝日新聞社史」一九九一年刊）

そして大庭は翌年一月に、「東西朝日新聞の堕落降伏史」を雑誌に発表した。また、松山は大正八年十月に、有力財界人（郷誠之助《ごうせいのすけ》、中島久万吉《なかじまくまきち》、大橋新太郎《おおはししんたろう》ら）の資金援助で、経営に行き詰っていた「読売新聞」を三十万円で買収した。大庭は「朝日」を退社したあと長谷川如是閑の雑誌「我等」に寄稿していた。松山は、大庭のような朝日退社組のほかに「時事新報」社会部長千葉亀雄《ちばかめお》、「萬朗報」の伊藤亀雄を引き抜いた。千葉は、大正・昭和前期を代表する記者で、新聞の歴史を語るに欠かせない人物である。のちに正力松太郎《しょうりきまつたろう》が社長として乗りこんできたとき、千葉をはじめ十数名の主要社員が辞表を出した。正力の警察出身の前歴に反撥《はんぱつ》したのだ。正力は、人望のある千葉を引きとめるために深夜に千葉の自宅を訪ねて説得した。千葉はその熱意に動かされて辞表を撤回した。いっしょに辞めるはずだった梅谷松太郎という若い記者は、千葉からいわれて居残った。梅谷はのちに子母沢寛《しもざわかん》の筆名で、多くの作品を書いた。

「読売」は「八十年史」「１００年史」「発展史」「百二十年史」と四冊の社史を出している。いずれも、編集局長（のち主筆も兼任）になった大庭が松山の「名実ともに片腕」として働いたことを記述している。

大正十年五月、大庭は五十歳になったのを機に「労農露国を見たい」（100年史）あるいは「新生ロシアを見たい」（百二十年史）といって東京駅から出発した。だが、これを額面通りに受けとるわけにはいかない。大庭は親友の工場主任の関露香《せきろこう》に、

「十代にして孤児、二十代にして海外放浪、三十代にして操觚《そうこ》界に立身、四十代正半にし此書成る。五十代の正半世界的雄飛に入るを期す」と書いた色紙を渡したが、実はその前に関を三階の応接間に呼び出して、

「きょう限りで辞めようかと思っている」

といった。関がわけを問うと、五十歳を一区切りに新しい生活に入りたい、というのだが、納得しない関に、社会主義同盟の発起人として署名したことを打ち明けた。松山に資金を出した財界人たちがそれを問題にすることは明白である。明治末期ほどではないが、社会主義は危険思想の代名詞のようなものだった。恩人の松山が困ることは目に見えている。

そのあと関は松山社長の自宅へ呼ばれた。松山は大庭の気持が社会主義のロシアに向いていることを察知していた。後援してくれた財界人の手前もあって、松山の立場としては大庭に退社してもらいたいのだが、それを穏便に何とかうまく処理したいから、関にまとめてほしい、という話だった。

大庭の考えはすでに聞いていたから、簡単に話はまとまるはずだったが、現実にはその夜午前一時までかかった。特派員としてロシア入りする方が、大庭としては何かにつけて好都合である。しかし、松山としては、大庭の肩書きが局長兼主筆では困るのだ。関の提案によって、大庭は局長職を退き、

手当をもらって寄稿することになった。何といっても国際経験豊かな、とくにロシアについての知識が第一人者である大庭を松山は高く評価していた。

五十歳にして労農ロシアへ

大庭の出発は五月十五日（関の「柯公と私《わた》くし」から）あるいは五月十八日（百二十年史）だが、読売あての通信は七月五日付「赤色の都斉多《チタ》より」、同月十五日、十六日、十八日の「見たままの極東共和国・チタを発するに臨みて」、十月十三日リガ発の「無事モスクワに着いた、直ちに第一信を送る」の電文、ただし本文はついに未着、翌年二月十日付で「貝加爾湖畔《バイカル》から」（前年七月二十八日にイルクーツクから出した手紙）が全てだった。要するに、大庭は行方不明になったのである。

東京の新聞十五社の編集局長が連名で、国交回復交渉で来日したヨッフェに調査と釈放を求めた（大正十二年五月十五日）ところ、同二十六日にヨッフェは本国のカラハン外務次長の電信を伝えた。「大庭は同じモスクワに囚禁中であった岩田文雄とともに四月二十四日に釈放されて不日《ふじつ》シベリア経由帰国するはずである」（八十年史）

そこで読売は帰国旅費として五百円をモスクワ政府に送金した（100年史、百二十年史）が、音沙汰はなく、翌十三年十二月に北京のソ連代表部が日本の総領事に大庭の遺品として四十三チェルウォネックのロシア貨幣を引き渡した（100年史、発展史。ただし百二十年史では五百円）。

大庭の生死に関しては多くの情報が乱れ飛んだ。確実なものもあるが、確認不可能なものもある。それを紹介する前に大庭の足どりを調べてみると、まず京城（ソウル）で読売特派員の山副昇と古くからの友人の細井肇(朝日をいっしょに退社した)の三人で飲みあかし、翌朝細井宅で朝食を共にした。

次は大正十年五月二十六日付の読売に出た北京特電である。大庭が、

「二十一日当地着、二十四日大和《やまと》倶楽部において新ロシアの意義につき講演をなし……」

盛会だった、という。

当時満鉄のハルビンの「公所長」でのちにハルビンのロシア語新聞ウレーミアの社長をつとめた古澤幸吉の「大庭柯公の絶筆」（文藝春秋一九五〇年十二月号）によると、「七月二日チタにて、大庭柯」とした手紙を持ったロシア人作家スキターレッツがたずねてきた。内容は、日本へ行くから警官につきまとわれないように面倒をみてやってほしい、というのである。その手紙の全文を古澤は紹介しているが、大庭がロシアへ入る前に話し合ったことも書いてある。大正十三年の春なお浅き四月頃、と書いてあるが、執筆時点で約三十年前のことを書くのだから致し方ないとしても、ロシア入りの年について三年の違いがあるのはやはり気になるのだ。

次の問題は「ハルビン日日」の佐藤四郎を加えて開いた送別会での会話である。古澤も入国したいと思ってソ連領事にビザを申請したが、要警戒人物と見られているのか、ビザは出なかった。大庭は手間どったものの、ビザは出た。古澤の見るところ、大庭は辛辣な批判を下していたから、

「きみは浴衣がけの気持で行くらしいが、ソ連当局から好ましからぬジャーナリストと印象づけられ

ていたら、随分危険が伴うことが予想される。いつも身辺を凝視して嫌疑の種子をまかぬようにしたまえ」

と忠告した。そして駅へ見送ったとき、変なユダヤ人がくっついているので聞くと、チタのやつでホテルで知合い、いっしょにチタへ行くことになった、と大庭はいったが、古澤としてはいやな予感に襲われた。

このころ、レーニンをリーダーとするソビエト政権と別に、大正九年（一九二〇年）四月にチタを首都とする極東共和国が成立していた。二年後の十一月十五日にソ連と合併したことでわかるように、ソ連に近い共和国と見られていた。大庭のチタ発の第一信によると、

「満洲里を西へ越してみると、兎《と》も角《かく》も独立した一国を成した今日では……」

という表現がある。ここまで足跡をたどった経過（京城・北京・ハルビン駅から出発）でわかるように、大庭はシベリア鉄道で北西へ進み、満洲里からシベリアに入ったように思われるのだ。ウラジオストックから入露した（百二十年史）という記述の根拠は不明だが、満州里からハルビンに戻ってウラジオストックに行くのは、甚だしい時間の浪費でしかない。大庭にはそんな無駄はできなかったはずである。

大庭がチタに入ったのは六月下旬らしいが、そこで出会った日本人久保田栄吉《くぼたえいきち》および富永宗四郎《とみながそうしろう》と約一ヵ月間を過したのち、大庭と富永はイルクーツクに入った。富永はカンデンスキーというロシア名を持っていた。

三人はイルクーツクで共同生活をして、モスクワ行きの旅行許可証を待った。九月十二日、大庭と富永はようやく出発できて同二十三日に到着した。宿舎はホテル・リュクスで大庭の部屋は三階の四九五号室。富永は十一月四日にドイツへ向けて出発するまで行動を共にした。「非命に斃《たお》れた大庭柯公」という文章を残している。

久保田は北海道出身で明治十七年生れ。イルクーツクで許可証を待つ間にスパイの疑いで逮捕された。

久保田には「赤露二年の獄中生活」（大正十五年刊）という作品がある。それによると自分を密告したのは大庭と富永で、二ヵ月余りで釈放されてモスクワに行った。ウラジオストックにできた仮政府の内務部長ポポフに依頼され、モスクワの陸軍大学で日本語を教える契約ができていた、と久保田はいう。久保田はポポフの世話でホテル・リュクスに入った。四階の三一九号室。そして三階の三〇九号室に宿泊していた大庭と再会した。以上は久保田の文章からだが、部屋ナンバーと階数が一致しない理由はわからない。

このホテルには、コミンテルン（国際共産主義組織）主催の「極東民族大会」に参加する各国代表が宿泊していた。日本からは、徳田球一《とくだきゅういち》（のち日本共産党書記長）、高瀬清（堺枯川《さかいこせん》の女婿）ら七名。大会ははじめ十一月にイルクーツクで開かれる予定で、片山潜《かたやません》の秘書の田口運蔵《たぐちうんぞう》と通訳として大庭が働いた、と高瀬は「革命ソビエト潜行」でいう。大庭は明るくほがらかで、徳田らが対立すると仲裁役をしていた。だが、大会は一月にモスクワで開かれることに変更され、十二月三十日にイルクーツクを出発した。そして十六昼夜走ってやっとモスクワに到着した。

アメリカから片山潜、渡辺春男《わたなべはるお》（回想録に「思い出の革命家たち」がある）、読売の臨時特派員として鈴木茂三郎《すずきもさぶろう》（のち日本社会党委員長）、野坂参三《のさかさんぞう》（のち日本共産党議長をつとめるも除名）、東大助教授だった森戸辰男《もりとたつお》がドイツからきた。森戸は前年にクロポトキンを論じた文章で禁錮三ヵ月罰金七十円の判決を受けて服役した。このとき弁護に当った片山哲《かたやまてつ》が太平洋戦争後に社会党委員長として内閣を作ったとき、森戸は文部大臣として入閣した。

片山潜を除く四名には、大会や大庭について書いた文章がある。また、高瀬、田口の文章も、大庭の動きについて触れているが、それぞれの立場によって見解が違うから、どれが真実かは決めかねるのだ。

白石家は、高杉や伊藤、山県、井上らに協力したために財産を使い果たしたのだが、その家の血をひく大庭は、柯公の筆名を用いたとき大馬鹿公と音で通ずることを意識していた。柯とは木の枝のことで、はじめは「公」をつけていなかった。

若いころにかわいがってくれた乃木は、はじめは長州閥のエースと見られていた。また長州閥の中核を占めたものたちは、松陰門下生だった。乃木は松陰の門下生ではなく、玉木に教えこまれた兄弟弟子だったのだ。

乃木は山県に引き立てられることに迷惑しているかのようだった。余人は知らず、大庭にはそういうふうに見えた。大庭が話の成行きで、

「長州閥なんていうのは……」

と罵っても、乃木はにこにこして聞いていた。

大庭がじかに見たわけではないが、人びとから耳にした話によると、佐官時代の乃木は話のわかる道楽者だったという。それが将官級になってからは、逆に話のわからない精神主義の軍人になった。また、天皇との関係に限ると、乃木は天皇の郎党という感じで、道楽者というイメージとは結びつかなかった。しかし、郎党も道楽者も同一球体の中での北極と南極のようなもので、決して矛盾しないのである。また、さしたる功績もないのに、長州閥というだけで出世するが、乃木はそれを喜んでいなかった。道楽することで、自分に対する採点を下げようとしたかのようであった。そのあと一転して精神主義的になったのも、そうすることでは自然と仲間うちでの評価も下がる。それを乃木は心中ひそかに狙っていたのではないか、と大庭は推測した。つまり、それによって、藩閥の出世の仕組みが失敗であることを人びとに印象付けるのだ。

乃木はみんなから煙《けむ》たがられた。そうなると、山県の力をもってしても、乃木を引き立てることは難しかった。なぜなら、軍は団結を必要とする。煙たがられている人物をトップに据《す》えると、団結力を弱めるからだ。

乃木は台湾総督という出世街道の象徴のようなポストをあたえられたのに、そのあと休職となった。児玉も桂太郎もこのポストをつとめたあと大臣となり、桂は首相にまで登りつめた。

だが、乃木は休職を喜んでいた。藩閥第一のシステムが通用しなくなってきた、と思えたからだし、長州閥の、つまり山県のしがらみがやっと断絶したからだった。しかし、皮肉なことに、ロシアとの戦争が乃木を再び山県に結びつけた。その上に、二名の愛児を失った。多くの兵士を戦死させた責任があったから、息子たちの戦死によって、戦死者の遺族に対する申し訳ができたかのように乃木が感じている、と人びとは見た。

大庭は、乃木がまったく外に出さなかった内面の苦しみと哀しみに実は気がついていた。

世間の人の反応は分かれた。乃木のそういう振舞いを見て、典型的な武人と見た人もいれば、逆に死後にそれを批判した谷本と同じく、一種の衒気《げんき》と見た人もいる。日露戦争が終って明治天皇に報告したとき、乃木は多数の死傷者を出した罪を涙ながらにわびて、

「臣に死を賜《たまわ》りますよう」

と平伏した。

それを谷本らは衒気《げんき》と見た。心からではなく、芝居がかって人によく思われようとしたと見るわけである。

それは乃木にとって心外な批判だったろう。しかし、芝居がかっていると思われた理由もある。日露戦争終了後に、大山、児玉と軍司令官だったものが揃って天皇の前に出た。みんながきれいな軍服を着用していたが、乃木は戦場で着用していたままの軍服だった。

社会主義との出会い

本題に戻すと、大庭が思想的に左傾したのは「東京朝日」に移ったころからである。そして、左傾は白虹事件によって決定的になったが、ロシアへの旅に出る理由として、五十歳を機に新しいロシアを見たいといった言葉はそのまま受け容れる必要はなさそうである。社会主義同盟の件で新聞社に居辛《いづら》くなったのは確かだとしても、同時に、十一月に予定されていたイルクーツクの極東民族大会に出席するつもりだったのではないか。

徳田球一の回想録によると、この当時、大会出席は命がけの旅行だった。堺枯川や山川均《やまかわひとし》から徳田が代表に選ばれたのは〝命をなくしても差支えないような人間〟と思われたためだろう、と徳田はいう。そして徳田らが帰国したあと、日本共産党は堺を初代委員長として創立された。

モスクワで開かれた会合では、片山潜が演説した。徳田らの若い参加者は、スターリンから講義を受けたと徳田はいう。田口運蔵の手記「大庭事件の経路」によると、イルクーツク出発は十二月三十一日で高瀬手記と一日の違いがある。それは重要な問題ではないが、気になるのは、大庭と片山潜との緊張した関係である。田口によると、大庭はプラウダ紙に「原敬の死と日本の政界」という論文をのせたり、一月十九日からの大会に通訳で出たりしたが、チェカ（秘密警察）の幹部が入院中の田口のもとにきて、大庭が日本の特務機関と関係がある旨を告げたという。

二月中旬、片山はベルリンに会議で出張した。大庭はカザン地方へ視察に行き、四月初めにモスクワに戻ってから田口を見舞いにきた。ヨーロッパ経由で帰国したいが、出国許可が出ないで困っている、協力してほしい、といった。田口が、片山の帰国まで待ったらどうか、と答えると、大庭は、この国にはいたくない、といった。五月十日ごろ、田口は大庭が四月二十一日ごろ投獄されたことを知り、ベルリンから戻った片山をたずねて相談した。

「片山氏は非常に驚いた様子で、ウム、どうも困る。大庭の態度に甚《はなは》だうたがいの種になることが多かったからね……（以下略）」（田口手記）

田口は片山の指示でコミンテルンに調査してもらった。極東部長は翌日田口に、大庭には旅費も貸してホテルから駅まで車で送った、もし投獄されたというならソビエト当局がやったことでコミンテルンとしてはどうにもならない、と説明した。次に外務省で確かめると、ある嫌疑のために逮捕したことを認めた。

そのあと片山は、ソ連当局に大庭の釈放を求める請願書を出した。田口は七月末にベルリンへ向けて出発したが、そのとき片山は、大庭の出獄は近いだろう、といった。

田口は片山の側に立つ人間だから、大庭の死にまつわる謎について証言するとき、片山の弁護になっているのは当然といっていい。そのぶんは、割引いて聞くべきだろうが、重要なのはこのとき片山のいった次の言葉である。

「後日キット私（片山）の立場と事の真相を知らない者どもは、私のことをこの事件に関して誤解するだろうが、堺（枯川）さんに渡すべき例の書類を見れば日本の同志も承知してくれるだろう……」

この言葉の前に、ベルリンに行ったら大庭の帰国の旅費などを含めて森戸辰男に相談しろとか、日本に戻ったら大庭の家族にはきちんと説明しろとかの指示を与えているのだが、それはさして重要ではない。問題は、大庭に関して自分が誤解されるであろうことを、この時点で片山が予期していたことである。

実はそこがポイントなのだ、と筆者は考えている。片山は、大庭の出獄は近いだろう、といっている。それが確実で、事態もその通りに進行するのであれば、大庭は日本に帰れるわけで、一件落着である。片山は自分が誤解される心配をする必要はない。だが、片山は、大庭の出獄は近いといいながら、事実においてはそれが絶望的であり、大庭の前途に望みのないことを知っていたのではないか。

大庭の身に何か起きた場合、コミンテルンの執行委員でレーニンたちにも絶大な信用のある片山が、大庭は練達《れんたつ》の国際的ジャーナリストで、日本にも多くの読者をもっている人物であること、その人柄からいっても、日本の特務工作にたずさわるはずのないこと、スパイであるという証拠は大庭を恨むものがデッチアゲた可能性のあることなどをソ連当局に説明すれば、大庭の身に何も起こらないはずである。だが、片山にはそういう説明に全力をつくす決意はなかった。だから、いずれは自分が〝誤解〟されるであろうこともわかっていた。

次に、田口の手記は、大庭の生存がほとんど絶望的になったときに書かれた（大正十四年九月）のだが、こう書いている。多くの人が片山が大庭を陥《おとしい》れたかのようにいうが、

「これは、コンミタン（コミンテルン）とロシア政府の異なる立場を知らざる皮相の観察よりくる暴

論である。なお、大庭氏の入露以来の立場と片山氏の立場を知っている自分は、片山氏のこれに対する厳正なる態度を、大いに称賛するのである」

また、大庭の不幸は入露に際しての不備と時機が悪かったことが原因で、大庭は、

「革命ロシアにおいて自らを処すべき実際的準備と用意とはゼロであった。（中略）入露条件の不備と氏の態度のハッキリしなかった事がわざわいの種となったのであれば、決してロシア官憲のみの過失ではない」

と田口はいう。

同じ立場から渡辺春男は回想録で片山を弁護する。

「日本では、この大庭の失踪は、老人（片山のこと）が大庭をこころよくおもわず、いろいろ中傷したせいだというひとさえあったらしい。しかし、私がモスクワにおいて知る限り、けっしてそんなことはありえなかった」

大庭に不利な材料（日本の特務機関のものといっしょにいたという写真）ばかりで反証がないとしたら、

「老人の立場としてもはや人情論では処理できず、弁護にも一定の限界のあったということは、容易に首肯《しゅこう》されよう」

要するに、大庭をかばいすぎると、片山がスパイの一味と思われてしまう恐れがあったのだ。

第三者の森戸の観察はどうかというと、大庭とは雑誌「我等」の関係で親しかった仲であるが、

「どうやらスパイというふうな嫌疑を受けているらしく、身柄はべつに拘禁されていませんでしたが、帰国は許されなかったのです。日露戦争時のたしか読売新聞の従軍記者という履歴がたたったのだともうわさされました。そんな嫌疑で自由主義者である彼が帰国できないのではあまりひどすぎると思い、片山さんに『何とか貴方《あなた》から然るべく取りなしてもらえないか』と強く申し入れたことがあります」(「クロポトキン事件前後」一九七二年刊)

森戸はそのあとも片山に要望したが、ダメだったという。また、田口が片山について、コミンテルン執行委員の肩書はあっても、内部では発言権があまりないのだ、と教えてくれたとも書いている。大庭は日露戦争では軍の通訳であって、従軍記者ではない。しかし、片山に対して在モスクワの日本人たちがどういう行動をしたかはわかる。

次は高瀬清の証言である。

大庭はまずイルクーツクで逮捕された。獄房に日本人の先客がいた。吉原太郎という日本人だった。渡辺の前記の文章では、アメリカ組の一人で、口では左翼めいたことをいっても足は右を向いていて何を考えているかわからぬ人物だったという。

高瀬によれば、吉原はソ連当局の依頼で、同房者のふりをして大庭のテストをしたのだ。吉原があとで高瀬にそういい、大庭はテスト合格の形で釈放されてモスクワにきた。ところが、チタからいっしょだった久保田栄吉が逮捕された。そして取調べのときに、大庭と日本の特務の士官とは関係がある、と久保田は供述した。

ある日、片山の部屋で大庭から日本の実情の説明があったとき、片山と大庭とは互いに不快感を抱くに至った。大庭が堺枯川を高く評価したことが、片山には気に入らなかったようである。

大庭の帰国許可がなかなか出なかった理由は、大庭のスパイ疑惑が強まったからと思われるが、高瀬が片山に頼んでも、

「そのつど老（片山のこと）は『いまゲ・ペ・ウが調べているので、こちらはあまり出過ぎたことはできないのでね……』と冷たい返事がくり返されるだけだった」（「革命ソビエト紀行」一九七八年刊）

大庭は達者なロシア語で当局に出国許可を求めた。片山は、あまり動かない方がいいんだが、といっていたが、一九二二年（大正十一年）四月二十八日にとうとう許可が外務省から大庭に出された。高瀬らはささやかなお別れパーティを開いたが、その日駅へ行った大庭は逮捕（田口の手記では大庭の逮捕は四月二十一日）され、モスクワのブテルスカや監獄に入れられた。高瀬は片山といっしょにゲ・ペ・ウの幹部ツレリッサーに会ったが、はっきりしなかった。結局その年の十二月十八日に、秘密裡にモスクワからシベリアに送られ、シベリアのどこかで大庭は五十一年の生涯をとじた――というのである。日付を別として、もっとも信用できる証言である。

ここで、現在までにわかっている事実を書くと、大庭に許可が出てモスクワを列車で出発しようとしたのは四月二十一日、あるいは二十二日。または二十八日で、大庭は十一月十五日まで拘禁され、シベリア経由で帰国の旅に出たが、途中どこかで消されてしまったのである。

完全に第三者の鈴木茂三郎には「労農ロシアの国賓として」の文章もあるが、ここでは自伝の『あ

る社会主義者の半生』（一九五七年刊）を引用しよう。

ホテル・リュクスの日本人旅行者を賑《にぎ》わす話題の中心は大庭だったが、片山がくると、「ホテルの日本人のなごやかな空気はそれから俄然緊張を見せた」

森戸はあたふたとベルリンへ発《た》ち、野坂参三は慌しくロンドンに帰った。するとイルクーツクからきた田口が、

「なぜ野坂を逮捕しなかった。あんなに言ってよこしたのに」

と、がなり立てた。

田口がどうしてそんなことをいったのか、鈴木は理由を書いていない。ただ、田口には、日本人たちの思想や身元を調査する任務があたえられていたとわかる。のちに野坂は、同志の山本懸蔵《やまもとけんぞう》が亡命してきたときにスパイであるかのように密告して、山本を粛清の対象としたことがわかって党を除名されたが、この鈴木の一文に対しては除名前の『風雪のあゆみ・3』（一九七五年刊）で反論している。野坂は共産主義の先駆者である片山についてはたっぷり書いたが、大庭には触れていない。また、野坂は大正十一年一月一日にモスクワを去ったから、一月十六日にきた田口とは会っていない。

次は富永の証言である。

イルクーツクで吉原のテストのあと三週間後に大庭と富永はモスクワ行きの列車に乗ることができた。そして九月二十三日に到着してリュクスに入ったものの、日本代表を証明する信任状を持たないので冷遇された。大庭はモスクワ着の電報を読売あてに打ったのち、通信文を手紙で出したが、それ

が検閲係の机上に破られているのを見て、そのあとは書くのをやめた。

ホテルでは若い日本人たちは大庭の部屋にしばしば集って、彼の経験談や各人の失敗などの雑談で愉快な時を過した。だが、同宿の片山の冷厳な扉は敬遠された。

大庭は大正十一年（一九二二年）五月三十日（四月下旬の説もある）にドイツ行きの許可証を持ってモスクワ駅に現れたが、そこで逮捕され、十一月七日までモスクワの獄舎につながれた（これは内藤民治《ないとうたみじ》、大竹博吉《おおたけひろきち》の話による）。さらにアナキスト・グループ代表できていた高尾平兵衛《たかおへいべえ》（大正十二年六月に赤化防止団長邸を攻撃して射殺された）によると、片山が大庭を入獄させたことを認めたという。だが、カッコ内の大竹は、東方通信社の記者で、のちにロシア帝政時代に蔵相だったウィッテ伯爵の回想録を邦訳した人である。大庭の消息についてもきちんとした調査をしており、ソ連外務省カラハン部長に交渉し、大庭が軍事スパイでゲ・ペ・ウに逮捕されて一九二三年（二二年が正しい）十一月十五日までモスクワのブテルスカヤ監獄にいたこと、同月二十日に日本へ送るためにペトログラド連隊に引渡された旨の文書（作成者ベルリン課長）回答も貰ったことなどを明らかにした。ほぼ信用できるデータと見てよい。

大庭柯公の怪死

ところが、もう一人の内藤民治が発表した「愛国者セン・片山と大庭柯公の怪死」（日本週報一九五五年九月五日号）は、もしも事実ならば驚くべき内容である。内藤はプリンストン大学を出てニューヨーク・ヘラルド紙に入社（一九一六年）、世界じゅうを旅してインドのタゴール、中国の孫文とも親しくつきあい、一九二〇年に日本に戻って月刊誌「中外」を発行した。また「日露相扶会」を一九一九年に作り、一九二五年にソ連政府代表として来日するヨッフェの下準備のためにモスクワに渡った。約一年半のモスクワ生活の中で、明治三十四年から知っていた片山潜とのつきあいは忘れ難《がた》い、という。また、一九二三年十二月にソ連へ入国することで、北京駐在のカラハンを紹介してくれたのも片山だった。

ソ連入りの目的は日ソ通商条約の根回しである。日本の外務省はまだ表舞台には出ておらず、後藤新平《ごとうしんぺい》がヨッフェとの縁で接触していたから、内藤はその線で目立たぬように忍者的に動いたものらしい。また、大庭の消息不明が日本国民に不快感をあたえていたこともあって、調査してきてくれといわれ、内藤は〝政府当局〟に調査を約束した。

実は大庭は大正十年（一九二一年）二月に弁護士の山崎今朝弥《やまざきけさや》といっしょに来訪し、ソ連に行きたいので、旅費二千五百円を心配してくれ、と申し入れてきた。だが、二ヵ月後にきて、金はできたといい、東京駅での見送りもことわった。

「後で聞くと、大庭を見送ったのは陸軍の大佐以上の人が六、七人と大将級の人が二人見送っていたという」

それでソ連は、資金が軍から出たと見たのだ、と内藤はいうが、これを誰から聞いたかを内藤は書いていない。大庭が陸軍の佐官クラスや大将級に知己が多いことは知られているが、親友の関の話からも、陸軍軍人が見送りにきた事実はない。また、内藤は入ソ後にソ連外務省のベルリン課長（大竹報告にも出た）から説明を受けたとき、大庭は日本からウラジオストック経由でイルクーツクに入ったが、シベリア出兵の日本兵がまだ残っており、大庭の日本軍宿営キャンプの出入り姿が写真に撮られていて、内藤はその写真を見せられた。

むろん内藤は片山にも協力してもらった。

「片山は『あれは大庭君の態度が悪い』という。ドイツに行かねばならない片山が大庭を呼んで『非常に君に嫌疑がかかっているから、私が帰ってきてよくソ連当局に話をして、君の立場をわかるようにしてやるから、落ち着いていなさい』と言って、片山はベルリンに発った。ところが危機が身に迫ったことを知ったのか、大庭は非常に狼狽して、ますます嫌疑を深め、遂に彼はプテルスカや監獄に入れられた」

と内藤は書く、親類に陸軍の高官（大庭二郎）のいることも不利であり、助命運動についても、片山は、三度も陳情書を出した、という。また当時ソ連政府の有力幹部だったブハーリン（のちにスターリンに粛清された）と同行して、ゲ・ペ・ウ長官のジェルジンスキーの事務所に連れて行ってくれた。冬の午前五時でかなり暗かった。ジェルジンスキーは、ソ連の秘密諜報組織を作りあげた男である。革命前は非常委員会チェカ、それがGPU《ゲペウ》（参謀本部情報部）、KGB（国家保安委員会）に分かれ、その間にNKVD（内務人民委員部）、MGB（国家保安委員会）、MVD（内務保安部）などの名称で枝分かれしたり一本化したりする間、つねに中心に位置した。彼に会えた外国人は皆無といってよく、内藤の言葉が本当なら大変な出来ごとである。

ジェルジンスキーは内藤に、自分が許可を出すから外務省の方から説明させる、といい、さらに生命財産を保証するから安全に日本へ帰れる、とつけ加えた。それが前記のベルリン課長の説明らしい。また、内藤が聞いた話では、疑われはじめた大庭は日本の堺枯川と山川均に電報して、身元証明を頼んだが、返事はなかった。

日本に戻ってから内藤は堺に質問した。

「卒業証書を送れという電報は二度きたが、その意味がわからなかった」

と堺はいった。それもあってか、片山の陳情書は役に立たなかった。また、大庭は田口運蔵に、金は持たずにきた、モスクワで日本語を教え、ロシア語も学ぶ、タス通信員ウォズネセンスキーから細君あての紹介状をもらってきており、寄宿するつもりだ、と説明した。

最終的に大庭はモスクワからペテルグラード連隊に移されて、シベリア中央のクラスナヤルスクまで運ばれて、そこから先は自由に帰れと釈放された、とソ連側は内藤に説明した。

内藤はこの文章の前半で、鳩山一郎《はとやまいちろう》内閣がソ連代表のマリクと開始した国交回復交渉について書いている。内藤はマリクが昭和十五年にハルビン総領事だった時からの知合いで、昭和二十年六月、日本政府が駐日代理大使になっていたマリクと元首相の広田弘毅《ひろたこうき》をひそかに会談させたときも働いた。そして、和平仲介の条件について内大臣木戸幸一《きどこういち》に会ったが、木戸は返事をしなかった。岡田啓介《おかだけいすけ》も若槻礼次郎《わかつきれいじろう》も同じだった。

内藤は以下のようにいうが、木戸日記には筆者の調べた限り、その名前は一度も出てこない。東郷茂徳《とうごうしげのり》外相（当時）の手記にも、外務省の記録にもない。

最後に久保田栄吉の著作だが、その獄中体験の苛烈さは体験者だけが書けるものだといってよい。

久保田は大正十年十二月十二日にホテル・リュクスでチェカに逮捕され、いったん死刑を宣告されたが、抗議書を出したせいか、執行されずに七月初めにブテルスカヤに移送された。そこで彼は若い日本人新保清《しんぽきよし》と会った。新保は大庭もここにいる、といった。

この間にチェカはGPUに変っていて、久保田は調べ室で大庭に会った。大庭は四月二十一日に投げこまれた、といった。大庭は骨と皮になっていた。黒パンとスープだけで、政治犯でないために国際赤十字の差入れもなかった。大庭は久保田を密告したのは自分だと告白し、助けてくれと悲痛な声でいった。久保田にいわせると、片山や田口は、大庭の在獄を知りながら一切の差入れもしなかった冷酷なやつらである。

大庭は読売あてに救出依頼の電報を打ったが、その代金は獄内の床屋に貸した剃刀《かみそり》の貸し賃を貯めたものだ、と久保田は書いている。監獄で剃刀を私物として持てる、とは信じられないが、久保田は、大庭の書いてくれた告白書（久保田はスパイではないのに密告した旨）によって釈放されることになった。しかし、実行されないうちに、十一月十五日（大正十一年）大庭がやってきて、日本に帰れる、と叫んで泣き伏した。

久保田は十二月二十一日に転送される三十数名といっしょにモスクワを列車で出た。しかし、病気になったせいもあって、ウラルのエカテリンブルグに着いたのは三月下旬だった。ロマノフ王朝最後の皇帝ニコライ二世一家が惨殺された都市である。久保田はそこの監獄病院で、新保清が処刑されたこと、そして大庭が一ヵ月ほど前にモスクワとの中間のペルムで殺された、と政治犯のトソフから聞いた。

久保田はウラジオストックまで行き、八月十日に敦賀に到着し、妹の婚家先の広島へ出発した。福井県警察敦賀署は久保田を尋問して、その結果を内務大臣水野錬太郎、外務大臣内田康哉あてに通報した。

大庭は読売記者だが、現実には堺や山川の添書を持ち、

「同人等より千五百円を貰い受け、日本共産党と露国共産党員との連絡保持の為大正十年入露したるものなり」（原文片かな）

と久保田は供述した。また、片山との対立によって投獄されたのち殺された、とした広島での供述調書も残っている。

久保田証言がどこまで真実かは、当時も現在も決めることはできない。つじつまの合わない点は沢山あるが、無視できない描写もあるのだ。

警察はこうした情報を大庭家や新聞社に一切伝えなかった。

情報は多かったが、その一つに日本新聞学会長をつとめた小野秀雄《おのひでお》の証言（「新聞研究五十年」一

九七一年刊）がある。

昭和三年（一九二八年）夏にハルビン、満洲里経由でモスクワへ向かったが、イルクーツクでの停車時間四十分間を利用して、郊外に葬られた日本人記者の墓参りを旅行ガイドからすすめられた。名前を聞くと大庭で、日本への帰途にスパイ容疑で銃殺されたのだ、という説明だった。

小野はためらい、結局は行かなかった。そしてモスクワに着いてからこのことを「大阪毎日」の記者に話すと、片山に憎まれてスパイだと密告されたらしい、という答えだった。

はっきりしているのは、片山の『わが回想』（一九三二年執筆）という自伝で、大庭については一行も触れていないことである。

また、久保田について日本の警察の記録では、本名は寺田二三郎であり、旭川師団松本誠一大尉の特命入露に同行し、そのときの旅券名が久保田栄吉だったのだ。

それから約七十年後、一九九二年十二月十九日の「読売」はモスクワ支局浜崎紘一特派員の特報を伝えた。浜崎の問合わせに対して、ロシア保安省が公式に回答してきた。それによると大庭はイルクーツクとモスクワで二度に及びスパイ容疑で逮捕され、一九二二年七月二十五日に国外追放処分、十一月十六日に中央住民移送局の手で送還された。大竹の調査がほぼ正しかったとわかるのだ。また、一九九二年十月二十一日付で「名誉回復」の措置がとられた。つまりスパイではなかった、と認めたというのだ。

さらにその後、関係者の努力で、ソ連側の大庭文書が発見された。本人のロシア語身上書、コミンテルン書記局の在ベルリンの同志ピークあての電文、一九二二年五月七日付の大庭のコミンテルンあての手紙、ロシア外務省のコミンテルンあての文書、GPUの処分決定書、同中央住民移送局あて文書、同局からGPUあての電話記録、片山潜らの署名入りの釈放要望書などで、この要望書は田口の手記と一致している。

しかし、大庭がいつどこで死んだのか、それは今もって全くわかっていない。死ぬ直前に撮られたという写真が、当時の新聞に出たことはあるが、死ぬ直前でないことは明らかになっている。

大庭に関しては、シベリアに消えたと書かれることが多いが、このすぐれた国際記者は消えたのではなくて、消されたというべきであろう。

乃木が長州閥の一員だったことに自己嫌悪を抱きながら、軍そのものは愛した心情と似て、大庭も革命ロシアの乱雑さにうんざりしながら、ロシアの大地と人を愛したのではないか、というのが筆者の思いである。

三好　徹（みよし・とおる）
1931年東京生まれ。本名河上雄三。
横浜国立大学経済学部卒業後、
読売新聞記者のかたわら小説を発表。
1966年、『風塵地帯』で日本推理作家協会賞を、
1968年、『聖少女』で第58回直木賞を受賞。
ミステリー、歴史小説、現代小説、ノンフィクションなど幅広い分野で活躍。
著書に、『チェ・ゲバラ伝』（1971年）、『まむしの周六～萬朝報物語』（1977年）、『天馬の如く～近代ジャーナリスト物語』（1982年）、『興亡と夢・全5巻』（1986年）、『評伝緒方竹虎』（1988年）、『誰が竜馬を殺したか』（1996年）、『史伝新撰組』（2004年）、『政・財腐蝕の100年』（2004年）、『同・大正篇』（2006年）他多数。

大正《たいしょう》ロマンの真実《しんじつ》

●

2014年2月28日　第1刷

著　者………三好《みよし》　徹《とおる》
発行者………成瀬雅人
発行所………株式会社原書房
〒160-0022 東京都新宿区新宿 1-25-13
電話・代表 03(3354)0685
http//www.harashobo.co.jp
振替・00150-6-151594

本文組版………株式会社西崎印刷
本文印刷………株式会社平河工業社
装幀印刷………株式会社明光社印刷所
製　　本………東京美術紙工協業組合

ISBN978-4-562-04988-2, Printed in Japan